스포츠 교육의 진리

Truth of Sport Education

Korean stories from the field

Jinhee Kim, Wonjun Choi, Giyeop Nam & Jungmin Jang

2014 Kyoyookkwahaksa

스포츠 교육의 진리

김진희
최원준
남기엽
장정민

스포츠	sport
배움	learning
앎	knowing
네트워크	network
공동체	community
나눔	sharing
배려	caring
만남	meeting
소통	communication
교육	educate
진리	truth

교육과학사

체육교육의

희망을 위해

끊임없이 도전하며

헌신하는

선생님께

이 책을 바칩니다.

머리말

모든 문제가 스포츠에 있다고요?

태생이 공격과 각종 반칙이 난무하는 스포츠가 학교에서 잘 가르쳐질 수 있다고?

말도 안 돼,

그건 이상적인 희망에 불과해.

아이들이 스포츠를 하면 할수록 난폭해지고 이기면 좋아하지만, 진다면 화내고 점점 싫어하는 것에 스포츠를 추가할지 모른다. 더 나아가 스포츠를 하면 할수록 자기밖에 모르며, 잘못을 지적하면 길길이 날뛰면서 인정하려 들지 않는 우리네 운동장에서 일어나는 일상들.

이런 논쟁들이 끊이지 않는 스포츠, 학교체육 현장을 나는 지난 몇 년 동안 찾아다녔다. 거기에는 스포츠의 이런 고질적인 문제, 본질적인 문제의식을 뚫고 스포츠를 문화활동으로 일구어가고 있는 모습을 보았다. 환희로웠다.

스포츠가 가진 허물을 스포츠교육을 통해 벗겨내고 있었다. 이미 스포츠교육은 학교체육 울타리 안에 머물지 않고 클럽 스포츠, 지역사회와의 네트워크를 이루면서 체육교육 변화에 큰 물꼬를 텄다. 여기에는 '스포츠교육' 을 7년 동안 쉬지 않고 해오고 있는 교사들이 있었기에 가능했다. 스포츠의 교육적 실험들을 도발적으로 펼치고 있는 이들은 행동파 교사들이다.

이들의 열정에서 우러나는 땀방울은 결코 헛되지 않았다. 이들의 노력과 열정, 스포츠에 대한 각종 실험은 이미 거쳐 간 학교와 아이들에게서 변화를 만들어 내면서 스포츠교육에 대한 새로운 지형도를 그려준 증명인이 되고 있다.

스스로를 '스포츠교육 교사' 라 일컫는 이들은 스포츠교육의 다양한 활동으로 학교와 지역사회를 밀착하여, 소통과 협력을 증진시킨 장본인들이다. 안으로는 교장과 동료 교사들에게 체육이 갖는 교과목의 그릇된 인식을 불식시켰으며, 스포츠를 통해 다양한 교과 및 학습활동이 연계될 수 있는 발화원이었다. 밖으로는 학부모를 스포츠 축제에 참여하게 하여 교육 공동체의 관계를 형성하게 하였으며, 지역의 스포츠인을 학교로 불러들여 아이들과 소통하게 하는 것은 재미나고 창의적인 발상과 교육방법을 적용하고 있는 모범 사례로 주목받고 있다. 이러한 특징들로 기존의 스포츠와는 뚜렷한 차이를 보이는 스포츠 활동을 보이고 있다. 이들이 내세우는 스포츠교육의 비전과 교육이야말로 교육의 새로운 모델인 것이다.

교육 현장에서 일어난 교육의 변화에는 수많은 선구자들의 노고가 있다. 학교에서 스포츠를 가르치고 거기에 참된 의미를 찾게 하자면 교사부터 알아야 한다는 신념을 몸소 보여준 스포츠교육 실천가들이 그 주인공들이다. 평생교육, 평생체육의 원류는 청소년에게 있음을 주장하며 현장에서 스포츠교육의 변신 모델을 적극적으로 만들어 온 남기엽 선생님과 학습과 삶이 일치하는 코뮨을 지향하며, 스포츠의 새로운 '앎'을 찾아나가고 있는 최원준 선생님은 한국형 스포츠교육의 개척자들이다. 이들이 뿌린 스포츠교육 씨앗이, 아이들과 함께 수많은 새순을 돋아나게 하였으니 이게 바로 교육의 희망이 아닌가.

아동문학가인 권정생 선생님이 쓴 시 「운동장」을 독자들과 함께 읽고 싶다.

아모리 다름박질 쳐도
운동장은 싫잖아 한다
오히려 더 단단하게
받쳐 준다

운동장은
우리들의 키를 크게 하고
우리들의 몸을 튼튼하게 하고
우리들의 뼈를 굵게 하고

공부에 지친 머리를
낫게 하고
우리들의 마음씨를
예쁘게 바르게 키워준다

운동장은
우리들의 또 다른 어머니
이제껏 오빠와 언니들을 키웠고
수많은 동생들을 키워주신 우리들의 어머니

– 권정생, 「동시 삼베 치마」(문학동네, 2011)

운동장이 아이들의 어머니라 한 시인! 이 운동장의 모습이 어떠한지 요즘 학교에 가 보면 알 것이다. 얼마나 망가뜨려 놓았는지를, 인조잔디란 이름하에 아이들에게 해로운 파랗고 녹색 고무로 뒤덮인 곳이 운동장이다. 운동장을 작게 만들어, 아이들이 뛰어 놀 수 없게 설계하거나, 운동장이 아예 없는 학교도 있다. 우리의 학교 운동장에서 주인인 아이들의 동심이 영글지 못 하도록 해 놓은 자본의 제국주의에 빠진 자화상이 씁쓸하기만 하다.

그렇지만 한 가지 희망은 이러한 운동장의 현실에도 불구하고 스포츠교육 개척자들은 결코 새로운 도전을 멈추지 않는다는 것이다.

이 글을 쓰는 내내 우울했다가 행복했다. 처음 선생님들과 함께 이런 일들을 묶어 책으로 내겠다는 말을 꺼낸 지 6년이 휘파람처럼 지나갔기 때문에 나에게 우울했다. 그 빚을 갚기 위해 선생님들의 학교를 다시 찾아가고 얘기를 나누면서 행복했다.

긴 시간 투정하지 않고 기다려준 선생님들이 있었기에 책이 세상 밖으로 나올 수 있었다. 무엇보다 우리 것이 없는 스포츠교육은 제대로 된 스포츠교육이 아니라는 자각이 이 일을 할 수 있게 해준 지지대였다. 남기엽, 최원준 선생님은 스포츠교육을 알아가는 학습과 삶이 일치하는 '코뮨' 의 출발 대장정을 지금도 해나가고 있다. 스포츠강사로 일하고 있는 장정민도 저자에 포함되었다. 학교체육 활성화라는 정책 시행으로 초 · 중등학교에 생긴 체육전담이나 스포츠 강사들의 책임은 막중하다. 스포츠교육의 매력을 하나둘 알아가며 변형을 시도한 초임 강사의 현장 이야기는 좌충우돌을 겪는 생생함이 진하게 묻어난다.

모든 답은 스포츠에 있다.

모든 문제가 스포츠에 있다고요?
아뇨!
모든 답은 스포츠에 있습니다.
스포츠는 평생학습입니다.

2014년
김진희

| 차 례 |

Chapter 01

스포츠교육 진리 키워드

이 책의 1장의 제목 '스포츠교육 진리 키워드'가 말해주는 것과 같이 필자가 왜 이책을 썼는지에 대한 의도가 담겨 있다. 스포츠교육모형이 수업의 패러다임을 바꾼 획기적인 교육과정 모델이자 수업모형임에도 불구하고, 한국에서는 아직까지 현장의 목소리를 담아낸 경험적 연구가 없었다는 점은 아이러니하다. 실제로 지금까지 한국에 소개된 스포츠교육모형에 관한 번역서 2권에 의존하여, 수많은 현장연구가 수행되었다는 점은 우리만이 할 수 있는 기적에 가깝다. 따라서 학교현장 및 교사교육, 체육전문인교육에서 스포츠교육을 외국서에 의존하여 이론적으로만 소개하는 데 그친 단점을 극복하고, 초 · 중등학교 교사와 강사가 직접 쓴 스포츠교육 수업 이야기를 통해 현장 변화에 나타난 점이 무엇인지를 찾아보게 하는 '스포츠교육 수업 여행'에 담겨진 메시지가 다섯 개의 키워드로 제시되어 있다. 또한 스포츠교육모형이 교사의 전문적 활동을 어떻게 넓혀주는지 공유하고자 한다.

1. 스포츠교육 키워드

배움의 의미 학습은 시험 성적을 잘 받기 위해서 혹은 상급 학교에 진학하기 위해서 억지로 하는 과정이 아니다. 학습은 우리들이 살아가는 세계에 대한 탐구의 과정이며, 지적 호기심을 충족시키는 배움의 과정이다. 이 과정에서 우리는 세상을 보다 아름답게 바꾸어 나가고 싶은 비전을 발견할 수 있다. 학습은 혼자만의 지루한 과정이 아닌 동료 및 교사와의 상호작용 속에서 앎의 과정에 이르는 것이다. 이때의 앎은 아는 것과 실천하는 것의 일치를 의미한다. 그런 점에서 학습은 삶을 배우고 가꾸고 살찌우는 유의미한 과정으로서 즐거운 과정이어야 한다.

책임지는 교사 학생의 성장은 학교와 교사만의 노력으로 이룰 수 없다. 학업성취의 상당 부분은 가정배경과 밀접한 관련이 있음을 부인할 수 없다. 그럼에도 불구하고 교사의 역할은 매우 중요하다. 교사는 가르침을 통해 개념적 공간을 창조함과 동시에 정서적 공간을 창조해야 한다. 이 과정에서 교사는 가르치는 것으로 끝나는 것이 아니라 학생의 삶의 과정에 어느 정도 관여하면서 도움을 주어야 하며 그 속에서 다시 배워야 한다. 이를 위해 스포츠교육에서 교사는 수업과 학급운영의 디자이너가 되어야 한다. 학생의 부족한 점을 학생과 학부모의 책임으로 전가하기보다는 그 책임을 공유하겠다는 생각을 갖고 있다. 수업과 학급운영에서 학생과의 만남은 행정적인 만남이 아닌 학생의 삶에 충분한 도움과 자극을 줄 수 있는 깊이 있는 만남이어야 한다. 그런 점에서 스포츠교육 교사는 문제의 원인을 고민하고, 그 해법에 대해서 학부모 및 동료교사, 지역 인사들과 함께 모색하며 실천해야 한다.

네트워크 스포츠교육은 학교를 더 이상 교육의 독점 기관이라 생각하지 않는다. 학교는 지역사회와 협력하여 봉사하고 나누고 함께 실천하는 네트워크의 장이다. 그런 점에서 스포츠교육은 학생들에게 유의미한 교육적 체험을 줄 수 있는 사람과 기관이 있다면 그들을 적극적으로 활용한다. 네트워크의 대상으로는 학부모, 지역 스포츠클럽 팀, 은퇴한 선수, 지역사회 인사 및 단체, 교육 및 행정기관이 될 수 있다.

소통과 참여 학교는 다양한 주체들과 다양한 세계관을 가진 이들이 공존한다. 이러한 상황은 심각한 경우 갈등을 유발할 수도 있지만 열린 대화와 토론을 통해 합의된 목표와 가치를 도출하여 다양성 속에 일치된 학교를 만들 수도 있다. 그것을 위해서 소통과 참여는 매우 중요하다. 스포츠교육은 소통과 참여의 송유관으로서 그 역할을 해낼 수 있다. 스포츠교육으로 머리를 맞대면서 교장, 교감, 부장, 교사 간 수직적 소통과 동료교사 간 수평적 소통을 회복하고, 학부모 역시 중요한 교육의 주체로서 자리 잡을 수 있다. 협의의 대상이 아니라 함께 논의해나가는 상대로서 말이다. 학생들은 스포츠교육에서 경험하는 직 · 간접활동이 동료 및 타인, 교사와 함께 소통과 참여의 과정을 통해 잠재적 교육과정으로서 민주주의를 학교 공간에서 체험하면서 성숙해질 수 있다.

학습공동체 교사의 전문성은 이론이 아닌 실천과 경험 속에서 누적된다. 그러한 경험이 동료교사와의 대화와 상호작용 속에서 체계화 될 수 있고, 그것은 곧 좋은 수업과 학급운영의 토대가 된다. 교사가 먼저 협력할 때 아이들도 협력한다. 교사의 삶이 바뀔 때 교사의 수업이 바뀔 수 있고, 교사의 수업이 바뀔 때 아이들의 삶이 바뀐다. 교사는 계란 판 속의 계란과 같이 고립된 존재가 아니다. 나의 약함과 부족함마저도 동료교사들에게 기꺼이 드러내면서 해법을 함께 찾아야 한다. 이를 위해 교사들은 교학상장(教學相長)할 수 있어야 한다. 아울러, 교사들의 만남은 업무를 위한 형식적 만남을 극복하고, 서로에 대한 배려와 나눔, 섬김의 정신을 각자의 삶 속에서 실천해야 한다. 그 때 교사와 아이들은 학교에서 행복을 느낄 수 있게 된다. 스포츠교육을 실천한 학교의 교사는 소모되어 나가는 것이 아니라 학급운영과 수업의 전문가로 커서 누군가의 성장을 돕는 리더가 되어야 한다.

2. 아이가 만들어 가는 스포츠의 오아시스

스포츠교육이 아이들의 생각을 바꾸고 일상을 바꾼다. 스포츠교육은 아이들의 다양한 끼를 발산하게 할 한 통로로 시작되었다. 가장 중요하게 생각하는 것은 "스포츠에 내가 들어있다. 그러므로 나를 제대로 잘 찾아보자"이다.

스포츠교육은 그저 평범한 아이들이 학교, 가정에서 또래들과 어울릴 수 있는 시간과 환경적 제약을 받는 우리나라 현실에서 자라나는 아이들에게 스포츠를 통해 다양한 문화를 접할 수 있는 운동을 고민한다. 스포츠교육은 신체를 통한 교육으로서 체육교육은 전인체육론이다. 총체적 균형을 강조하고 있어 몸과 마음의 조화를 꾀한 아테네 체육이론을 근간으로 신체육교육, 책임감모형, 최근 등장한 인문적 체육교육 등이 전인체육으로서의 이론 및 모형에 속한다.

3. 이 땅에 스포츠교육은 있어도 '한국형 스포츠교육' 은 없다

스포츠교육이 우리나라에 소개된 지 16년이 지났다. 모형의 소개에서부터 그간의 이론화 작업으로 2권의 스포츠교육 책이 번역되었다. 그리고 한국의 체육수업 상황에 맞는 스포츠교육의 실제적 방법들을 탐구한 책에서 교사와 학생 역할, 시즌계획과 운영, 변형게임, 평가 및 축제 등을 내용으로 하여 2년간의 현장작업 결과를 담은 책과 CD자료도 유포되었다. 개별적으로 수행한 연구는 단기간, 1회성으로 그쳐 현장의 확산이 낮다는 점에서, 『학교체육 개선을 위한 스포츠교육』의 발간은 초·중등학교의 실천적 교육과정을 토대로 하였다는 점에서, 그리고 교사가 교육과정의 개발자로 활동하였다는 점에서 다른 자료들과 차별성을 갖는다. 그러나 이 책은 비매품이라 현장에서는 이 책에 대해서 알지 못한 채, 일부 연구자와 교사들의 책장에 고이 간직된 채 다시 7년이 흘렀다.

4. 한국형 스포츠교육은 무엇인가

스포츠교육 현장에 있어 온 나로서는 스포츠교육이 다양한 선택을 할 수 있는 모형의 장점이 많음을 깨달았으나, 여전히 현장 연구자들이 발표하는 스포츠교육은 전통적이며 전형적인 모형에 충실한 적용의 결과들이 대부분이다(2장 참조). 그렇기에 다양한 언어로 표현될 수 있는 결과들이 지극히 개념 중심으로 언급되어 왔고 거기에 논의는 없었다. 따라서 이 책은 스포츠교육모형이 추구하는 소통, 참여, 통합, 평등지향을 담고자 하였다.

체육수업모형 가운데 스포츠교육모형과 관련이 많은 모형은 협동학습과 전술게임(이해중심게임)모형이 있다. 이 책에서 각 학교급별로 소개되는 스포츠교육모형 수업의 현장 사례들도 이 모형의 주요 내용이 합쳐져 있음을 밝힌다. 따라서 스포츠교육모형만이 유일한 체육수업의 대표모형이거나, 스포츠교육만으로 수업을 해야 좋은 체육수업 대열에 합류할 수 있다는 고립을 피하고자 노력하였다.

스포츠교육모형은 수업에서 여러 가지 변주가 나타난다. 처음 계획

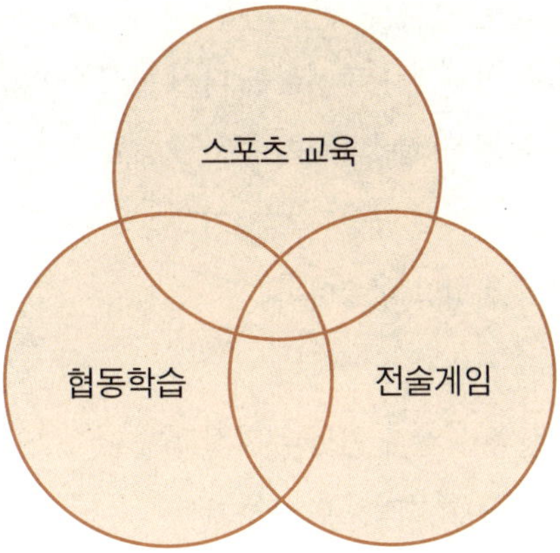

한 것이 변경되거나 아예 사라져 버리는 경우가 생긴다. 이럴 때 교사의 의사결정과 학생과의 협력작업은 스포츠교육의 장점이 드러나면서 현장의 경험적 지식이 낳은 새로운 이론화로서 그리고 교사가 전문적으로 숙달할 수 있도록 활동의 내용이 더해지는 묘미가 있다. Huberman은 교사가 숙달해야 하는 전문적인 활동의 내용을 18가지로 제시하였으나, 스포츠교육을 운영하는 교사는 이를 훨씬 뛰어넘는 활동의 범위를 갖고 있다.

스포츠교육모형을 운영하는 교사는 자신이 미리 준비하며 시즌 설계를 통해 수업을 디자인 하기 때문에 강점, 약점, 기회, 위기 등 수업자로서의 특징이 고스란히 드러난다. 잘 수행하고 있는 영역, 대체로 잘 수행하고 있는 현재의 위치, 아직까지 잘 수행하고 있지 못하는 영역을 스스로 확인하게 함으로써 최선의 수업이 되도록 자기탐구에 여념이 없다. 스포츠교육모형을 운영한 교사의 내용은 다음과 같다.

〈현재 잘 수행하고 있는 영역〉

- 재미있고 즐거운 수업 구상하기
- 타협하고 균형 있게 교사생활하기
- 성공적이지 못한 수업이나 과정 받아들이기

- 포기했던 학급이나 학생들을 다시 받아들이기
- 부담을 가지거나 망설이지 않고 프로그램 짜기
- 어려운 순간 전전긍긍하지 않기
- 학생들과 친밀감 형성하기
- 동료들과 친밀감 형성하기
- 보직교사와 교장과 친밀감 형성하기
- 규율 문제를 효과적으로 다루기

Chapter 02 스포츠교육 연구

스포츠교육모형이 체육수업의 패러다임을 교사중심에서 학생중심으로 그리고 통합적인 체육수업의 역할을 제시하면서 각국에서 다양하게 연구되고 있다. 국내에서는 여전히 학교체육에서 스포츠교육 연구가 주류를 이루지만, 구미나 각국에서는 생활체육, 엘리트체육 등 다양한 스포츠 환경에 활용되면서 전파되고 있다. 이에 그러한 연구 동향을 반영하여 2장에서는 스포츠교육모형의 소개를 통해 이해의 범위를 넓히고, 어떤 탐구가 이루어져 왔는지 현장중심 연구내용을 소개한다. 이를 통해 스포츠교육 모형에 대한 관심을 넓히고 적용 및 활용하려는 이들에게 필요한 정보를 제공해 주는 데 있다.

1. 스포츠교육모형의 이해

스포츠교육모형은 Siedentop(1968)이 그의 박사학위 논문에서 놀이 이론을 제안하며 시작되었고, 이후 체육교육과정 프로그램으로 제안되었다. 이것은 게임을 바탕으로 기존 스포츠의 조직과 운영방식을 학교 체육에 적합하게 맞추어 적용시켰으며, 학생들이 스포츠를 즐길 줄 알고, 안목을 가지며, 열정적으로 참여할 수 있도록 성장시키기 위한 목적을 가지고 있다. 스포츠교육모형은 Siedentop(1994)이 제안한 이후 호주와 뉴질랜드에서 대대적인 지원을 받으며 학교 체육프로그램으로 활용되었으며, 한국에서도 많은 연구가 이루어지고 있다. 이 모형이 나오게 된 배경에는 전통적인 체육수업에서 많은 문제점들이 드러났기 때문이다.

전통적인 체육수업에서 학생들은 '선수' 라는 역할만을 주로 경험하며, 수업 운영은 교사의 주도하에 이루어지는 경우가 많다. 그렇기 때문에 스포츠에 대한 안목이나 이해는 일정 수준 이상 높아지기 힘들며, 맹목적으로 지식을 습득할 수밖에 없다. 뿐만 아니라 수동적인 입장으로서 학습자의 역할만을 주로 감당하기 때문에 선수 역할 외에는 능동적인 모습을 기대할 수가 없다.

또한 전통적인 체육수업에서는 스포츠의 기능을 부분적으로만 가르치게 된다. 이것은 스포츠의 종목을 게임의 형태가 아닌, 기능의 연습으로만 가르치기 때문이다. 이런 경우 학생들의 학습 흥미는 떨어질 수밖에 없다. 기능을 연습하고 난 뒤 게임에 들어간다 하더라도, 한 종목을 가르칠 수 있는 체육수업 시수 자체가 적은 탓에 많은 게임을 하지 못하게 된다. 그리고 배운 기능들을 게임에서 수행하는 것 또한 어려운 일이다.

기능 연습을 중요시하고 많은 시간을 할애하다보니, 스포츠의 의미, 가치, 표현, 정신 등은 가르치지 못하게 된다. 이런 경우 학생들은 스포츠를 경쟁이라는 한 가지 관점에서만 생각하게 되어 무조건 이기면 된다는 생각을 가지게 되는 경우가 많다. 또한 과도한 공격성을 지니게 되면서 경기 중 자신의 뜻대로 풀리지 않으면 욕을 하거나 싸움이 일어나는 등의 문제를 일으키게 된다.

이러한 문제점들을 해결하기 위한 대안으로 스포츠교육모형은 중요하다. 스포츠교육모형에서는 학생들이 시즌 운영에 필요한 역할을 나누어 담당한다. 선수라는 기본적인 역할 외에 스포츠위원, 주장, 코치, 홍보원, 장비관리원 등의 다양한 역할을 맡게 됨으로써, 스포츠에 대한 안목과 해당 종목에 대한 이해가 높아지게 된다. 또한 수행평가를 위해 한 가지 기능만을 배우는 것이 아니라 종합적인 기능을 익히며, 변형을 통해 흥미를 유발하고 적극적인 참여를 유도할 수 있다. 뿐만 아니라 전통적인 체육수업에서는 운동기능이 높은 아이들 중심으로 이루어졌다면, 스포츠교육모형에서는 운동기능이 낮거나 여학생도 자신의 역할을 충분히 수행할 수 있다. 또한 스포츠위원회와 심판 등의 역할을 통해 규칙을 정하고 규칙을 집행하게 되면서 스스로 문제를 해결하는 모습 또한 가지게 된다.

표 2-1 스포츠교육모형 수업 연대기

구분	스포츠교육 수업 결과(2013)	스포츠교육 체육수업(2005)
주체	시즌의 계획은 교사주도이지만, 시즌의 과정은 학생들의 주도로 이루어짐	학생중심의 학습으로 학생들이 과제에 주도적으로 참여하는 시간이 많아짐
참여	여학생과 운동기능이 낮은 학생은 물론, 통합체육을 통해 장애학생들 또한 자신의 역할을 수행하며 참여함	여학생 및 운동기능이 낮은 학생도 팀 내에서의 역할을 수행하기 위해 적극적으로 참여함
운영	교사가 직접적으로 나서지 않고 조언과 안내의 역할을 함. 학생들 스스로가 시즌 및 경기를 운영함	학생들의 수준에 맞춰 변형된 게임의 진행으로 학생들이 모두 참여할 수 있음
장점	다양한 역할 경험과 대상에 맞는 규칙과 종목 등의 변형으로 모두가 긍정적인 스포츠 참여를 하게 됨	학창시절 긍정적인 스포츠 경험이 평생 스포츠의 기틀이 됨
단점	과도한 경쟁과 승패에 대한 집착으로 인해 욕설 및 소외현상이 초반에 발생함	학생의 수준과 환경을 고려한 직·간접 변형 게임으로 진행함

그리고 이러한 모습을 통해 스포츠맨십, 페어플레이 등과 같은 스포츠의 가치를 습득하게 된다. 〈표 2-1〉은 2005년에 발간한 『스포츠교육 핸드북(조미혜 외, 2005)』에 초기 스포츠교육 수업과 2013년 현재의 수업내용을 정리한 것이다.

스포츠교육 프로그램을 운영하는 것은 교사의 노력, 시간을 필요로 하며, 수업의 주도자가 아닌 기획자, 안내자와 같은 역할을 담당해야 한다. 말 그대로 수업의 밑그림을 그리는 작업을 주로 담당하며, 그 안에서 어떤 색을 입힐지, 어떻게 칠할지는 아이들의 몫이 된다.

1) 스포츠교육모형의 목표

스포츠교육모형은 학생들이 스포츠를 즐길 줄 알고, 안목을 가지며, 열정적으로 참여할 수 있도록 성장시키는 것을 목적으로 한다. 이것은 한 부분에만 치우친 것이 아니라 스포츠의 룰을 지키는 것, 아는 것, 신체를 단련하는 것 모두를 포함한다. 그런 의미에서 스포츠교육모형은 전인교육을 지향한다고 할 수 있다.

• 즐길 줄 아는(Competent)

스포츠경기를 즐기기 위해서는 어느 정도의 능숙함이 필요한데, 이것은 기능 수행뿐만 아니라 전술에 따른 움직임을 포함한다. 하지만 경기에서의 수행이 기능적으로나 전술적으로 완벽한 상태를 가리키는 것이 아니라, 그것과는 크게 상관없이 그 안에서 스스로 참여하고 즐길 수 있는 모습을 가지는 것이다.

• 안목이 있는(Literate)

안목이 있는 스포츠인은 해당 스포츠의 규칙, 의례, 전통을 이해할 뿐만 아니라 그 가치를 알며, 프로와 아마추어를 막론하고 스포츠에서의 바람직한 수행과 그렇지 못한 수행을 구분하며 실천할 수 있다. 자신이나 다른 선수들의 경기하는 모습을 보며 보다 나은 수행에 대해서 이야기하고 개선해나갈 수 있는 모습을 말한다.

• 열정적인(Enthusiastic)

열정적인 스포츠인은 다양한 스포츠 문화를 포용하고 보존하며, 증진할 수 있는 방향으로 행동하고 참여한다. 스포츠 집단의 일원으로서, 지역과 국가, 다양한 스포츠 경기에 잘 참여한다. 그렇기에 이것은 스포츠에 대한 태도가 좋고 열정이 있으며, 스포츠 활동에 적극적으로 참여하는 모습을 말한다.

2) 스포츠교육모형의 특징

스포츠교육모형은 시즌, 팀 소속, 경기, 결승전, 기록보존, 축제화의 6가지 특징을 가지고 있다. 뿐만 아니라 일반적인 스포츠 경기에서 필요한 여러 가지 역할들을 학교 체육에 맞게 적용하여 팀 안에서 각자의 역할(스포츠위원, 주장, 코치, 트레이너, 장비관리원, 홍보원 등)을 가진다. 또한 스포츠교육모형은 팀중심의 운영으로 개인과 팀의 협력이 중요하므로 수업 밖의 사회(스포츠클럽이나 프로스포츠)에서도 적용가능한 장점이 있다. 이러한 특징들은 떨어져 있는 것이 아니며 각 특징들이 복합적으로 연계되어 스포츠교육모형을 이룬다.

• 시즌

스포츠교육모형에서 가장 분명하게 드러나는 특징은 '시즌' 이다. 시즌은 스포츠교육모형으로 특정 종목을 선택하여 체육활동이 이루어지는 기간 전체를 말한다. 따라서 시즌은 개인별, 모둠별 역할을 숙지하고 기능연습 및 경기를 준비하는 프리시즌과, 리그전 형식으로 게임이 진행되는 기간을 모두 포함한다.

• 팀(모둠) 소속

한 시즌 동안 학생들은 팀의 일원으로서 활동을 하게 된다. 팀은 '모둠'이라 하기도 하며, 그 안에서 학생들은 하나의 팀이라는 정체성을 가지게 된다. 시즌이 끝날 때까지 팀원이 바뀌는 경우는 거의 없기 때문에, 문제가 생기더라도 그 안에서 서로 협력하며 문제를 해결해 나가야 한다. 또한 모둠 안에서 학생들은 각자의 역할을 가지게 되는데, 스포츠위원, 주장, 코치, 트레이너, 기자, 기록원, 장비관리원, 홍보원 등 다양한 역할이 있으며, 학생들은 각자의 역할을 수행하면서 하나의 모둠을 구성하고, 협력하며, 서로 가르치고 배우는 과정을 경험한다.

• 경기 방식

프리시즌을 제외한 시즌의 나머지는 게임이 진행되는 기간으로 이루어져 있으며, 이 기간 동안에는 리그나 토너먼트 등의 방식으로 운영을 하게 된다. 통상적으로 시즌 중에는 리그전의 방식으로 운영되며, 시즌 막바지에는 토너먼트 방식으로 결승전을 운영하게 된다.

• 결승전

결승전은 시즌을 마무리하는 단계로서 거의 마지막 수업에 이루어진다. 이 단계는 이벤트형식으로 운영되며, 학생들만의 무대가 아닌 교사, 학부모, 경기를 하지 않은 나머지 학생들이 다 같이 참여하는 축제의 장으로 진행된다.

• 기록 보존

시즌 중에 생겨난 다양한 기록들은 모둠 내의 역할인 기록원에 의해 기록되고, 자료관리원 등에 의해 보관된다. 이러한 기록들에는 득점이나 반칙의 횟수 같은 단순한 기록뿐만 아니라, 득점성공률이나 패스성공률 같은 통계적인 기록도 포함된다. 이런 기록을 바탕으로 모둠의 평가나 각 모둠원의 학습 상태를 확인할 수 있을 뿐만 아니라, 자기 모둠의 전력과 상대 모둠의 전력을 분석하고 차후 경기의 자료로서 활용할 수 있다.

• 축제화

스포츠교육모형은 축제의 성격을 가지고 있으며, 시즌은 단순한 수업으로서만 진행되는 것이 아니라 즐거움이 가득한 분위기 속에서 진행되어야 한다. 특히 결승전 등과 같은 스포츠 이벤트일 경우 응원 도구나 피켓, 깃발, 장식 등으로 축제의 분위기를 만드는 등의 모습도 필요하다.

2. 스포츠교육모형의 연구 동향

스포츠교육모형에 대한 연구가 지속적으로 진행되고 있으며, 국내에서도 1997년부터 2013년 현재까지 수십 편의 석 · 박사 학위논문과 학회지 논문이 출간되고 있다. 이 중 절반 이상은 석사학위논문으로 구성되어 있는데, 이는 교사들이 대학원에서 학위과정을 진행하면서 학교현장에서의 스포츠교육모형을 적용한 사례를 연구한 결과이다. 대부분의 연구는 스포츠교육모형을 적용했을 때 심동적, 인지적, 정의적 영역의 효과와 변화를 검증하는 것이었으며, 스포츠교육모형의 도입기부터 현재까지 꾸준하게 수행되고 있다.

2004년 이후부터는 질적 패러다임과 다양한 관점에서의 연구가 진행되고 있으며, 대상 및 종목에서도 변화가 일어나기 시작했다. 2010년부터 2013년까지 출간된 논문이 총 24편 정도인 것과, 다양한 접근의 연구가 이루어지고 있는 것은 질적 · 양적으로 조금씩 연구가 확장되고 있음을 보여 준다. 여기서는 스포츠교육모형을 3개의 연대기로 나누었으며, 기존 연구동향을 파악한 것과 중복되지 않는 것으로 정리하였다(김진희, 장정민, 2012).

1) 스포츠교육모형 도입 및 적용기(1997~2003)

스포츠교육모형 연구는 문호준 · 류태호(1997)가 체육수업에서의 스포츠교육모형을 소개하면서부터 시작되었다. 그러나 실질적으로 연구가 이루어진 것은 문호준(1998)의 박사학위 논문으로서, 중등체육수업에서 농구 종목으로 스포츠교육모형을 적용하였다. 이후 2003년까지 학위논문을 중심으로 스포츠교육모형을 현장에 적용한 사례연구와 실행연구들이 활발하게 수행되었다. 이때의 연구는 대부분 심동적, 인지적, 정의적 영역의 변화와 효과성을 설문지를 통해 검증하는 방식이었으며, 특히 정의적 영역중심으로 연구되었다. 종목은 농구, 배구, 핸드볼 등 전통 스포츠의 구기 종목인 경우가 많았으며, 학교 현장의 초 · 중 · 고교 학생들을 대상으로 한 연구가 주를 이루었다.

2) 스포츠교육모형 연구의 성장기(2004~2009)

2004년부터는 질적 패러다임을 통해 젠더와 스포츠교육모형을 운영하는 초임교사와 경력교사의 사고과정 등 다양한 주제로 스포츠교육모형을 연구하기 시작하였다. 이것은 2000년대 중반 질적 패러다임이 스포츠와 교육 분야에서 많이 쓰이기 시작한 시점과 맞물리며, 심동적, 인지적, 정의적 영역의 단순한 효과비교 검증에서 한 단계 더 나아가 스포츠교육모형의 본질적인 특성을 연구하기 시작했다는 점에서 의미가 있다.

3) 스포츠교육모형 연구의 확장기(2010~2013)

2010년 이후에는 이전보다 더 확장된 주제와 종목, 대상으로 연구가 수행되고 있다. 이전의 연구에서는 전통 스포츠의 종목들을 모형에 활용하였는데, 현재는 뉴스포츠 종목인 티볼, 츄크볼 등으로 확장되었다. 또한 연구 대상도 엘리트선수 및 동호회로 확장되고 있다. 그리고 스포츠교육모형과 책임감모형(TPSR)의 통합적 연구(최홍섭, 2010)도 시도되었다. 그러나 아직까지 다양한 관점의 연구들은 소수에 불과하며, 이미 검증된 스포츠교육모형의 효과와 심동적, 인지적, 정의적 영역의 변화에 대한 연구가 주류를 이루고 있다. 스포츠교육모형의 연구동향을 주제별로 분류하여 〈표 2-2〉로 정리하였다.

표 2-2 주제별 스포츠교육모형 연구동향

주제	주요결과
심동적	• 운동기능 및 경기력 향상
인지적	• 전술 및 규칙을 이해하게 됨 • 역할수행 지식의 긍정적 변화 • 심판법의 숙지
정의적	• 태도(적극적 참여, 인식 등)의 긍정적 변화 • 심리상태(자신감, 만족도, 자기효능감, 즐거움, 재미, 흥미, 소외감, 불안감 등)의 긍정적 변화 • 사회성(배려, 협동, 스포츠맨십, 공격성 등)의 긍정적 변화
교사	• 사고과정 분석(경력교사, 초임교사) • 긍정적 경험이 일어남(교사의 경험)
이론	• 소개(이론적 소개, 사례) • 연구동향 분석 • 타 모형과의 비교분석
젠더	• 여학생의 참여과정 • 양성평등 체육수업을 위한 대안으로서의 타당성
통합	• 통합체육(장애학생과 비장애학생의 통합체육 가능성) • 통합수업(책임감모형 및 타 모형과의 통합수업 가능성)
기타	• 다면화된 평가 • 학습자의 인식

3. 스포츠교육모형의 주제별 연구 동향

1) 심동적 · 인지적 · 정의적 영역의 변화

스포츠교육모형 연구는 그동안 학생들의 심동적, 인지적, 정의적 영역에 어떤 변화가 일어나는지에 대해 연구의 초점이 맞추어져 있었다(김정길, 2011; 문호준, 1998; 이상조, 2010; 조미혜 외, 2004; 하의진, 2006). 이는 스포츠교육모형의 목적이 학생들을 유능하고, 박식하고, 열정적인 스포츠인으로 성장시키는 데 있기 때문이다. 전통적인 체육수업은 기능중심으로 운영되어 심동적인 영역에서의 효과가 두드러지지만, 스포츠교육모형은 종합적인 긍정적 변화를 이끌어 내기 때문에 다양한 영역의 효과를 검증한 결과이다. 그러나 양적연구의 수월성 등으로 스포츠교육모형 연구도 심동적 연구가 주류를 이루어 왔다. 이상조(2010)의 연구는 질적연구 패러다임으로 실행연구를 한 반면, 나머지는 양적연구로서 심동적 영역은 측정, 인지적 영역은 지필고사, 정의적 영역은 설문지를 통해 연구를 수행하였다. 또한 정의적 영역에서 학생들의 태도 변화와 심리 및 사회적 변화에 대한 연구가 주류를 이루었다(강일, 2001; 김관우, 김승재, 2003; 김용연, 2010; 김찬우, 2009; 나을식, 2011; 박규리, 2012; 박민우, 2011; 박태진, 2003; 이도선, 2009; 이승배, 2006; 이연숙, 2007; 이원준, 2005; 이윤희 외, 2006; 임영택, 2006; 정현철, 2010; 조병엽, 2001; 최승봉, 2009; 최은정, 2011; 표상오, 2010; 황성하, 2010).

정의적 영역에서는 수업에 대한 기본적 태도와 심리적 부분(자신감, 만족도, 자기효능감, 즐거움, 재미, 홍미, 소외감, 불안감 등), 사회적 부분(배려, 협동, 스포츠맨십, 공격성 등)의 변화에 연구 초점이 맞추어져 있었다. 결과는 주로 스포츠교육모형을 적용하였을 때 긍정적인 변화가 일어났으나, 태도, 사회적 부분에서 비교집단에 비해 유의한 변화가 없는 경우도 있었다(하의진, 2006). 또한 심동적, 정의적 영역의 변화만 연구한 경우도 있었으나(김대기, 2010; 김진오, 2008; 민형규, 2003; 이나미, 2003; 이민광, 2011), 이미 나온 연구결과와 크게 다르지 않았다.

대부분의 연구가 전통적인 체육수업을 적용한 집단과 스포츠교육모형을 적용한 집단을 비교하는 방식으로 이루어졌으며, 이런 방식은 국내에서 스포츠교육모형 연구가 시작된 이래 현재까지 꾸준하게 지속되고 있다. 뿐만 아니라 스포츠교육모형의 효과를 검증하는 연구 또한 현재까지 계속되고 있다. 그러나 각 수업모형은 교사, 학생, 환경 등 다양한 변인에 의해 그 효과가 달라질 수 있는 만큼, 현재에는 비교집단의 연구보다 스포츠교육모형을 보다 심층적으로 연구하는 것이 필요하다. 또한 더 이상의 효과 검증보다는 모형 간 통합연구 및 다양한 관점의 연구를 수행하는 것이 바람직하다.

2) 교사

스포츠교육모형에서 교사의 사고과정과 경험에 관한 연구는(김무영, 2006; 김무영, 조미혜, 2006; 임영택 외, 2010; 임현주, 2004; 채은미, 2009) 학생에 관한 연구에 비해 활발하게 진행되고 있지는 않다. 그러나 아무리 훌륭한 교육모형이더라도 그것을 현장에 맞게 적용하는 것은 교사이기 때문에 앞으로 교사에 대한 연구가 더 이루어져야 할 것으로 보인다.

임현주(2004)는 새로운 수업모형을 적용하는 데 있어서 어려운 점으로 과도한 업무와 변화를 싫어하는 교장과 동료교사 등을 꼽았다. 또한 교사들끼리 수업에 대한 이야기를 나누기 싫어하는 것이 변화하고자 하는 교사에게는 도움이 되지 않는다고 하였다. 이에 비해 김무영(2006)은 초보 운영 교사가 비교적 쉽게 스포츠교육모형 수업을 운영한 사례를 들어, 교사 개인의 학교 내 위상과 위치에 따라 이를 극복할 수 있다고 하였다. 경력교사의 경우는 스포츠교육모형 수업 초기에 동료교사와 교감 선생님의 반대로 어려움을 겪었다고 하였다. 그러나 이후에는 공감을 얻고 신뢰를 얻어 오히려 현장에서의 스포츠교육모형 수업이 확대되었음을 보고하고 있다.

또한 초보 운영 교사는 활동 중 반성과정을 통해 현재에 문제점들을 즉각적으로 수정하는 모습을 보였으며, 환원적 사고(reductive thinking)를 통해 수업 운영 전략을 수립하는 등의 사고과정을 확인할 수 있었다. 경력교사는 상대적으로 짧은 프리시즌을 운영하였으며, 점차적으로 학생들에게 시즌 운영의 주도권을 넘겨주는 전략을 사용하였다(김무영, 2006).

아나공 수업에 길들여진 학생들은 처음에 이런 방식의 수업에 대해 불평을 하였으나, 이후 시간이 갈수록 긍정적인 변화를 보였는데(임현주, 2004), 이것은 최원준(2006) 등의 선행 연구결과와도 같은 점이 있다.

3) 이론

『한국 스포츠교육모형의 연구 동향: 성과와 과제(김무영, 이승배, 문호준, 2010)』에서는 스포츠교육모형의 연구 초기부터 현재까지의 동향에 대해 분석하였다. 1990년대 말에서 2000년 초에는 스포츠교육모형의 소개와 적용에 중점을 뒀던 연구동향이 2000년대 중반에서 현재까지는 다양한 질적 패러다임을 연구논리의 도구로 사용하는 것으로 나타났다. 또한 스포츠교육모형이 갖는 본질적 특성에 관심을 갖기 시작했으며, 석사학위 논문뿐만 아니라 박사학위나 학술지에도 많은 논문이 게재되고 있다는 것을 짚어내고 있다.

우리나라의 스포츠교육 프로그램 시즌 설계와 운영사례(김진희, 최희진, 조미혜, 김택천, 2004)에서는 스포츠교육 프로그램을 적용한 결과를 바탕으로 설계단계와 내용을 제시하였다. 교사들의 입장에서 스포츠교육모형을 다양한 측면에서 탐구할 수 있도록 수업운영에 필요한 설계내용을 제시하고 있다.

또한 『체육수업 개선을 위한 스포츠교육 실행: 한국 호주 협동연구(최희진, 조미혜, 김진희, Taggart, Penney, 한명선, 남기엽, 최원준,

2004)』에서는 학생중심 학습을 위한 한국과 호주 교육 및 현장을 토대로 한 국제 협동 연구를 수행하였다. 통합체육 교육과정 운영과 교사의 역할 변화의 탐구, 시즌 전후의 학생경험을 한국과 호주의 상황에서 논의하고 있다. 또한 융통성 있는 재구성과 통합이 필요한 학교중심의 체육교육과정의 운영, 교사의 역할을 짚고 있다.

4) 젠더

김승재, 김진희(2007)는 스포츠교육모형을 젠더의 관점에서 바라 본 연구를 수행하였다. 학교현장에서 성을 구분한 체육수업이 이루어지고 있는 구체적 사례를 들고 있는데, 그 예로 운동장 사용의 경우 많은 공간을 남학생이 차지하고 여학생들은 구석으로 가는 모습 등을 이야기하였다. 또한 남학생은 축구나 농구, 여학생은 피구를 하는 등의 종목에 대한 성의 구분도 이루어지고 있음을 밝혔다. 그러나 스포츠교육모형에서는 공간의 사용 등 다양한 부분에서 체육수업의 양성평등이 이루어지고 있다고 하였으며, 앞으로 젠더의 불공평성과 불평등성을 제거하기 위한 실천적 노력이 필요함을 지적하였다.

여학생을 사례로 한 연구도 수행되었다. 최원준, 김진희(2004)는 한 여학생이 체육수업을 싫어하고 소극적인 참여를 하였으나, 스포츠교육모형 수업을 통해 수업에 적극적으로 참여하게 되고, 즐거워하는 모습을 질적 사례연구를 통해 보고하였다.

김무영, 조미혜(2006)는 체육수업에 잘 참여하지 못했던 여학생 두 명을 대상으로, 스포츠교육모형 수업을 통해 즐거움을 느끼며 적극적인 참여의 모습으로 변화하는 사례를 제시하였다. 그러나 스포츠교육모형에서도 일부 여학생들의 경우 차별받는 경우가 있을 수 있다는 것을 전제하며, 이 연구에서는 교사와 학생들에 의해 조성된 양성협력 간의 분위기 속에서 이러한 문제가 없었음을 보고하였다. 그리고 이것을 통해 스포츠교육모형이 양성평등체육의 타당한 대안으로서 적합한 모형임을 확인하였다.

젠더에 대한 연구를 종합해보면, 전통적인 체육수업에서 남학생은 축구, 농구 등의 구기 종목, 여학생은 발야구나 피구 같은 것으로 성에 따른 종목을 구분하는 모습이 있었던 것이 사실이다. 하지만 젠더에 관한 스포츠교육모형 연구들은 성의 구분이 없이 다함께 참여하는 체육수업의 구체적인 방법을 제시하고 있다.

5) 통합

통합체육 스포츠교육모형 수업을 실행하여 비장애학생의 장애학생에 대한 인식을 연구(임영택, 이만희, 진성원, 2010)한 결과를 보면, 수업 초기에는 비장애학생이 장애학생에 대한 회피, 경계의 경향을 보였다. 그러나 시즌 중기에는 장애학생과 함께 수업을 하는 것에 적응하고 이해하였으며, 시즌이 끝나갈 무렵에는 장애학생을 수용하고 지지하는 변화를 보였다. 최홍섭(2010)은 책임감모형(TPSR)과 스포츠교육모형의 통합수업에 대한 내러티브 연구를 수행하여, 모형 간 통합을 통해 학습자 중심의 교육을 더 강화시켰으며, 학생들에게 더 많은 권한을 부여할 수 있었다고 하였다. 스포츠교육모형이 통합체육은 물론 타 모형과의 통합수업에도 긍정적인 결과를 가져올 수 있다는 것을 말해준다.

6) 기타

김무영, 정주혁, 조남용(2011)은 표현활동을 통한 수업사례를 통해 스포츠교육모형에서의 다면화된 평가를 시도하였다. 표현활동이기에 평가가 어려울 것이라는 예상과 달리, 학생들의 모든 활동을 포괄하는 다면화된 평가를 통해 학생들을 넓은 관점에서 평가할 수 있었다고 보고하였다. 이계순(2001)은 학습자의 스포츠교육모형 수업에 대한 인식분석을 통해 학습자가 느끼는 스포츠교육모형 수업의 긍정적 부분과 부정적 부분을 제시하였다. 이 외에도 학습자의 운동참여시간, 이동시간, 대기시간, 비과제 행동시간 등(남용식, 1999)을 밝히는 연구도 수행되었다.

이상의 연구 동향을 바탕으로 연구주제에 따른 연구물 수를 정리하였다([그림 2-1] 참조). 정의적 영역의 변화를 주제로 한 연구물이 26편으로 가장 많았으며, 심동, 정의, 인지적 변화와 심동, 정의적 영역의 변화가 각각 7편으로 두 번째로 많았다. 또한 교사의 사고과정이나 경험에 관한 연구와 스포츠교육모형 이론에 대한 연구가 그 다음으로 많았다. 그러나 실질적으로 정의적 영역을 다룬 연구가 41편이며, 심동적 변화는 17편으로 가장 많은 연구가 이루어졌다.

이 결과는 지금까지 한국에서의 스포츠교육모형 연구가 정의적 영역의 변화에 지나치게 치우쳐 있다는 것과, 아직은 주제의 다양화가 많지 않다는 점에 주목할 필요가 있다. 따라서 앞으로 스포츠교육모형의 연구과제는 다양한 주제와 관점으로 수행할 필요가 있다.

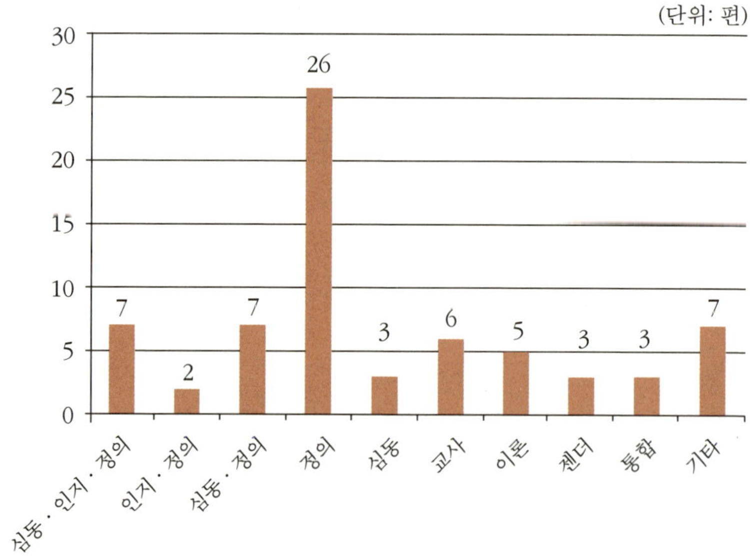

그림 2-1 스포츠교육 연구 주제 수

주제별 연구를 살펴본 결과, 스포츠교육모형이 양적으로 많은 성장을 했으나, 질적으로는 다양한 성장을 하지 않았다는 것을 알 수 있다. 그 예로, 양적연구의 경우 차시별 지도계획만을 적어놓고 그 외에 다른 세부적인 계획들에 대해서는 거의 생략하다시피 한 연구도 있으며, 차시별 계획 또한 어떤 식으로 진행했는지, 그 안에 어떤 일이 일어났는지 언급되어 있지 않는 경우도 있다. 뿐만 아니라 부록에 설문지 양식만 있고 수업에 관한 아무런 자료가 없는 것은 연구 수행에 신뢰를 갖지 않게 하며, 동료 연구자 및 현장의 교사에게는 도움을 주지 못한다. 따라서 스포츠교육모형을 연구할 때, 시즌의 길이(기간, 시수), 학생역할(책무성), 게임적용방식(미니/정식, 토너먼트/리그), 기록방법(역할별/시간대별, 기록방식, 개인/팀 결정방식) 등의 심층적인 기술로 동료 연구자들에게 도움을 주어야 한다(장정민, 김진희, 2012). 현장연구자들의 보다 진솔하고 엄격한 연구진행 과정에서의 연구윤리와 글쓰기가 필요하다.

Chapter 03

학생 서약서

스포츠교육의 주인공은 학생이다. 모든 학생은 선수이면서 팀에 소속되어 자신만의 역할을 수행해야 한다. 이 장은 스포츠교육모형의 하이라이트인 학생의 역할을 담았다. 이를 위해 학생의 몸과 마음, 생각의 안전을 최우선으로 삼았다. 안전한 스포츠교육 운영을 위한 가이드로 학습 계약서와 선수로서 소임을 다한다는 동의서와 학생의 개별 역할 카드가 제시되어 있다. 무엇보다 학생들은 자신이 이러한 역할을 왜 수행해야 하며, 무엇이 중요한지 이해할 수 있으며 이를 통해 자신이 한 조직에 중요한 구성원임을 인식할 수 있다는 데 있다.

1. 스포츠교육에서 학생은

나는 팀 속에서 플레이하며, 나의 역할에 책임을 갖는 스포츠교육은 작은 사회다.

스포츠교육에서

학생은

- **긍**정적으로 도움을 주고받을 줄 알며
- **정**정 당당하게 존중하며
- **자**기관리를 잘하며 노력한다.

능력은

- **내**가 가진 능력이 향상될 수 있도록
- **한** 가지씩 단계별로 연습한다.
- **연**습에 필요한 시간을 확보한다.
- **시**도를 많이 해라.
- **스**스로 교사에게 도움을 요청한다.

팀원은

- **긍**정적이어야 하며
- **항**상 페어 플레이를 하고
- **팀**원을 도와주고 협력하며
- **상**대방을 존중하고
- **심**판에 따르며 규칙을 잘 알고
- **팀**을 위해 어려운 일을 시도하며
- **게**임을 즐긴다.

2. 안전한 스포츠교육 가이드

◈ 학습 계약서 ◈

이름: 일시:

학급: 팀명:

나는 이번 스포츠교육 수업에서 다음과 같은 실천계획을 갖고 있습니다. 이 계약서는 내가 배운 것이 무엇인지를 계획을 통해 확인하는데 도움을 주며, 팀과 내용을 공유하는 데 필요합니다. 다른 팀원들의 내용과 실천계획도 중요하기에 잘 들어야 합니다. 친구로부터 배운 것을 기초로 내 계획을 수정할 수 있기 때문입니다. 이 계약서를 통해 나는 내가 맡은 역할을 잘 알고 있으며, 나와 동료는 서로 도와가며 움직일 것입니다. 나의 이런 계약을 보증하기 위해 팀원들의 서명을 함께 담아 두고자 합니다.

학습내용	실천계획

서명:

팀원들의 서명:

〈선수 서약서〉

나는 다음과 같이 서약한다.

서명________________ 날짜__________________

◈ 체육수업에서 나의 역할 ◈

선 수

1. 선수로서 모든 경기에 참여한다.
2. 승 · 패에 상관없이 최선을 다해 경기에 임한다.
3. 심판을 존중하며 규칙을 준수한다.
4. 상대팀을 존중하고 경기결과를 수용한다.
5. 모든 경기가 즐겁고 훌륭한 경기가 되도록 노력한다.

나는 학생이자 선수로서 위 역할을 성실히 수행할 것을 서약합니다.

년 월 일

선 수: (서명)
모둠이름:
모둠원 서명:

3. 학생 역할별 카드

- 주장
- 주장은 리더이다.
- 키워드: 리더십, 페어플레이

◈ 체육수업에서 나의 역할 ◈

주장(모둠지기)

1. 모둠을 대표한다.
2. 교사와 함께 변형게임을 만드는 데 참여한다.
3. 공정한 경기를 위한 규칙을 만드는 데 참여한다.
4. 일정, 우수 선수 및 모둠 선정, 규칙 위반 등과 관련된 최종 결정에 참여한다.
5. 모둠원들에게 경기와 규칙에 관련된 것을 전달한다.
6. 즐거운 모둠 분위기를 만들도록 노력한다.

주장(모둠지기)으로서 위 역할을 성실히 수행할 것을 서약합니다.

년 월 일

주장(모둠지기): (서명)
모둠이름:
모둠원 서명:

- 코치
- 좋은 코치는 공정하며 모든 팀원들을 지원한다. 팀원들과 소통한다. 준비운동과 정리운동을 도와준다.
- 키워드: 긍정적 마인드, 참여, 공유, 리더, 계획, 재미

◈ 체육수업에서 나의 역할 ◈

코 치

1. 모둠원의 준비운동과 연습을 운영한다.
2. 선생님이 제시한 수업과제를 모둠원들에게 바르게 전달하고 가르친다.
3. 모둠원들과 항상 대화하며, 의견을 존중해 준다.
4. 수업에 필요한 모둠 준비물을 챙긴다.

코치로서 위 역할을 성실히 수행할 것을 서약합니다.

년 월 일

코 치: (서명)
모둠이름:
모둠원 서명:

- 심판/주심
- 심판은 빠르고 정확한 판단을 해야 하며, 이를 위해 규칙을 숙지하고 경기를 보는 눈을 가지고 있어야 한다. 경기 중 일어나는 분쟁을 조정하며, 실질적으로 경기의 시작과 끝을 운영하면서 책임을 져야 한다.
- 키워드: 공정함, 신속한 판정, 정확한 판단, 규칙 숙지

◈ 체육수업에서 나의 역할 ◈

심 판

1. 공정한 경기를 진행한다.
2. 주장(모둠지기) 회의에서 결정한 경기 규칙을 모두 알고 있어야 한다.
3. 규칙을 잘 적용하여 원활한 경기 진행을 한다.
4. 문제가 생겼을 때 규칙에 준하여 해결한다.
5. 수업에 필요한 용 · 기구의 설치 및 철거를 한다. 필요할 시에는 다른 사람의 도움을 구할 수 있다.

심판으로서 위 역할을 성실히 수행할 것을 서약합니다.

년 월 일

심 판: (서명)
모둠이름:
모둠원 서명:

- 매니저
- 매니저는 코치를 잘 도와주며, 팀 연습에 필요한 장비(준비물)를 준비한다.
- 키워드: 부지런함, 봉사정신, 배려, 책임감

◈ 체육수업에서 나의 역할 ◈

매니저

1. 스포츠 게시판을 관리한다.
2. 기록원과 함께 모둠 일정과 경기 결과를 게시한다.
3. 모둠과 관련된 자료를 수집하고 전시한다.
4. 모둠 파일철을 관리한다.
5. 시즌과 관련된 스포츠 내용을 수집하고 게시한다.

매니저로서 위 역할을 성실히 수행할 것을 서약합니다.

년 월 일

매니저: (서명)

모둠이름:

모둠원 서명:

- 홍보원(출판원, 알리미)
- 게시판(체육관 입구, 학급, 인터넷 카페 등)에 다음의 내용을 보고 해야 한다.
  - 게임 내용 보고 및 결과, 사진-팀-액션, 그림/스포츠 관련 이야기, 포스터, 트레이닝 힌트 등 정보 제공
  - 기록원을 도와준다. 뉴스레터, 매거진, 학교 및 지역사회에 홍보한다. 팀 관찰 보고서를 쓴다.
- 키워드: 기록, 관찰, 디자인 감각, 마케팅 전략

◈ 체육수업에서 나의 역할 ◈

홍보원(알리미)

1. 스포츠 게시판을 관리한다.
2. 기록원과 함께 모둠 일정과 경기 결과를 게시한다.
3. 모둠과 관련된 자료를 수집하고 전시한다.
4. 모둠 파일철을 관리한다.
5. 시즌과 관련된 스포츠 내용을 수집하고 게시한다.

홍보원(알리미)으로서 위 역할을 성실히 수행할 것을 서약합니다.

년 월 일

홍보원: (서명)

모둠이름:

모둠원 서명:

- 기록원
- 좋은 기록원은 개인과 팀에서 일어난 일을 가장 솔직하고 정확하게 기록하여 정보를 제공한다.
- 키워드: 기록의 달인, 정확하게 보는 눈, 열린 귀, 부지런한 손

◈ 체육수업에서 나의 역할 ◈

기 록 원

1. 팀에서 일어나는 일들을 기록한다.
2. 모둠 연습 일정과 결과를 기록하고 게시한다.
3. 경기 결과를 기록하고 게시한다.
4. 규칙위반, 공정한 경기를 하는 선수를 기록한다.
5. 시즌 동안 기록된 기록문서들을 보관하고 관리한다.

기록원으로서 위 역할을 성실히 수행할 것을 서약합니다.

년 월 일

기록원: (서명)
모둠이름:
모둠원 서명:

- 운영 팀
- 운영 팀의 임무는 수업전과 후 각종 장비(준비물)를 준비하며, 응급치료에 필요한 장비를 준비한다. 각종 문제, 분쟁 등을 해결한다.
- 키워드: 성실, 도움, 협력, 배려

◈ 체육수업에서 나의 역할 ◈

운영 팀

1. 게임 운영에 필요한 정보를 제공하고, 심판을 본다.
2. 게임에 필요한 장비와 준비물을 준비한다.
3. 게임에서 나온 각종 자료들은 팀과 교사에게 전달한다.

운영 팀원으로서 위 역할을 성실히 수행할 것을 서약합니다.

년 월 일

운영 팀원: (서명)

모둠이름:

모둠원 서명:

- 스포츠위원
- 키워드: 공평, 존중, 의사결정

◈ 체육수업에서 나의 역할 ◈

스포츠위원

1. 교사와 학생 간의 중재 역할을 한다.
2. 교사와 협의하여 게임운영 방식 등을 선택한다.
3. 학생들의 의견을 수렴하여 교사에게 전달한다.
4. 팀과 팀 사이에 일어나는 다양한 분쟁을 조정한다.

스포츠위원으로서 위 역할을 성실히 수행할 것을 서약합니다.

년 월 일

스포츠위원: (서명)
모둠이름:
모둠원 서명:

모둠: 역할: 이름:

1. 내가 맡은 역할이 (   )게임에서 꼭 필요한 이유를 이야기해 봅시다.

2. 만약 내가 없다면 (   )은 어떻게 될지 상상해 봅시다.

Chapter 04

교사 사명서

스포츠교육 수업을 운영하는 교사는 재미있고 즐거운 수업을 구상하는 일상에서 행복을 맛본다. 따라서 이러한 교사들은 어려운 순간 전전긍긍하지 않으며 학생들과 친밀감을 형성하면서 진행하는 수업의 다양한 방법 찾기에 최선을 다한다. 교사 사명 선언문도 이러한 교사의 활동 가운데 하나이다. 학생들뿐만 아니라 교사도 이와 같은 다짐을 아이들에게 공개함으로써 책임감을 갖고 함께 배움을 일구어 나가는 '스포츠교육 수업 여행' 의 동반자가 될 수 있는 것이다. 이 장에서는 이 책의 저자인 세 명의 교사들의 사명 선언문을 제시한다. 교사들은 자신의 신념과 철학에 맞게 학생들에게 사명 선언문을 재구성하여 활용할 수 있을 것으로 기대한다.

1. 초등교사 최원준

♥ ♥ ♥ ♥ ♥ ♥ ♥ ♥ ♥ ♥ ♥ ♥

교사 사명 선언문

나는 사랑으로 학생들을 가르치며 튼튼한 몸은 물론 지혜롭고 슬기로운 정신과 다른 사람을 배려하는 마음을 기르게 함으로써 건전한 정신을 가지고 역할과 책임을 다하는 사회구성원의 일원으로 자라날 수 있도록 한다.

내가 먼저 실천하는 모습을 보이고 스포츠교육을 통해 민주시민 공동체의 일원을 길러 내며 안과 밖의 조화로운 체육의 새로운 모델을 제시하기 위한 수업 철학을 만들어 나간다.

강점 Strength	약점 Weakness
- 다른 사람을 대할 때 항상 웃는 모습이며 긍정적인 마인드를 가지고 모든 일에 임한다. - 일을 하는 데 있어 두려움이 없으며 내가 맡은 일뿐만 아니라 다른 사람들의 일도 많이 도와준다. - 다른 사람에 비해 다방면으로 박학다식하며 임기응변 능력이 강한 편이다. - 학교 교육과정에 나오는 대부분의 운동에 능숙하여 재미있게 학생들을 지도할 수 있다. - 스포츠교육모형에 대한 개인적, 실천적 지식을 가지고 있어 언제 어디서나 적용하는 데 자신감이 있다.	- 학교, 가정, 사회에서 많은 일을 맡고 있어 때로는 업무추진력이 떨어진다. - 어린 아기가 있어 저녁시간에 다른 일을 할 수 있는 여유가 없다. - 학교에서 담임을 맡고 있기 때문에 체육전담 체제로 유지되는 현재 학교에서 직접 체육수업을 할 수 없다. - 교육청에서 주관하는 교과연구회 및 각종 업무추진 TF팀으로 활동하기 때문에 나의 발전을 위해 투자할 시간적 여유가 없다.
기회 Opportunity	**위협 Threat**
- 나의 주변에는 교과연구회, 공부모임에서 활동하며 나의 발전을 위해 열정적으로 도와주는 사람들이 많다. - 다른 학교에서 수업 개선을 위한 컨설턴트로 요청하는 일이 많아 스포츠교육 체육수업을 알릴 기회가 많다. - 학교에서 교육과정을 담당하고 있어 체육수업과 관련된 다양한 활동을 계획할 수 있다. - 학교에는 다양한 체육 교구가 구비되어 있다.	- 학교와 교사를 신뢰하지 않는 사회풍토가 점점 확산되고 있어 나만의 교육철학을 펼치기 어렵다. - 경력이 쌓일수록 수업에 열정이 많이 식어 가고 있다. - 교육청에서 추진하는 새로운 일들이 학교 및 교사 개인의 교육활동에 걸림돌이 되기도 한다.

2. 중등교사 남기엽

교사 사명 선언문

아이들은 멋진 꿈을 하나씩 가지고 있고 그 꿈을 실현하기 위해 마주친 이 순간을 나는 열심히 가르치고 아이들은 깨달음을 통해 성장해 간다. 나의 한마디, 시선, 가르침이 아이들을 올바르게 나아가도록 하는 데 도움이 될 것이다. 운명적으로 만난 스포츠교육수업은 체육교사인 나에게 신선함을 안겨주었다. 아이들에게 스포츠교육수업은 어른이 되기 위한 준비가 된다. 나는 이 수업을 통해 아이들에게도 배우고 그 배움을 토대로 더 나은 수업을 위해 노력한다.

강점 Strength	약점 Weakness
- 좋은 수업을 위해 끊임없이 연구하고 노력함 - 스포츠교육수업의 다양하고 적극적인 시도로 체육수업의 노하우를 가짐 - 밝고 쾌활한 성격으로 동료교사 및 타 교과교사와의 관계가 원만함 - 쾌적한 체육시설을 갖추기 위해 다방면으로 노력함(라인벨트, 체육관, 웨이트기구 등) - 학생들과 교직원들에게 체육수업뿐 아니라 평생체육활동을 장려함 - 체육대회 및 교직원 동호회 활동을 적극 추진하고 프로그램을 창의적으로 구성함	- 행사 진행에 따른 충분한 사전 협의부족으로 인한 마찰 - 두 명의 교사가 동일 학년을 맡게 되었을 때 스포츠교육수업 진행의 어려움 - 체육수업과 운동부 지도에 따른 과중한 업무
기회 Opportunity	**위협 Threat**
- 새로운 학년을 맡게 될 때마다 시도해 보는 다양한 종목의 스포츠교육수업이 교사로서 끊임없이 연구하도록 함 - 다른 학교로 이동하여 알게 되는 동료교사에게 좋은 수업을 알리게 되는 기회 - 일반 교사도 체육교육의 인식을 새롭게 함 - 좋은 수업을 받은 학생들이 체육지도자로 이어짐 - 감정의 변화가 극심한 중 · 고등학교 시절에 스포츠교육수업을 접하게 하여 올바른 삶의 태도를 갖는 데 도움	- 각종 행사로 인한 체육수업 시수 축소 - 중 · 고등학교의 스포츠교육수업이 연계되지 않음

3. 스포츠 강사 장정민

♥ ♥ ♥ ♥ ♥ ♥ ♥ ♥ ♥ ♥ ♥ ♥

교사 사명 선언문

나는 아이들을 편견 없이 사랑으로 대하면서 인격체로 존중하며, 내가 말을 하기 보다는 아이들이 말을 할 수 있도록 잘 들어주겠다.

아이들을 배움이 있는 체육수업으로 안내하여 스포츠를 즐길 줄 알고 안목을 가진, 스포츠와 삶이 연결된 전인으로 성장할 수 있도록 노력하겠다.

그래서 이 아이들이 성장하여 체육수업과 나를 회상할 때, 의미 있고 가치 있는 기억으로 남을 수 있도록 헌신하겠다.

그러기 위해 나는 고여 있는 물 같이 안주하지 않고, 흐르는 물서럼 항상 깨어있고 유연한 모습을 가진 교육자가 되기 위해 노력할 것이다.

강점 Strength	약점 Weakness
- 스포츠교육모형을 알고 난 후 바로 운영하는 추진력이 있다. - 좋은 체육수업을 하기 위해 수고를 감내하는 의지가 있다. - 다년간 청소년 수련활동 지도 경력이 있어 학생들의 마음을 잘 이해하고 있다.	- 스포츠교육모형의 시즌 운영경험이 적다. - 일주일에 한 번이라는 수업시수로 인해 수업의 흐름이 잘 이어지지 못한다. - 스포츠교육모형 수업을 운영하기 위한 예산편성이나 도구 구입이 제한되어 있다.
기회 Opportunity	**위협 Threat**
- 수업 운영에 대해서 다른 교사들이나 학교의 간섭이 전혀 없다. - 행정 업무가 없어 수업에만 집중할 수 있다.	- 강사의 신분으로 불안정한 위치에 있다. - 소속 학교의 교사들은 아나공 수업만을 하기에 아이들은 체육수업을 노는 시간으로만 생각한다.

Chapter 05

초등 스포츠교육 수업 여행

초등학생들에게 체육을 가르치는 것은 결코 녹록하지 않다. 잠깐 다른 곳을 보고 있으면 어느새 아이들은 정신없이 뛰어다니며 장난을 치고 있다. 스포츠교육 수업에서는 이런 아이들도 장난을 멈추고 체육을 통한 배움의 과정으로 나가게 된다. 역할 활동, 게임 운영, 게임 참여, 모둠 토의 등의 활동을 하며 체육수업에서만 경험할 수 있는 신체 활동의 가치를 알게 된다. 이 장에서는 초등체육에서 스포츠교육의 선구자이자 전도사 역할을 자처하며 수업을 운영하고 있는 초등학교 교사의 스포츠교육 이야기를 담았다. 2004년부터 초등학교에서 스포츠교육 수업을 운영하며 나온 Know-how와 실천사례를 바탕으로 성공적인 스포츠교육 수업을 위한 전략을 제시하였으며, 한 시즌의 운영 내용을 단계별로 구체적으로 풀어헤쳐 보았다. 스포츠교육 수업의 단계별로 제시된 계획과 과정은 스포츠교육 수업을 하고자 하는 동료 교사들에게 도움을 줄 수 있을 것이다.

초등교사 최원준

교사 사명 선언문

나는 사랑으로 학생들을 가르치며 튼튼한 몸은 물론 지혜롭고 슬기로운 정신과 다른 사람을 배려하는 마음을 기르게 함으로써 건전한 정신을 가지고 역할과 책임을 다하는 사회구성원의 일원으로 자라날 수 있도록 한다.

내가 먼저 실천하는 모습을 보이고 스포츠교육을 통해 민주시민 공동체의 일원을 길러 내며 안과 밖의 조화로운 체육의 새로운 모델을 제시하기 위한 수업 철학을 만들어 나간다.

강점 Strength	약점 Weakness
- 다른 사람을 대할 때 항상 웃는 모습이며 긍정적인 마인드를 가지고 모든 일에 임한다. - 일을 하는 데 있어 두려움이 없으며 내가 맡은 일뿐만 아니라 다른 사람들의 일도 많이 도와준다. - 다른 사람에 비해 다방면으로 박학다식하며 임기응변 능력이 강한 편이다. - 학교 교육과정에 나오는 대부분의 운동에 능숙하여 재미있게 학생들을 지도할 수 있다. - 스포츠교육모형에 대한 개인적, 실천적 지식을 가지고 있어 언제 어디서나 적용하는 데 자신감이 있다.	- 학교, 가정, 사회에서 많은 일을 맡고 있어 때로는 업무추진력이 떨어진다. - 어린 아기가 있어 저녁시간에 다른 일을 할 수 있는 여유가 없다. - 학교에서 담임을 맡고 있기 때문에 체육전담 체제로 유지되는 현재 학교에서 직접 체육수업을 할 수 없다. - 교육청에서 주관하는 교과연구회 및 각종 업무추진 TF팀으로 활동하기 때문에 나의 발전을 위해 투자할 시간적 여유가 없다.
기회 Opportunity	**위협 Threat**
- 나의 주변에는 교과연구회, 공부모임에서 활동하며 나의 발전을 위해 열정적으로 도와주는 사람들이 많다. - 다른 학교에서 수업 개선을 위한 컨설턴트로 요청하는 일이 많아 스포츠교육 체육수업을 알릴 기회가 많다. - 학교에서 교육과정을 담당하고 있어 체육수업과 관련된 다양한 활동을 계획할 수 있다. - 학교에는 다양한 체육 교구가 구비되어 있다.	- 학교와 교사를 신뢰하지 않는 사회풍토가 점점 확산되고 있어 나만의 교육철학을 펼치기 어렵다. - 경력이 쌓일수록 수업에 열정이 많이 식어 가고 있다. - 교육청에서 추진하는 새로운 일들이 학교 및 교사 개인의 교육활동에 걸림돌이 되기도 한다.

1. 스포츠교육모형과 만남 그리고 하나 되기

이 장에서는 초등학교 체육수업 사례를 바탕으로 스포츠교육모형을 실천할 수 있는 개인적 · 실천적(방법적) 지식을 소개하고자 한다.

1997년 3월 교직에 첫발을 내딛고 지금까지 늘 고민하고 실천하고 있는 것 중 하나가 '어떻게 하면 체육수업을 잘 할 수 있을까?', '좋은 체육수업이란 무엇인가?' 이다. 시대의 흐름에 따라 바람직한 체육수업의 모습은 바뀐다는 것을 생각해 보면 위 고민에 대한 정답도 바뀌어야 정상이다. 그러나 국가수준 교육과정이 몇 번이 바뀌어도 초등 현장에서의 체육수업 모습은 대부분 제자리걸음이다. 내가 보고 느낀 것이 그렇다는 것이다. 체육에 관심이 있는 일부 선생님들이 주축이 되어 변화를 일으키고 있지만 학교 현장의 구석구석까지 침투하기에는 아직 역부족이다. 혹자는 체육수업이 예전보다는 많이 좋아졌다고 평가하지만 그것은 수업의 방법적인 면보다는 수업여건 개선에 초점을 둔다. 즉, 수업 기구를 다양하게 구비하였고, 체육관과 잔디운동장을 구비하고 있는 학교가 많아졌다는 것이다.

현실을 들여다보자. 체육수업 여건은 좋아졌지만 여전히 가르치는 모습은 전통적인 방법(일제식, 즉흥식, 스트레스 해소식 등)이 대부분이다. 체육시간은 공부하는 시간이라기보다는 막힌 공간에서 쌓인 공부 스트레스를 풀어주는 시간, 한 시간 정도 노는 시간이라는 인식을 가지고 있다. 또한 체육전담이 없는 학교에서는 다른 수업 진도를 보충하는 시간으로 유독 체육시간이 피해를 보는 경우가 종종 발생한다. 학부모들은 국영수를 못하면 학원에라도 보내 보충하지만 체육을 못하면 대수롭지 않게 넘어간다. 선천적으로 운동 기능이 좋아도 교내 대표 선발전에서 의도적으로 탈락하는 경우도 있다. 체육을 잘하면 안 되는 것처럼, 체육은 그냥 체육일 뿐 더 이상 빠져들면 인생이 어떻게 되는 것처럼 평가하는 어른들의 영향이 체육수업에도 미치고 있다. 이외에도 많은 문제와 어려운 점이 있지만 여기서 일일이 나열하는 것은 별 의미가 없을 것이다. 중요한 것은 이러한 현실을 어떻게 고쳐 나갈 것인가이다. 대부분의 사람들에게 인식되고 있는 '체육'이라는 부정적인 이미지를 긍정적으로 바꿔 나갈 수 있는 단초가 되는 것이 바로 체육수업이 아닐까?

좀 더 바람직한 체육수업의 모습을 나는 모형중심수업에서 찾을 수 있다고 본다. 모형중심수업은 단절된 수업을 하나의 선으로 연결시킬 수 있으며, 다양한 학습 경험을 접목시킬 수 있는 구심점이 될 수 있다. 현재 체육수업 모형으로 알려져 있는 것은 9가지이다(직접교수, 개별화 지도, 협동학습, 스포츠교육, 동료교수, 탐구수업, 전술게임, 개인적 · 사회적 책임감 지도, 하나로 수업). 이러한 모형중심수업을 제대로 실천하기 위해서는 체육수업에 필요한 교사지식(PCK: Pedagogical Content Knowledge)과 교수전략, 효과적인 교수기술을 갖추어야 한다. 처음부터 모두 갖추고 시작하면 좋겠지만 현실적으로 불가능하다. 실천해 나가면서 보충해도 틀린 방법은 아니다. 꾸준히 실천한다면 오히려 개인적으로 보면 더 효과적일 수 있다. 지속적으로 실천하는 모형중심수업은 개인적 실천적 지식(PPK: Personal Practical Knowledge)이며 수업철학이 되기도 한다. 내가 지난 8년간 스포츠교육모형을 공부하고 실천하고 있는 이유도 여기에 있다. 해가 거듭될수록 쌓여가는 노하우는 나의 중요한 수업 밑천이 되며 수업 전문가로 한걸음 다가서는 디딤돌이 된다. 그렇다고 해서 스포츠교육모형 수업이 최고는 아니다. 항상 개방적인 자세로 다른 모형의 장점을 접목해야 하며 새로운 수업 아이템으로 꾸며 나가야 한다. 이것이 한국형 스포츠교육을 실천하는 한 사람으로서 앞으로 지속적으로 해결해야 할 과제이다.

더 나은 수업을 위한 단초가 될 나의 수업실천 사례를 본격적으로 풀어헤치기 전에 스포츠교육모형 수업의 장점과 단점을 살펴보자.

2. 스포츠교육모형의 장점

여기서 이야기하는 스포츠교육의 장점은 전공 서적이나 논문에 소개된 것이 아니라 나의 수업 경험에 근거한 것이다. 다른 수업모형을 꾸준히 실천한 교사라면 공통적으로 느끼는 장점이라고 할 수 있다.

1) 약속의 중요성을 일깨워 준다.

교사가 준비한 시즌 계획을 학생들에게 공개하고 정해진 시간에 하나하나 실천해 나가는 과정 그 자체가 약속(나 자신과 학생들)인 것이다. 최소한 학생들과의 약속은 지켜야 하기 때문에 정해진 수업계획대로 최소 80%는 달성해야 하지 않을까?

2) 체육수업의 정체성을 찾을 수 있다.

체육을 왜 배우고 가르치는가? 그것은 체육시간에만 배울 수 있는 지식과 가치 즉, 신체활동과 관련된 지식과 가치가 있기 때문이다. 이러한 지식과 가치는 억지로 상기시키기보다는 모형중심수업을 통해 자연스러운 활동의 하나로 경험하게 한다면 체육수업의 본연의 모습을 찾을 수 있다. 스포츠교육모형 수업 후 '체육수업시간에 이렇게 많은 것을 배울 줄은 몰랐어요.' 라는 학생들의 반응을 보면 그동안 얼마나 소홀했는가를 알 수 있을 것이다.

3) 체육시간에 나의 정체성을 찾을 수 있다.

스포츠교육모형 수업에서는 모두가 주인공이다. 교사에게는 수업을 위한 여러 가지 준비거리가 있으며 학생들에게는 모둠(팀)의 일원으로 각자 맡은 역할이 있다. 교사와 학생 모두 자신의 역할 책임감을 가지고 임무를 수행하면 자신의 정체성을 충분히 찾을 수 있다.

4) 다양한 학습 경험을 할 수 있다.

모둠별/개인별 역할 정체성 활동(모둠 소개지, 구호, 노래, 역할 선서식 등), 진행 모둠을 중심으로 하는 변형게임, 전략 구상과 실천, 반성 활동 등의 직접 경험뿐만 아니라 시즌 중 장기간 과제활동으로 관련 기사 스크랩, 동호회 탐방, 스포츠 관람 및 비평, 신체활동 가치를 실천하고 있는 인물탐구 등의 간접 경험을 제공할 수 있다. 이 때에는 학생들에게 많은 부담이 가지 않도록 제시하는 것이 좋다. 예를 들면 보고서 내용을 A4 1~2쪽으로 요약하기, 간단한 보고서 틀 제공 등이 있다.

5) 학생들은 수업의 흐름을 알고 있다.

스포츠교육모형 수업을 하면서 '오늘 체육시간에는 뭐해요?'라는 질문의 횟수가 상당히 줄었다. 그 이유는 학생들이 이미 수업할 내용을 알고 있기 때문이다. 학생들이 수업의 전체적인 흐름을 알고 있다는 것은 마음의 준비를 하고 있다는 것이다. 이 때문에 수업은 활기가 넘치고 학생들의 적극적인 참여를 이끌어 낼 수 있다. 과연 그렇게 될까하는 의문이 들지 모르겠지만 본격적인 시즌을 시작하기 전에 학생들에게 전체적인 시즌 계획을 안내하고 매시간 각인 시킨다면 충분히 가능하다.

3. 스포츠교육모형의 단점

스포츠교육의 단점은 처음 접하는 사람이나 정말 열정적으로 하려고 할 때 생기는 것이며, 생각을 바꾸면 충분히 극복할 수 있다.

1) 부담이 될 수도 있다.

처음 하는 사람이 느끼는 것이 바로 부담이다. 다른 할 일도 많고, 기존 체육수업(전통적인 수업)으로 해도 학생들은 좋아하는데 굳이 시즌 계획을 세우고 여러 가지 학습 경험을 제공하기 위해 이것저것 준비하는 것이 부담이 될 수 도 있다. 그러나 시즌 계획을 잘 세우고 3월 한 달 동안 학생들과의 학습 약속(훈련)만 잘 연습한다면 그리 많은 시간을 투자하지 않아도 된다. 관련 책자 펼치는 시간, 인터넷 접속해서 자판 몇 번 두드리는 수고만 해도 학생들에게 제공할 학습자료는 무궁무진하다.

2) 다른 사람의 눈치를 봐야 할 때도 있다.

한 학년에 몇 개 반씩 있는 큰 학교, 체육전담 교사가 없고 담임이 체육수업을 할 때, 다른 반은 전통적인 방법을 고집하는데 유독 나 홀로 모형중심수업을 해 나갈 때 발생할 수 있다.

> "우리는 어려워서 못해요. 선생님 혼자 모형 수업하시는 것이…."
> "1반은 체육수업 재미있게 한다고 우리 반 애들 원성이 자자한데…."
> "선생님 저도 1반이 되고 싶어요. 지금 반 바꾸면 안 되나요?"

비교적 큰 학교에 근무할 때 종종 듣던 이야기이다. 학생들이 무슨 죄가 있으랴? 이때는 얼굴을 붉히기보다 웃으면서 생각을 공유하려고 노력하며 현명하게 대처하는 것이 최선책이다.

3) 새로운 용 · 기구를 구입해야 할 때가 많다.

개정 교육과정은 신체활동 가치 중심으로 교육과정이 구성되어 있고, 학교 실정에 맞춰 가치를 실현하는 방법과 종목, 가르치는 시기의 선택권을 넓혀 놓았다. 그러나 다양한 학습 경험을 제공하기 위해서는 우선 뉴스포츠 용품과 같은 새로운 장비를 구매해야 한다. 비교적 값비싼 뉴스포츠 장비를 학교 기본 예산으로 구매하는 것은 쉽지 않다. 이럴 때에는 다음 학년도 예산편성을 할 때 생각하고 있는 용품을 구입하기 위해 체육 물품구입 예산을 조금 더 확보해 두거나, 학년말 이월되는 예산이 있을 때 학교장을 설득하여 구입하는 것도 하나의 방법이다. 그리고 장비 회사와 협약하여 장비를 대여 받고 사용후기를 홈페이지에 올려 주거나, 다른 학교에서 구매할 수 있도록 홍보를 해주는 방법도 있다. 그렇지 않을 경우는 교사가 직접 제작하는 방법도 있지만 더 많은 시간과 노력이 필요하다.

4. 시즌 설계의 흐름

스포츠교육모형을 실천하기 위한 시즌 설계의 흐름이다. 총 4단계로 구성되어 있으며 각 단계는 단절된 것이 아니다. 즉, 1단계가 끝나야 2단계로 넘어가는 것이 아니라 각 단계의 내용 중 일부는 서로 중복되기도 하며 관련성이 있다.

1단계	기본 계획	종목 선정	시즌 길이	모둠 수, 선정 방법	용 · 기구	역할	평가 계획

2단계	차시별 수업 계획	프리 시즌	본 시즌	결승 행사
		직접 체험활동/간접 체험활동의 내용		

3단계	통합적 학습 경험	변형게임 (규칙, 장비, 공간)	게임진행방법 (대진표, 기록)	직 · 간접 체험 활동 (시기, 절차, 방법)

4단계	축제화	차시별 이벤트 (시상, 상품 등)	결승 행사 (시상, 절차)	다음 시즌 계획 (종목 및 방법)

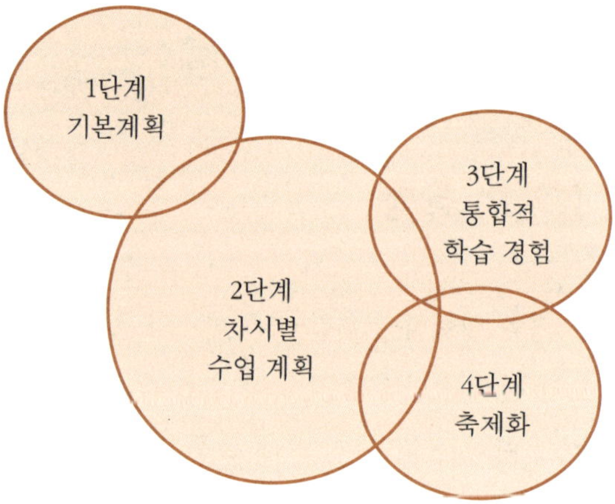

그림 5-1 시즌 설계 단계별 연결

1) 1단계: 기본 계획

종목 선정	시즌 길이	모둠 수, 선정 방법	용 · 기구	역할	평가 계획

• 어떤 종목을 한 시즌으로 할 것인가?

처음 시도하는 사람은 새로운 종목을 선정하는 것보다는 교육과정(교과서)에 제시된 종목을 분석하여 정하는 것이 세부 계획을 세우는 데 유리하다. 그리고 단 하나의 종목으로 한정시킬 수도 있고, 여러 종목을 묶어 하나의 시즌으로 구성할 수도 있다(예: 네트형게임, 손발공놀이, 배드민턴, 배구)

• 시즌 길이는 몇 시간(몇 주)으로 할 것인가?

한 시즌의 길이는 단원보다는 비교적 긴 개념이다. 시즌 길이(시간)를 정할 때에는 무딕대고 길게만 잡을 것이 아니라 인적, 물적자원 등의 현실적 여건을 고려해서 정해야 한다. 지금까지의 국내외 선행 연구논문들은 대부분 15~25시간 정도이다. 초등학생들은 이렇게 긴 시간은 자칫 지루함을 느낄 수도 있다. 초등학생의 경우 8~12시간 정도가 적당하다고 본다. 시간 배정은 일주일 3시간 연속 스포츠교육모형 수업을 배정하는 것도 나쁘지 않지만 여러 가지 활동(모둠 정체성 활동, 수업 후 보고서 작성, 조사 과제활동, 관련 서적 읽기 활동, 관련 영화, 동영상 보기 활동 등)을 병행하며 체육수업의 가치를 찾고자 한다면 주당 1시간은 스포츠교육모형 수업으로, 2시간은 다른 내용으로 수업을 하는 것이 좋다.

• 몇 모둠으로 할 것이며, 어떻게 모둠을 정할 것인가?

스포츠교육모형은 모둠 중심으로 이루어지기 때문에 모둠을 정할 때 신중에 신중을 기해야 한다. 공식 경기를 위해 모둠 수를 홀수(예: 1모둠 진행, 나머지 2모둠 경기)로 하는 것이 좋다고 하나 경우에 따라 짝수(예:

2모둠 진행, 나머지 2모둠 경기)로 할 수도 있다. 모둠 인원은 5~7명 정도로 변형게임을 하는데 적절한 인원수로 하는 것이 좋으나 종목에 따라 늘리거나 줄일 수도 있다.

모둠을 정할 때는 운동기능 수준, 학업성취도, 교우관계, 개인적인 성향 등을 모두 고려하여 선정하는 것이 좋다. 즉, 한 모둠에 다양한 학생들을 고루 배치시켜야 한다. 학기 초에 학생들의 개인적 특성을 잘 모를 때에는 학생들로부터 정보를 얻을 수도 있다. 그리고 성급하게 모둠을 정하는 것보다는 일정 기간 동안 교사 중심의 체육수업을 하며, 학생들이 좋아하고 이미 학습한 게임을 통해 학생들의 개인적 성향을 미리 파악한 후 모둠을 정하는 것도 좋은 방법이다.

한번 정해진 모둠은 정서적 가치(협동, 책임, 자신감, 배려 등) 습득을 위해 시즌이 끝날 때까지 되도록 바꾸지 않는 것이 좋다. 대부분의 학생들이 같은 모둠이 되기를 싫어하는 외톨이가 있을 때에는 모둠을 만들기 전 협동게임(예: 천 조각 팽팽하게 펴서 들기, 신체를 활용하여 최대한 길게 늘여 서기, 한 손으로 협동하여 물건 옮기기 등)을 해보거나, 감화 이야기 들려주기, 스포츠관련 영화 보기 등을 통해 학생들에게 개개인 모두 소중한 존재라는 것을 인식시켜 주는 것이 좋다. 이러한 활동은 시즌 중간에도 수시로 제공함으로써 학생들에게 일어날 수 있는 다툼을 미연에 방지할 수 있고 상대방을 배려하는 마음을 기를 수도 있다.

• 필요한 용 · 기구는 무엇인가?

새로운 학교로 옮겼거나 전담 수업에서 담임 수업으로 새롭게 시작할 경우에는 학교에 구비되어 있는 용 · 기구의 목록을 직접 눈으로 확인하는 작업을 먼저 해야 한다. 어쩌면 새로운 시즌을 준비할 때 종목을 먼저 정하는 것보다 우선되어야 하는 것이 바로 학교에서 사용 가능한 용 · 기구 점검일 것이다. 학교에서 사용 가능한 용 · 기구를 모두 파악하고 있다는 가정 하에 시즌 준비하는 방법은 다음과 같다.

먼저 시즌 동안 지속적으로 필요한 용품을 미리 준비해 두는 것이 좋다. 학생들에게 기본적으로 제공해야 할 용품은 다음과 같다.

모둠 정체성	A4 클리어 파일(모둠별 1권 이상), 색연필(색사인펜), 게시판, 조끼
수업시간	기록판(A4), 이동식 화이트보드, 준비물 바구니, 초시계, 호루라기, 진행 모둠 모자 또는 역할 이름표, 카메라(캠코더)

정해진 종목에 필요한 용·기구는 우선 학교에서 이용 가능한 물건을 모두 찾아 두고, 없거나 부족한 부분은 체육 기구구입 예산을 활용하여 구비해야 한다. 초등학생 수준의 게임을 위한 장비는 저렴한 비용으로 제작하거나 구입할 수 있다. 사정이 여의치 않으면 단위학교 수준에서 해결 가능한 용·기구를 활용한 종목으로 변경하는 것이 좋다.

• 개인별 역할은 어떻게 부여할 것인가?

스포츠교육모형의 가장 큰 특징 중 하나가 바로 시즌 동안 꾸준하게 실천해야 할 개인별 역할이 있다는 것이다. 개인별 역할 설정과 역할별 임무는 학생들의 수준에 맞게 제시하는 것이 좋다. 시즌을 운영하기 위해 필요한 기본적인 역할은 모둠 대표(리더), 코치(트레이너, 감독), 심판(모둠 경기), 기록(모둠 활동 또는 게임), 홍보(모둠 소식지, 파일, 게시판 관리), 매니저(기구 도우미), 기자(촬영) 등이 있다. 이외에도 종목의 특성에 따라 다양한 역할을 부여할 수 있다. 인원이 적은 소규모 학급의 경우 개인별 역할이 중복될 수도 있다. 예를 들면 평소에는 모둠 대표 역할을 하면서도 게임 진행을 할 때는 심판 또는 기자 역할이 가능하다.

이러한 역할을 모둠별 학생들에게 어떻게 부여하면 좋을까? 내가 가장 많이 사용하는 방법은 역할과 임무를 소개하고 모둠에게 의사결정권을 넘기는 방법이다. 심사숙고하여 결정하게 하고 한번 결정한 것은 되도록 바꾸지 않도록 유도한다.

• 어떻게 평가할 것인가?

평가 방법과 실제는 평가의 개념을 어디에 두느냐에 따라 달라진다. 생활기록부에 기재하는 한 영역으로 등급(A, B, C)을 매기고 각 영역을 종합하여 한 문장으로 기술하는 현재의 교무업무시스템(SEMS) 평가 방식을 따르면 평가는 그리 어려운 것이 아니다. 시즌 중 행동하는 학생들의 모습을 관찰하는 것만으로도 교사라면 누구나 평가 기준에 따라 등급을 매길 수 있기 때문이다. 그러나 평가가 곧 수업이며 수업이 곧 평가라는 개념으로 접근하면 평가 계획은 달라진다. 즉, 신체활동의 가치를 내면화하기 위해 일정 기간을 두고 다양한 평가(교사관찰 코멘트, 자기평가, 동료평가, 보고서 평가, 개인별/모둠별 포트폴리오 평가, 게임 수행능력 평가, 비디오 코멘트 등)를 해야 한다. 쉽게 말하면 가시적인 근거에 의한 피드백과 교정과정이 곧 평가가 되는 것이다. 한 시즌 동안 어떤 평가를 할 것인가? 어떤 방법으로 실천할 것인가에 대한 대략적인 계획이 시즌 설계 1단계에서 구상해야 한다. 비록 생활기록부에는 한두 문장으로 등록될지라도 다양한 평가와 피드백이 제공된 만큼 학생들의 신체활동 가치 체득은 높아질 것이다.

2) 2단계: 차시별 수업 계획

<table>
<tr><td>프리 시즌</td><td>본 시즌</td><td>결승 행사</td></tr>
<tr><td colspan="3">직접 체험활동/간접 체험활동의 내용</td></tr>
</table>

2단계의 차시별 수업 계획은 시즌 계획의 핵심이다. 이미 말했듯이 2단계의 내용은 1단계와 중복되는 부분이 있지만 좀 더 구체화시키는 과정이다. 전체적으로 2단계 준비는 프리 시즌, 본 시즌, 결승행사로 구분된다. 각 차시별로 제공할 직접 · 간접 체험활동의 내용이 2단계 내용의 핵심이다.

2단계의 전체적인 흐름은 다음과 같다.

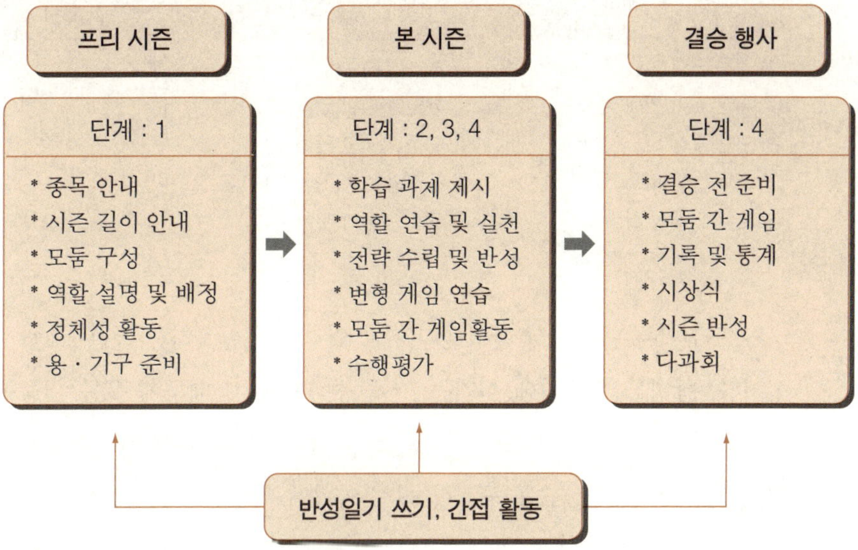

그림 5-2 2단계의 전체적인 흐름

• 프리 시즌(preseason)

프리 시즌은 본격적인 시즌이 시작되기 이전에 이뤄지는 모든 활동을 말한다. 이 기간 동안 모둠을 구성한 후 모둠 성체성 활동과 역할 연습을 한다. 정해진 체육시간 이외에도 아침, 점심, 방과 후 시간 그리고 과제활동을 하며 시즌 준비를 할 수 있다. 만약 전담교사라면 담임교사의 협조를 얻어 정체성 활동과 학습 훈련을 적극적으로 시키는 것이 좋다. 그렇지 않으면 학생들은 전담교사의 지시에 잘 따르지 않고 수업시간에도 대충 넘어가려고 한다. 프리 시즌 기간은 교사에 따라 다르겠지만 스포츠교육모형을 처음으로 적용하는 교사라면 최대한 많은 시간을 투자하는 것도 나쁘지는 않다. 학생들은 처음으로 경험하는 모둠 및 역할 정체성 활동을 하면서 앞으로 배워야 할 내용에 대한 기대감을 키워 갈 수 있기 때문이다. 그리고 프리 시즌 기간 동안 나온 학습 결과물(모둠 소개지, 구호, 노래, 캐릭터, 다짐 글, 역할 선서, 준비 운동 만들기 등)을 지정된 장소에 게시함으로써 활발하고 적극적인 참여를 이끌어 낼 수 있다.

프리 시즌에 해야 할 것	
① 종목 안내	⑥ 용 · 기구 준비
② 시즌 길이 안내	⑦ 개인별 역할 연습
③ 모둠 구성	⑧ 모둠 게시판 만들기
④ 역할 설명 및 배정	⑨ 온라인 소통공간(카페, 블로그) 만들기
⑤ 모둠 정체성 활동	⑩ 장 · 단기 과제 부여

프리 시즌 단계에서 학생들이 가장 민감하게 반응하는 것은 모둠 구성이다. 학생들은 게임에 이기는 것에 중점을 두기 때문에 운동 기능이 우수하거나 다정하게 지내는 친구와 한 모둠이 되기를 원한다. 반대로 그렇지 못한 학생들은 모둠 구성할 때 소외될 수 있으며 마음의 상처를 받을 수 있다. 이를 예방하기 위해 모둠을 구성하기 전에 원칙과 방법을 분명하게 구체적으로 밝히는 것이 좋다. 모둠 구성은 학업성취도, 보고서 작성 능력, 운동기능, 교우관계 등을 종합적으로 고려하여 특정 능력이 한 모둠으로 쏠리는 현상을 막아야 한다. 1학기 초 학생들의 성향을 모두 파악하지 못한 상태라면 학생들에게 직 · 간접적으로 물어서 정보(성격, 교우관계, 운동기능 등)를 알아두면 모둠 구성하는 데 많은 도움이 된다. 모두가 같은 모둠이 되기를 싫어하는 학생이 있다면 담임의 역할이 중요하다. 모두에게 득이 될 수는 없지만 학급공동체 구성원으로서의 중요성을 심어주어야 한다.

모둠 구성을 할 때 학생들의 의견을 최대한 수렴한다고 하더라도 모두에게 만족을 줄 수 없다. 오히려 교사가 정하고 학생들에게 알려주는 지극히 교사중심의 모둠 구성 방법이 시간과 노력적인 면에서 더 효과적일 수도 있다.

〈모둠 구성 활동 Tip 1〉

① 모둠 간 경기진행 방법을 고려하여 모둠 수를 결정한다.
(예: 전체 5모둠: 1모둠 진행-4모둠 게임, 전체 6모둠: 2모둠 진행-4모둠 게임)
② 운동기능 또는 학업성취도가 높은 학생을 모둠 수만큼 선정한다. 5명은 각기 다른 모둠의 선정위원이 된다.
③ 5명의 선정원에게 모둠원 지명 순서를 정하도록 한다(가위바위보).
④ 가장 먼저 선택권을 받은 선정원부터 같은 모둠이 되고 싶은 사람을 지명한다. 지명 받은 사람이 수락하면 같은 모둠원이 된다. 만약 1차 지명에서 수락하지 않으면 다음 순서로 넘어가고 2차 지명은 다른 선정원의 지명이 끝난 후에 한다.
⑤ 두 번째 지명부터는 선정된 모든 구성원과 지명 받은 사람이 동의할 때에 같은 모둠원으로 인정해 준다. 이렇게 하면 모두가 동의한 상태가 되기 때문에 학생들의 선택에 책임감을 심어줄 수 있다.
⑥ 지명 할 때에는 남녀의 순서를 정하는 것이 좋다. 첫 번째 지명은 남자를 대상으로 했다면 두 번째 지명은 여자를 대상으로 한다.

〈모둠 구성 활동 Tip 2〉

① 모둠 수에 따라 모둠 선정위원(운동기능 또는 학업성취도가 높은 학생)을 뽑는다.
② 모둠 선정위원들에게 공정한 방법으로 자신의 모둠원을 결정할 수 있는 권한을 부여한다. 이때 교사는 몇 가지 기준만 제시할 뿐 그들의 결정과정에 절대 끼어들지 않는다.
③ 모둠 선정원이 결정한 모둠을 공개한다.
④ 각 모둠원이 모두 동의한다면 합리적인 구성이 되겠지만 불만이 있을 경우, 단 1번의 모둠원 맞교환(트레이드) 기회를 부여한다.

〈모둠 구성 활동 Tip 3〉

① 학생들의 성향(운동기능, 학업성취도, 성격, 교우관계 등)을 미리 파악한다.
② 모둠 구성의 모든 권한이 교사에게 있음을 학생들의 동의를 구한다.
③ 교사가 직접 학생들의 특성이 고루 반영되도록 모둠을 구성한다.
④ 학생들에게 발표한다.

모둠이 구성되면 역할을 배정한다. 역할은 교육 내용에 따라 달라질 수 있지만 기본적으로 모둠대표, 코치, 기자, 심판, 기록, 홍보의 역할이 있다. 모둠 인원과 학습 내용에 따라 역할을 추가할 수도 있고, 인원이 적을 경우 중복 역할 부여도 가능하다. 역할 부여는 각 역할이 하는 일을 학생들에게 충분히 인지시킨 후 전적으로 모둠 내에서 결정하도록 한다. 역할이 결정되면 역할별 선서식 또는 소규모 워크숍을 통해 역할 임무를 이해하도록 한다.

〈역할 배정 및 연습활용 Tip〉

① 역할 소개지를 통해 하는 일을 안내한다.
② 각 역할에 대한 더 많은 이해를 돕기 위해 지난 시즌의 동영상을 보여준다.
③ 역할별 선서식 및 소규모 워크숍을 통해 역할의 내용을 충분히 이해하도록 한다.
④ 주 역할과 부 역할을 정함으로써 수업시간에 다른 역할 경험을 할 수 있도록 한다.

모둠과 역할이 정해지면 모둠 정체성 활동이 필요하다. 모둠 정체성 활동은 소속감을 심어주고 모둠 구성원끼리 소통의 기회를 부여한다. 정체성 활동은 온 · 오프라인 모두 가능하며 모둠의 개성이 충분히 발휘될 수 있도록 방법과 도구의 한계를 두지 않는 것이 좋다.

〈모둠 정체성 활동 Tip〉

① 모둠 이름 정하고 소개지 만들기 ② 모둠 노래, 구호, 캐릭터, 깃발 만들기 ③ 모둠 게시판 및 포트폴리오 파일 꾸미기 ④ 모둠 체조 만들기

이상과 같은 프리 시즌 활동내용은 스포츠게시판과 온라인 카페(블로그)를 통해 공개한다. 공개는 프리 시즌 동안 1회성으로 그치는 것이 아니라 시즌 동안 지속적으로 업데이트 되도록 해야 한다. 우수 포트폴리오 선정 및 댓글달기 보상 등을 통해 정체성 활동을 활성화시킬 수 있다.

- 본 시즌

본 시즌은 본격적인 시즌의 시작이다. 전체적인 흐름은 수업 전, 중,

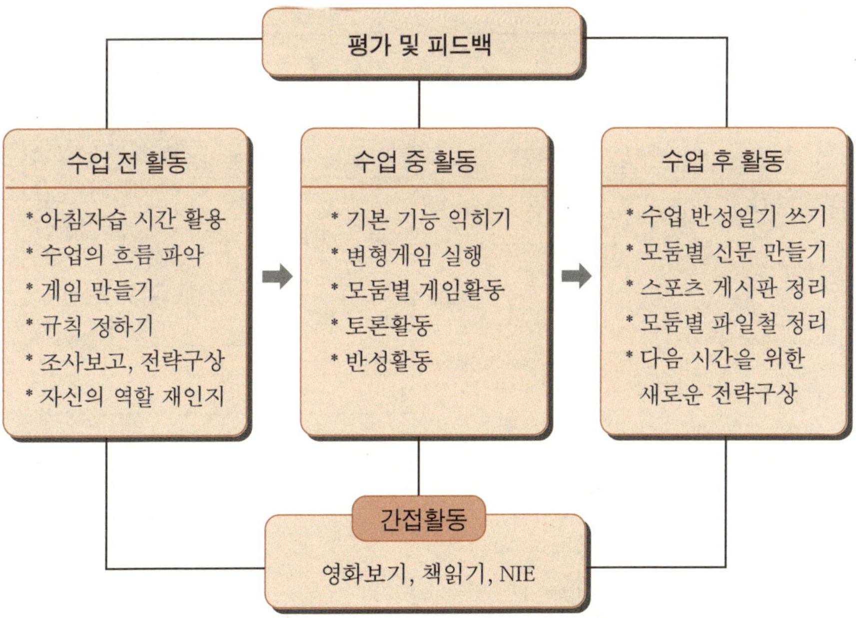

그림 5-3 학습 경험의 구체적인 방법과 내용의 3단계

후 활동으로 이뤄지며 통합적 학습 경험의 구체적인 방법과 내용은 3단계에서 설명하고자 한다.

가. 수업 전 활동

수업 전 활동은 주로 스포츠교육모형 수업이 든 당일 또는 전날 아침 시간을 활용하여 실시하면 된다. 이 활동을 위해 교사는 수업 전 기록지를 준비하여 모둠별 또는 개인별로 나눠주면 학습의 효과를 올릴 수 있고, 학생들은 수업의 내용과 흐름을 인지하고 참여할 수 있다. 수업 전 기록지의 구체적인 내용은 본 수업에서 자신이 해야 할 역할 알기, 변형게임을 위한 규칙 정하기와 익히기, 새로운 게임 만들어 보기, 조사 보고서를 바탕으로 새롭게 알게 된 내용 적기, 게임을 위한 전략구상 등이다.

수업 전 기록지 작성활동에 학생들의 적극적인 참여를 이끌어 내기 위해서는 사전 조사 과제를 미리 제시하는 것이 좋다. 교사 또한 같은 내용을 조사하고 조사활동을 해 오지 못한 모둠을 위해 그 결과를 제공하는 것이 좋다.

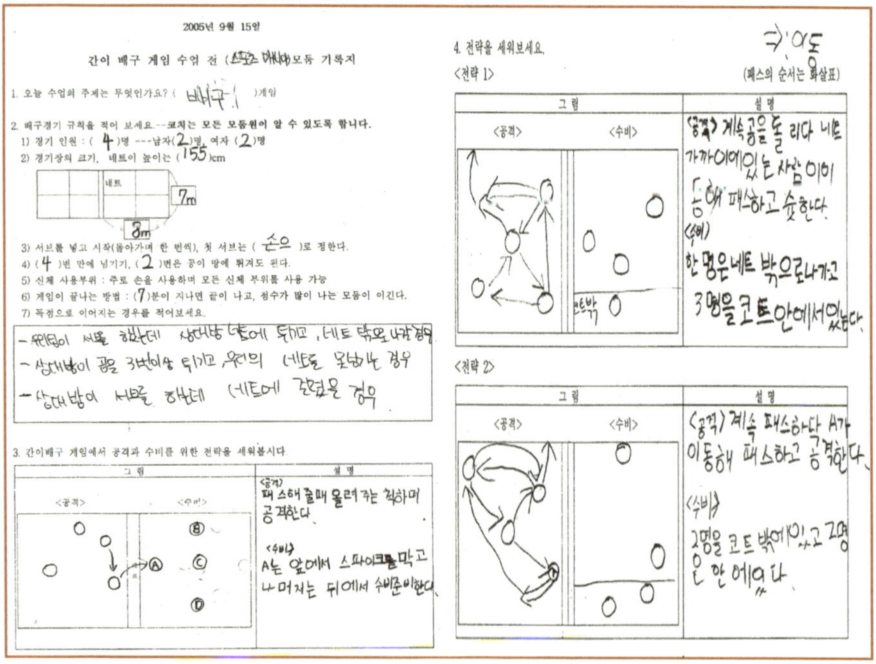
2005년 9월 15일

간이 배구 게임 수업 전 (스포츠 매니아)모둠 기록지

1. 오늘 수업의 주제는 무엇인가요? (배구)게임

2. 배구경기 규칙을 적어 보세요.--코치는 모든 모둠원이 알 수 있도록 합니다.

1) 경기 인원 : (4)명 ---남자(2)명, 여자 (2)명

2) 경기장의 크기, 네트이 높이는 (155)cm

네트 7m 8m

3) 서브를 넣고 시작(돌아가며 한 번씩), 첫 서브는 (손으)로 정한다.

4) (4)번 만에 넘기기, (2)번은 공이 땅에 튀겨도 된다.

5) 신체 사용부위 : 주로 손을 사용하며 모든 신체 부위를 사용 가능

6) 게임이 끝나는 방법 : (7)분이 지나면 끝이 나고, 점수가 많이 나는 모둠이 이긴다.

7) 득점으로 이어지는 경우를 적어보세요.

3. 간이배구 게임에서 공격과 수비를 위한 전략을 세워봅시다

그림	설명
<공격> <수비>	<공격> 패스해 줄때 올려 주는 척하며 공격한다. <수비> A는 앞에서 스파이크를 막고 나머지는 뒤에서 수비준비한다.

4. 전략을 세워보세요.

<전략 1> (패스의 순서는 화살표)

그림	설명
<공격> <수비>	<공격> 계속 공을 돌리다 네트 가까이에 있는 사람이 패스하고 슛 한다. <수비> 한 명은 네트 밖으로 나가고 3명은 코트 안에서 있는다.

<전략 2>

그림	설명
<공격> <수비>	<공격> 계속 패스하다 A가 이동해 패스하고 공격한다. <수비> 2명은 코트 밖에 있고 2명은 안에 있다.

나. 수업 중 활동

수업 중 활동은 곧 본시 수업활동을 말한다. 본시 수업은 초등학생의 정서에 맞게 주로 학생중심의 직접 체험으로 준비하는 것이 좋다. 학생들은 미리 수업 전 기록지를 작성해 보았기 때문에 수업의 흐름과 자신이 해야 할 역할을 인지하고 있다. 따라서 교사의 개입을 최소화하고 학생중심의 수업을 유도할 수 있다.

또한 점심시간 다음 5교시에 체육시간을 배치하면 수업 준비물을 챙기고 기구를 설치하는 데 시간적 여유를 가질 수 있다.

최대한 많은 수업시간을 확보하기 위해서는 수업 준비물과 기구 설치가 끝나고 수업시작 전 모둠별로 자율적으로 모여 준비운동을 하는 상규적 활동이 필요하다.

수업의 흐름은 교사의 수업안내, 역할숙지, 과제활동, 반성활동이 적절하다.

수업 흐름	시간	내 용
수업안내	3분	– 수입시긴에 꼭 해야 할 것, 주요 활동 안내, 수업 전 기록지 활용, 과제활동내용 기록
역할숙지	2분	– 개인 및 모둠별 역할, 참여, 책임, 배려
과제활동	30분	– 기능연습활동, 변형게임활동, 모둠별 리그전 게임, 토론활동 모둠별 기록지 기록
반성활동	5분	– 존댓말 사용, 칭찬 릴레이, 수업소감 발표, 10초 명상

표 5-1 수업시간 중의 교사의 역할

정보제공자	– 활동 피드백 제공
서비스맨	– 수업촬영, 지워 진 경기장 라인 긋기
조언자	– 규칙 지키기, 전략 잘 활용하기, 적극적으로 참여하기, 배려하기
중재자	– 다툼 해결사

다. 수업 후 활동

수업 후 활동은 주로 재량시간, 방과 후 시간, 다음 날 아침시간을 이용하면 된다. 활동내용은 개인별 수업반성 일기 쓰기와 모둠신문 만들기, 게시판 꾸미기 활동 등이 있다.

수업반성 일기와 모둠신문 양식은 교사가 미리 제공해 주는 것이 좋으며 줄글, 만화, 그림, 시, 편지글 등으로 자유롭게 작성하도록 하며 기록지와 함께 모둠파일에 보관하여 언제든지 읽어 볼 수 있도록 해야 한다.

라. 기타 활동

학생들에게 스포츠정신을 심어주기 위한 간접 체험활동으로 영화 보기, 책 읽기, NIE(Newspaper In Education)활동, 부모님과 함께 스포츠 체험하기, 동호회 방문하기 등을 실시할 수 있다.

• 결승 행사 운영

결승 행사는 다양한 형태로 구상할 수 있다. 초등학생 수준에서 가장 많이 하는 활동은 결승전 경기와 시상식, 수업 동영상 시청, 수업반성, 다과회 등이다.

〈결승행사 활용 Tip〉

- 결승행사 주제(슬로건)를 정하자. 교사가 정하는 것보다 학생들에게 공모하면 의외로 기발한 주제를 얻을 수 있다.
- 초대장과 유료 입장권을 만들어 동료교사 및 학부모에게 뿌리자. 체육수업을 홍보할 수 있는 좋은 기회가 되며 학생들은 결승 행사를 위해 더 많은 준비를 하게 된다.
- 다양한 상품이 학생들에게 많이 돌아가게 하기 위해 스폰서를 받자. 입장권 판매수익 이외에 학교 앞 문방구, 스포츠용품점, 스포츠동호회 등을 학생들이 직접 방문하여 초대장을 전달하거나 편지를 보내어 협조를 얻을 수 있다.

- 되도록 많은 학생들에게 다양한 명칭의 상(이끔, 예절, 봉사, 노력, 참여, 배려, 협동, 성실, 책임, 실천, 격려, 응원, 발전상 등)을 준비하자.
- 점심시간을 활용하여 시상식장을 미리 꾸미자. 운동장 수업 후 교실에서 시상식을 한다면 풍선이나 장식용구를 이용하여 교실을 꾸미면 색다른 분위기를 연출할 수 있다.
- 수업 촬영 사진과 동영상을 편집하여 10~20분 정도 감상할 시간을 갖자. 학생들 나름대로 새로운 의미로 다가올 것이다.

3) 3단계: 통합적 학습 경험의 준비

변형게임 (규칙, 장비, 공간)	게임 진행 방법 (대진표, 기록)	직 · 간접 체험활동 (시기, 절차, 방법)

3단계는 2단계의 내용을 더욱더 구체화하는 작업이다. 차시별로 어떤 변형게임을 할 것인지, 게임은 어떻게 진행할 것인지, 직 · 간접 체험활동의 시기, 절차, 방법을 세밀하게 계획을 세우는 것이 필요하다.

• 변형게임

교과서나 교사용 지도서에 제시되어 있는 모든 게임은 초등학생 수준에 맞게 변형해 놓았거나 학교 실정에 맞게 변형시킬 것을 요구한다. 실제 교과서나 교사용 지도서에 제시된 변형게임을 학교에서 그대로 실행하는 것은 무리가 있다. 모든 학생이 즐겁게 참여하기 위해 게임의 변형은 필수 조건이다.

가. 변형게임을 만드는 기준

- 가능한 모든 학생들이 게임에 참가할 수 있도록 한다.
- 안전한 활동인지 심사숙고해야 한다.

- 교육적으로 활동 가치가 있어야 한다.
- 학생의 발달 단계에 적합한 수준이어야 한다.
- 기능의 발달과 효과적인 움직임을 유도할 수 있어야 한다.
- 선행 학습된 경험과 연계되어야 한다.
- 사회적, 정서적 발달을 도모할 수 있어야 한다.
- 학생 스스로 창의적인 게임을 개발할 수 있는 분위기를 만들어야 한다.

나. 게임을 변형시키는 방법

- 게임에 참가하는 인원을 줄인다. 훨씬 더 활동적인 움직임을 유도할 수 있다.
- 경기장 즉, 게임공간을 축소한다.
- 게임시간을 줄인다. 인원과 공간을 줄였다면 초등학생의 경우 한 게임당 시간은 3~4분 정도가 적당하다.
- 규칙을 변경한다. 학생들의 흥미와 수준에 맞게 단계별로 규칙을 변경해 나가면 적극적인 참여를 유도할 수 있다.
- 장비를 변형시키자. 학생들이 쉽게 사용할 수 있는 용·기구로 대처해야 한다.

〈규칙 변경할 때 Tip〉

- 규칙을 너무 복잡하게 만들지 말자. 규칙을 쉽고 간단하게 학생들에게 제시하자. 복잡하고 애매모호하면 학생들끼리 다툼이 발생한다.
- 학생들이 이해할 수 있게 제시하자. 어려운 용어보다는 쉽게 풀어쓰자.
- 실행 가능한 것만 제시하자. 실제 게임에 별 도움이 되지 않는 규칙은 그다지 필요없다. 오히려 학생들에게 혼란만 가져다 줄 뿐이다.

다. 변형게임의 기본 원칙

- 고정관념을 버리자. 처음부터 과감하게 게임의 변형을 시도해 보자.
- 성공(성취감)의 기회를 많이 제공하자. 규칙을 변경하면 얼마든지 가능하다. (예: 배구의 서브는 코트 가운데서 던져 넣을 수 있음)
- 득점의 기회를 많이 제공하자. 특히 여학생 득점 시 2~3배의 점수를 준다면 참여도를 높일 수 있다.

• 게임 진행 방법

게임을 매끄럽게 진행하는 것은 수업의 흐름을 좋게 할 뿐만 아니라 학생들의 참여도를 높일 수 있다. 모둠 간 게임일 경우 모두에게 책임감을 심어주기 위해 모둠별로 돌아가며 게임 진행을 한다. 좀 더 매끄러운 게임 진행을 위한 방법은 다음과 같다.

가. 게임 진행 포맷을 미리 만들어 두자.

나. 모둠의 이름이 있더라도 대진표에는 A, B, C, D, E 등의 알파벳 약자로 대신하자. 훨씬 간편하고 기억하기 쉬워 다음 게임을 위한 준비시간을 줄 일 수 있다.

다. 진행 모둠의 역할을 모둠 내 게임연습을 통해 미리 연습하도록 하자. 게임에서 가장 큰 비중을 차지하는 역할은 심판과 기록이다. 이것은 모둠 내에서 충분히 연습할 수 있다.

라. 1시간 동안 진행할 수 있는 게임 수를 너무 많이 잡지 말자. 시간이 촉박하면 마음의 여유가 없어진다.

마. 게임 진행 모둠을 식별할 수 있는 모자 또는 목걸이 이름표를 준비하자.

바. 게임규칙을 잘 보이는 곳에 게시하자.

사. 규칙을 만드는 활동에 학생들을 적극적으로 참여시키자.

아. 게임과정과 결과를 기록할 수 있는 기록지를 준비하자.

자. 기록지 기재 방법은 사전에 연습시키자.

• 직 · 간접 체험활동-시기, 절차, 방법

직접 체험활동은 주로 수업시간에 하는 활동이며 간접 체험활동은 수업 이외의 시간과 장소 즉, 가정 또는 특정 장소에서 이루어진다. 직접 체험활동은 모든 단계에서 이루어지지만 3단계에서는 구체적으로 어떤 단계와 절차를 거쳐 준비할 것인가에 대해 세심하게 살펴보아야 한다.

가. 직접 체험활동

1) 변형게임의 규칙은 누가, 언제 만들 것인가?

- 변형게임 규칙을 만들 때에는 학생들의 의견을 충분히 수용하자. 모두가 참여해도 되고 모둠의 대표(심판)가 참여해도 된다.
- 교사가 먼저 기본규칙을 만들어 주는 것도 좋다.
- 아침, 점심시간 등 여유시간을 이용해 학생들과 함께 만들자. 학습훈련이 잘 되어 있다면 가정학습이나 카페, 학급 홈페이지 등을 활용하는 것도 좋은 방법이다.
- 규칙은 최소한 수업시간 하루 전에 학생들에게 알려 주자.
- 심판 역할을 맡은 학생들은 규칙을 모두 기억하도록 하자. 수업이 든 날 아침시간에 확인하고 심판의 역할을 각인시켜 주는 것이 좋다.

2) 매 수업시간 필요한 기록지는 언제 만들 것인가?

- 기록지는 학생들이 사용해야 하는 것이기에 최대한 간단하게 만드는 것이 좋다. 자세하게 나타내면 기록이 잘 될 것 같지만 실제 적용시켜보면 그렇지 않다. 학생들의 수준에 맞게 작성하는 것이 좋다.
- 기록지는 수업 전, 수업 중, 수업 후에 사용할 수 있는 3가지를 준비하자.
- 수업 전 기록지는 주로 아침시간에 활용하는 것으로 수업시간에 배울 내용, 규칙, 전략, 다짐의 글을 적을 수 있는 형식으로 작성하면 된다.

- 수업 중 기록지는 모둠활동과 게임의 결과를 기록하는 기록지로 나눠 제작하는 것이 좋다. 모둠활동 기록지는 과제활동 후 약 2~3분 시간을 주고 활동내용에 대한 반성, 게임 전략 수정 등을 기록하며, 게임 결과 기록지는 점수, 반칙, 게임 행동 등을 기록한다.
- 수업 후 기록지는 수업 반성 일기, 게임 보고서, 모둠 신문 등 다양한 형태로 제공할 수 있다. 재량 활동시간이나 방과 후, 과제활동 등을 통해 학생들이 자율적으로 참여할 수 있도록 유도해야 한다. 모둠 간 게임을 한 경우는 게임 결과 기록지를 바탕으로 게임 보고서(자유형식)를 만들어 보는 것이 좋다. 여기서 주의 할 것은 모든 학생들에게 동일한 과제를 한꺼번에 제시하면 부담을 느낄 수 있다. 모둠별로 돌아가며 제작하도록 하거나 당번을 정해 만들고 모두가 도와주는 방법으로 하는 것이 오히려 참여율은 더 높일 수 있다. 혹시 이렇게 해도 활동이 제대로 되지 않는다면 적절한 강화(모둠 점수, 상품, 경품권 등)를 사용하면 효과를 볼 수 있다.

3) 수업 준비물의 설치와 철거는 어떻게 할 것인가?

- 수업 준비물 설치와 철거에 학생들을 적극적으로 참여시키자.
- 다인수 학급인 경우 모둠별로 수업 준비와 철거를 맡는 역할을 맡은 학생이 주체가 되어 할 수 있지만 소인수 학급인 경우 모두가 참여하는 것이 좋다.
- 매 시간 설치해야 하는 준비물(예: 이동식 화이트보드, 준비물 바구니, 규칙 안내판 등)을 전담하는 학생을 정하면 편리하다.
- 수업 장소를 미리 알려 주면 수업 기구를 설치하는 데 시간을 줄일 수 있다.
- 운동장에 코트를 그려야 할 경우 녹색 나일론 끈을 사용하여 포인트를 미리 박아주는 것이 좋다. 라인기를 사용하여 코트를 만드는 시간을 최소화 할 수 있다.

- 체육관에 코트를 그려야 할 경우 이미 만들어진 코트(배구, 배드민턴, 농구 등)를 최대한 활용하도록 하고 여의치 않을 경우에는 다른 색깔 테이프로 붙이고 수업이 끝난 후에는 철거하면 된다.

4) 계획한 변형게임이 제대로 운영되지 않을 때는?

- 많은 시간을 투자하여 만든 변형게임일지라도 수업 흐름에 별 도움이 되지 않는다면 과감하게 수정해야 한다.
- 변형게임을 만드는데 학생들을 적극 참여시키자. 아침시간이나 가정 학습을 통해 기능이나 팀워크를 향상 시킬 수 있는 게임을 만들어 보도록 하고, 그중 잘 된 것은 실제 수업시간에 활용해 보는 것도 좋다. 학생들이 수업 흐름에 맞게 몇몇 게임을 해 보았으면 수업이 시간에 활용 가능한 게임을 만들어 낼 수 있을 것이다.

나. 간접 체험활동

1) 어떤 활동을 할 것인가?

간접 체험활동 거리는 무궁무진하다. 체육수업 관련 서적에 소개된 것은 음악, 미술, 시, 영화, 책, 경전, 글쓰기, 방문, 직접 참여(동호회 가입, 가족과 함께) 등이 있다. 이외에도 신문(NIE), 사자성어, 마인드맵, 명상, 인물탐구, 스포츠 펜 체험 등 관련 활동 거리를 찾으면 된다. 대표적인 몇 가지를 살펴보자.

- 음악: 시즌 활동과 관련된 주제 음악을 찾거나 만들어 보는 것이다. 개사하거나 편곡하여 모둠 노래를 만들거나 응원에 필요한 음악을 찾아보며 체육과 공존하는 음악의 중요성을 발견할 수 있다.
- 미술: 시즌 주제 또는 모둠(개인) 캐릭터 만들기에서부터 수업 활동을 주제가 있는 다양한 형태(만화, 크로키, 정밀표사 등)로 표현할 수 있다.

- 시: 수업 후 느낌을 한 편의 시로 표현해 보는 것도 좋다.
- 영화: 수업과 관련된 영화와 관련 동영상을 보고 감상문 한 편을 써보면 체육의 또 다른 면을 느낄 수 있을 것이다.
- 책: 요즘 체육과 관련된 책(만화, 자서전, 전기, 역사, 기능 숙달, 비평 등)이 많이 나와 있다. 학생들이 편안하게 접할 수 만화에서 시작하여 학생 수준에 맞는 책을 읽을 수 있는 기회를 주는 것이 좋을 것이다.
- 경전: 동서양 고전이나 종교 경전을 말한다. 초등학생들에게 다소 어려운 점도 있겠지만 우리나라 사람들에게 친숙한 불경, 성경의 내용 중에 체육과 관련된 것을 찾아보고 자신을 되돌아 볼 수 있는 기회를 가질 수 있다.
- 글쓰기: 체육수업 반성 일기뿐만 아니라 자신의 삶과 체육을 연결하여 다양한 형태의 글쓰기를 할 수 있다. 학급 및 학교 문집, 스포츠 기사 댓글, 신문기사 투고, 논술 등을 체육수업과 연결시키면 더욱더 생생한 글이 나올 수 있을 것이다.

2) 기간은 얼마 동안인가?

- 과제의 형태에 따라 기간을 다양화할 수 있다. 수업시간과 관련된 시, 글쓰기는 수업 후 바로 작성하도록 하는 것이 좋고, 음악 찾기나 미술 표현, 책 읽기 같은 경우 몇 주 정도 시간을 주는 것이 좋다.
- 간접활동을 할 때 주의할 점은 학생들에게 너무 많은 과제 부담을 주지 말아야 한다. 교사의 욕심으로 모든 활동을 다 하려고 하면 오히려 체육수업에 대한 역효과를 가져 올 수 있다. 비록 간접 체험활동이 올바른 체육 가치관을 형성하는 데 도움을 주지만 좋은 결과물을 강요하다 보면 체육수업에 대한 부정적인 인식이 쌓일 수 있다.

3) 결과물의 형태는?

- 간접 체험활동은 되도록이면 결과물을 받는 것이 좋다. 학생들

을 못 믿어서가 아니라 자신의 느낌을 글이나 그림 또는 음악으로 표현해 본다는 것에 의의를 두고 부담이 가지 않을 정도(A4 1장 이내)의 결과물을 요구하자.

- 손으로 쓰든, 컴퓨터로 작성하든 상관하지 말자. 낸다는 그 자체만으로도 기특하다.
- 일단 제출한 모든 결과물은 스포츠게시판에 공개하자. 학생 스스로 벤치마킹을 하기 때문에 다음 결과물은 더 좋은 작품을 기대할 수 있다.
- 게시가 끝나면 모둠별 파일에 보관하자. 다음 학생들을 지도할 때 유용한 자료가 된다. 말로서 이것 해라 저것 해라 하는 것보다 예시자료를 보여 주는 것이 학생들의 창의적 사고를 자극시킬 수 있다. 단, 똑같은 형식으로 만들지 않는 다는 조건하에!

4) 참여율을 높이는 방법은?

- 마음을 움직여야 한다. 초등학생들은 모방과 답습이 무척 빠르다. 정답이 없는 과제 해결을 할 때에도 한 친구가 시작하면 모두 따라한다. 이런 학생들의 특성을 잘 이용해 보자. 교사가 먼저 학생들에게 다양한 자료를 먼저 제공해 주고 같이 조사하고 실천하고 있다는 것을 보여주어야 한다. 그러기 위해서는 미리 스포츠 관련 책, 영화, 음악, 기삿거리 등을 보거나 준비해 두는 것이 좋다.
- 평소 모든 활동에 학생을 중심에 세우자. 모든 수업은 교사 혼자 하는 것이 아니라 학생중심이 되어야 한다는 것을 인지시켜 주어야 한다. 그러기 위해서는 의사결정을 할 때 항상 학생들의 의사를 묻고 존중해 주어야 하며, 시켜서 하는 사람이 아닌 역할 책임에 따라 스스로 움직일 수 있도록 분위기(잘한 사람 칭찬하기, 격려하기 등)를 만들어야 한다.
- 만약의 경우를 대비해야 한다. 학생들에게 인식되어 있는 체육수업의 공간은 운동장(체육관)이다. 비가 오거나 운동장(체육

관)이 공사 중이면 체육수업을 못하는(안하는) 것으로 알고 있다. 이런 날을 대비하여 교실에서 1시간 정도 유익하게 보낼 수 있는 간접활동 거리를 준비해 두는 것이 좋다. 영화(30분으로 줄여 보여주기), 수업 관련 동영상, 수업 촬영 동영상, 사진이나 그림 보고 퀴즈 풀기 등의 활동을 미리 준비해 두면 오히려 간접 체험활동을 하는 교실 수업이 기다려 질 것이다.

- 적절한 강화를 주자. 학생들에게 자율적인 활동을 유도한다 해도 좋은 결과를 이끌어 내는 것은 한계가 있다. 잘한 사람에게는 적극적인 칭찬과 보너스 점수를, 잘 하지 않는 사람에게는 질책보다는 격려와 희망을 주면 고래 효과(『칭찬은 고래도 춤추게 한다』는 책 속에 나오는 이론)를 볼 수 있을 것이다. 학생들의 모든 직/간접 활동이 점수(모둠/개인)로 연결(일부 활동은 수행평가)되며 이러한 점수는 곧 최종 우승과 직결된다는 것을 인지시키면 선의의 경쟁을 불러 올 수 있다.

4) 4단계: 축제화

차시별 이벤트 (시상, 상품 등)	결승 행사 (시상, 절차)	다음 시즌 계획 (종목 및 방법)

스포츠교육모형의 큰 특징 중 하나로 축제를 들 수 있다. 여기서 말하는 축제는 단순히 마지막 결승행사 후 갖는 시상식과 뒤풀이만을 뜻하지 않는다. 즉, 시즌 전체를 축제의 분위기로 만들어 나가야 하며 축제의 하이라이트가 바로 결승행사인 것이다.

• 차시별 이벤트

밋밋한 수업보다 좀 더 생동감 넘치는 수업을 만들어 가는 것이 좋다. 이에 대한 이견을 갖는 사람은 아무도 없을 것이다. 매 수업시간 제공하는 이벤트는 공식적인 수업의 한 부분이 되기도 하지만 교사의 표정, 언행, 몸짓 등이 대부분을 차지한다. 한마디로 교사는 매 수업시간 열정적인 삶을 실천해야 하는 것이다. 학생들이 수업을 즐기고 적극적으로 참여할 수 있는 방법을 찾아보자.

- 웃음을 주는 수업: 사람들의 분위기를 한번에 사로잡을 수 있는 방법 중 가장 효과적인 것이 웃음이다. 동기유발할 때, 과제를 설명할 때 다양한 표정과 재치 있는 언행, 적절한 비유는 학생들이 수업시간으로 몰입되는 촉매제 역할을 한다. 학생들에게 웃음을 주기 위해서는 적절한 연습이 필요하다. 그렇지 않으면 '우리 선생님 너무 오버액션 한다.' 는 뒷담화가 돌아올 수 있다.
- 퀴즈: 수업시간과 관련된 퀴즈 또는 수수깨끼를 내고 그 답은 수업 마무리 할 때 가르쳐 주는 것도 좋다. 답을 찾기 위해 열심히 활동할 것이다.
- 오늘의 왕 뽑기: 수업시간에 뽑을 수 있는 왕은 교사가 정하기 나름이다. 기능왕, 책임왕, 배려왕, 노력왕, 발전왕, 이끔왕 등 체육 수업에서 기를 수 있는 다양한 가치를 중심으로 선정하면 된다. 오늘의 왕을 뽑는 기준을 학생들에게 미리 제시하면 좀 더 객관적인 동료평가를 유도할 수 있다.
- 상품: 여러 가지 활동 결과(게임 기록지, 교사 관찰 체크리스트, 동료평가 등)를 토대로 학생들에게 작은 상품(사탕 1개, 교환권-스티커, 급식 줄 맨 앞에 서기 등)을 주는 것이다. 비록 보잘 것 없어 보이지만 학생들은 최선을 다한다.

• 결승 행사(시상, 절차)

결승 행사 운영에 대해서 2~3단계에 간단히 언급해 놓았다. 여기서는 결승 행사 준비과정 및 당일 게임과 시상에 대해 구체적으로 알아보자.

가. 결승 행사 준비

- 결승 행사의 내용(방법, 시상 등)에 대해 학생들에게 미리 안내하자.
- 결승 행사 몇 주 전부터 분위기(슬로건 정하기, 경기 입장권 및 초대권 만들기, 홍보 전단지 및 포스터 만들기 등)를 고조시키자.
- 학생과 함께 필요한 준비물 목록표를 만들자.
- 결승 행사에 필요한 준비물을 교사와 학생이 나눠 준비하도록 하자. 비록 작은 것이라도 학생들이 준비하면 참여율을 더 높일 수 있다.
- 우승, 준우승, 3위 등의 모둠상과 개인상(노력, 봉사, 발전, 이끔, 협동상 등)을 미리 만들어 두자. 컴퓨터 프로그램을 사용하면 예쁘고 아기자기하게 꾸밀 수 있다.
- 결승전 후 시상식장 꾸미는 것은 학생들에게 전적으로 맡겨 보자. 시상식은 운동장(체육관) 또는 교실에서 할 수 있다. 풍선, 오색테이프, 만국기 등의 준비물만 제공하고 점심시간을 이용해 학생들이 식장을 꾸미도록 하자. 즐겁고 재미있게 참여하면서 의외로 잘 꾸밀 것이다.
- 시상식 중 또는 후 어떤 이벤트를 할 것인지 미리 결정해두자. 간단한 의식과 음악, 다과, 수업사진 및 동영상 감상, MVP 인기투표 등 다양한 이벤트를 할 수 있을 것이다. 어떤 이벤트를 할 것인지 미리 준비하는 것이 좋다.

나. 결승 행사 수업시간

- 모두가 즐겁게 참여할 수 있도록 축제의 분위기를 조성하자. 모둠의 특징을 살릴 수 있는 다양한 치장을 하고 수업에 참여하는 것도 좋은 방법이다.
- 과도한 경쟁으로 다툼이 일어나지 않도록 해야 한다. 학생들은 상품에 눈이 멀어 사소한 것도 다투려 하는 경향이 있다. 따라서 이에 대한 규칙을 따로 정하는 것이 좋다(예: 큰 소리로 다투면 2점

감점 처리!).

- 모두가 참가하여 즐기도록 하자. 마지막 시간이기 때문에 운동 기능이 떨어지는 학생도 게임에 참여하여 어느 정도 즐길 수 있다. 규칙을 정하여 모두가 참여하도록 유도하자.
- 결승 토너먼트일 경우, 떨어진 팀이 할 수 있는 역할을 부여하자. 떨어진 팀은 다음 준결승, 결승전 심판을 보거나 상대편 응원하기, 게임 관찰(반칙/배려 선수 찾기 등)의 역할을 줄 수 있다. 물론 그것에 대한 적절한 보상도 있어야 한다.

다. 결승전 후 시상식

- 원활한 결승 행사를 위해 결승전 경기와 시상식을 2시간 분량으로 정하는 것이 좋다. 시합 후 곧바로 시상이 어려울 경우 다음 차시에 해도 된다.
- 시상식의 분위기는 엄숙한 것보다는 자연스러운 것이 낫다.
- 시상식 후 학생들의 자연스러운 대화 분위기를 유도하기 위해 다과회를 겸하는 것이 좋다.
- 다과회와 함께 수업 동영상 및 사진 보기, 칭찬 릴레이 등의 다양한 이벤트를 겸하는 것이 좋다.

라. 다음 시즌 계획

스포츠교육모형으로 시즌 전, 중, 후 활동을 지속적으로 해나갈 수 있다면 더할 나위 없이 좋겠지만 교사와 학생에게도 재충전의 시간이 필요하다. 현재 연간 법정 체육시간(초 · 중학교)은 102시간(34주*3시간)이다. 학기별로 나누면 50시간 안팎의 수업을 하게 된다. 이 중 스포츠교육모형 수업은 학기별로 2~3시즌(30시간 내외)이 적절하다고 본다. 부득이 할 경우 학기별 1시즌도 무방하다(실천한다는 그 자체에 의미를 두자). 나머지 시간은 모둠 중심의 역할활동과 과제활동은 유지하되 즉, 스포츠교육모형의 틀은 유지하되 학생들에게 부담이 많이 갈 수 있는 직 ·

간접 체험활동의 결과물을 줄이면 된다.

- 한 시즌이 끝나고 다음 시즌 계획을 세울 때에는 학생들의 의견을 충분히 반영하자. 종목 선정에서 역할 분배, 각종 직 · 간접 체험활동에 이르기까지 그들이 원하는 것이 의미 있을 때에는 계획에 반영하는 것이 좋다.
- 다음 시즌 준비기간 동안 교사와 학생이 해야 할 일의 순서를 정하자. 한 시즌을 경험해 보았기 때문에 종목이 정해지면 어떤 준비를 하고 실천해야 할지 그림이 그려질 것이다.
- 다음 시즌에는 반드시 모둠원과 역할을 바꾸도록 하자. 부득이하게 같은 모둠이 되는 것은 어쩔 수 없지만 되도록이면 다른 사람과 한 모둠을 구성하도록 유도하자.
- 시즌 종목은 학생의 의견을 반영해야 하지만 교육과정, 지역사회 및 학교 여건, 학생 수준, 교사의 지도 능력 등을 종합적으로 고려하여 정해야 한다. 수영을 하고 싶다고 해서 운동장에 구덩이를 파 놓고 수업을 할 수 없으며, 주변에 수영장이 있다 하더라도 비용, 지도교사(강사), 이동수단이 해결되지 않으면 어렵다.

5. 시즌 설계의 단계별 실천 사례: 하키형 게임

하키형 게임은 초등학교에서 직접 수업한 내용을 실천한 순서에 맞게 재구성하여 제시하였다.

1) 시즌 설계

〈1단계: 기본 계획〉

순서	절차		내용
1	종목 선정	선정종목	하키: 선택활동으로 나와 있는 내용이지만 교육과정을 재구성하여 선정
		선정방법	교사와 학생이 협의하여 선정
		내용수준	다양한 공격방법이 나올 수 있는 5:3 경기
2	시즌의 길이	시즌기간	14주(8월 4주~11월 4주), 주당 1시간 수업
		시즌 총 수업시수	14시간(다음 시간을 재량시간으로 배정하여 글쓰기 및 게임 보고서, 신문 만들기 등의 간접 활동 유도)
3	모둠 구성	학급인원	35(1학기는 37명 이었지만 2명이 전학을 감)
		모둠 수	5명: 이 모둠은 체육시간만의 모둠이 아니라 학급활동 및 타 교과 수업시간에도 활용할 수 있음.
		모둠당 인원	7명: 운동기능, 학업성취도, 보고서 작성능력, 친구관계 등의 제반 조건을 고려하여 각 모둠에 고루 배치
4	모둠원 역할	모둠지기	변형게임 규칙 만들기 및 전달, 시즌운영 제반 사항을 교사와 협의, 우수선수 선발, 모둠의 대표자 역할
		코치	모둠의 게임연습 중심역할, 모둠전략 구상, 교사의 지시사항을 학생들에게 전달하고 가르쳐 주는 학생교사의 역할, 코치와 트레이너의 역할
		심판	게임의 심판 및 용기구 준비, 규칙숙지, 모둠원에게 규칙 전달

순서	절차		내용
4	모둠원 역할	기록	게임내용 및 결과기록, 게시, 보고서 작성
		홍보	게시판, 파일철 관리, 모둠신문 작성의 중심 역할
		스포츠기자	학습활동 장면 사진촬영 및 신문기사 작성(모둠의 새 소식 취재)
5	용·기구	기존구비	테니스 공, 안면 마스크 1개, 가슴 보호대 1개, 이동식 화이트보드, 미니 보드 점수판, 모둠별 기록판, 모둠 조끼, 휘슬, 진행 모둠 모자
		제작기구	하드보드 하키스틱, 합판 하키스틱, 미니골대
		구입기구	안면 마스크 2개, 가슴 보호대 2개, 소프트볼 공
6	평가 계획	교사관찰	1회(게임 참여도, 역할활동 등)
		동료평가	1회(게임 참여도, 역할활농 능)
		자기평가	1회(게임 참여도, 역할활동 등)
		모둠평가	4회(포트폴리오, 게시판 관리, 게임진행 등)

〈2단계: 차시별 수업 계획〉

순서	절차		내용	기능연습, 학습자 역할	학습카드 활용
1	프리 시즌	1	종목 안내, 모둠 만들기, 역할알기, 역할 정하기		
		2	역할 숙지, 모둠 소개지 및 홍보자료 만들기, 사진촬영 및 게시, 간이하키채 만들기 및 꾸미기(미술시간)	홍보위원 중심	
2	본 시즌	3	시즌안내, 하키의 역사 및 유래, 장치기와 비교, 비디오 시청, 시즌기간 과제 제시(국어시간과 통합: 하키에 대한 설명문 쓰기)		설명문 쓰기
		4	공몰기 게임(모둠 내): 선따라, 장애물 피해 전략세우기 및 게임 만들기, 리듬에 맞춰 공몰기(음악과 통합), 모둠 노래 만들기(음악 수업시간)	코치-전략 실행 팀지기-모둠원 칭찬하기 기자-촬영	6/8박자 리듬카드

순서	절차		내용	기능연습, 학습자 역할	학습카드 활용
2	본 시즌	5	공이어주기 게임(모둠 내): 술래가 되어 공뺏기(3대1 게임), 전략세우기 및 게임 만들기 음악가락에 맞춰 공이어주기(음악과 통합)	코치 중심	공이어주기 길이에 따른 6/8박자 리듬만들기 카드
		6	공몰기 게임(모둠 간): 지그재그 공몰기 릴레이 전략 세우기 및 게임 만들기 진행모둠에서 장구장단을 치고 음악가락에 맞춰 공몰기(음악과 통합)	코치 중심	장구장단 (자진모리)
		7	5대3 공격 수비 연습게임(반코트, 모둠 간): 공격과 수비시간은 각각 2분30초, 모든 모둠이 1번의 진행을 맡으며 모둠당 4번의 게임을 함	코치 중심	전략지 기록지
		8	3대3 공격수비 전략 연습(모둠 내): 모둠 내에서 공격과 수비를 나누고 수업 전 작성한 전략지에 맞춰 공격과 수비연습. 새로운 전략을 구상하고 연습하는 과정을 반복함	코치 중심	전략지
		9	4대2 반코트 게임(모둠 간): 효과적인 공격과 수비를 위한 연습, 공격과 수비시간은 각각 2분 30초, 모든 모둠이 1번의 진행을 맡으며 모둠당 4번의 게임을 함	코치 중심	전략지 기록지
		10	5대3 게임(모둠 간 리그전): 풀코트 게임, 공격 4분, 1분 휴식, 수비 4분, 2개 팀이 진행	코치 중심	전략지 기록지
		11	5대3 게임(모둠 간 리그전): 풀코트 게임, 공격 4분, 1분 휴식, 수비 4분, 1개 팀이 진행, 나머지 시간은 모둠별로 공격/수비 전략 연습	코치 중심	전략지 기록지
		12	5대3 게임(모둠 간 리그전): 풀코트 게임, 공격 4분, 1분 휴식, 수비 4분, 2개 팀이 진행	코치 중심	전략지 기록지

<table>
<tr><th>순서</th><th colspan="2">절차</th><th>내용</th><th>기능연습, 학습자 역할</th><th>학습카드 활용</th></tr>
<tr><td>3</td><td>결승
행사</td><td>13
14</td><td>준결승전, 3, 4위전, 결승전: 리그전의 점수가 높은 4팀(대진표 작성)이 준결승전, 1팀은 진행, 결승전과 3, 4위전을 동시에 진행. 시상식(우승, 준우승, 3위 모둠, 개인별 시상)
경기장면 비디오 시청, 소감발표, 다과회</td><td>축제화</td><td>초대장
각종 상</td></tr>
</table>

〈3단계: 통합적 학습 경험〉

<table>
<tr><th>순서</th><th colspan="2">절차</th><th colspan="8">내용</th></tr>
<tr><td rowspan="7">1</td><td rowspan="7">변형게임</td><td>변형게임 방법 및 규칙</td><td colspan="8">학생들이 기본기능을 즐겁게 익힐 수 있도록 변형.
모둠원 모두가 참여할 수 있는 게임. 모둠지기의 협의를 통한 규칙 제정</td></tr>
<tr><td rowspan="4">변형게임 경기 계획</td><td>1</td><td></td><td>5</td><td>3대1 공뺏기</td><td>9</td><td>4대2 반코트</td><td>13</td><td>5대3 풀코트</td></tr>
<tr><td>2</td><td></td><td>6</td><td>공몰기 릴레이</td><td>10</td><td>5대3 풀코트</td><td>14</td><td></td></tr>
<tr><td>3</td><td></td><td>7</td><td>5대3 반코트</td><td>11</td><td>5대3 풀코트</td><td></td><td></td></tr>
<tr><td>4</td><td>선따라 공몰기</td><td>8</td><td></td><td>12</td><td>5대3 풀코트</td><td></td><td></td></tr>
<tr><td>사용장비</td><td colspan="8">하키스틱, 바람공, 테니스공, 소프트볼 공, 간이골대, 프로텍터, 마스크</td></tr>
<tr><td>안전수칙</td><td colspan="8">무릎보호대, 팔꿈치 보호대 착용, 골키퍼는 마스크와 프로텍터 착용
스틱이 상대방 몸에 닿지 않도록, 무릎 이상 올라가지 않도록 규칙을 정함</td></tr>
<tr><td rowspan="2">2</td><td rowspan="2">차시별 게임 방법</td><td>대진방식</td><td colspan="8">리그전(각 모둠당 4번의 게임), 준결승전, 결승전</td></tr>
<tr><td>대진순서</td><td colspan="8">기본기능을 익히기 위한 모둠 간 연습게임에서는 모든 팀이 진행을 한 번씩 보고 4번의 게임을 하는 방식으로 진행을 하며
A모둠(진행모둠): B×C, D×E</td></tr>
</table>

순서	절차		내용
2	차시별 게임 방법	대진순서	B모둠(진행모둠): A×E, C×D C모둠(진행모둠): B×D, A×C D모둠(진행모둠): A×B, C×E E모둠(진행모둠): B×C, A×D 최종 리그전은 3시간 동안 진행된다. 첫 번째 리그전은 A, B 모둠이 진행을 보고, 두 번째 리그전은 C모둠이 진행을 보고, 세 번째 리그전은 D, E모둠이 진행을 본다. 리그전의 점수에 따라 최하위 모둠이 준결승, 결승전의 진행을 보고 나머지 4 모둠은 추첨을 통해 토너먼트로 마지막 경기를 한다.
		기록방법	경기기록은 진행 모둠의 기록원이 정해진 양식에 경기내용을 기록하며 간단한 내용의 기록원 관람기를 작성한다. 각 모둠의 기록결과와 교사평가(협동심, 적극성, 책임감)를 합산하여 최종 성적에 반영한다.
3	직접 체험	변형게임	선따라 공몰기, 공몰기 릴레이, 공 뺏기, 5대3 반코트/풀코트 게임
		장비설치/철거	각 모둠의 심판 역할을 맡은 사람
	간접 체험	반성 일기쓰기	수업 후 재량시간
		모둠노래	프리 시즌
		모둠 홍보지	프리 시즌
		책 읽기	시즌 내내(1인당 2권 이상 읽기)
		설명문 쓰기	국어시간과 연계
		모둠신문	시즌 중 4회 발간
		운동 실천하기	방과 후 및 주말을 활용한 가족운동 체험하기
		영화보기	스포츠 관련 영화보기(재량시간 활용 단체관람: 쿨러닝)

〈4단계: 축제화〉

순서	절차	절차의 내용	계획 및 실행내용
1	차시별 이벤트	오늘의 왕 (MVP)	노력, 바른행동, 일기, 이끔
		시상	상장 및 상품(사탕 1개)
		모둠상	아이스크림 교환 상품권 1/3개
2	결승 헹사	방법	재량시간을 합쳐 80분 통합수업진행(40분 운동장, 40분 교실) 운동장수업: 준결승전(4팀), 3,4위전-결승전(동시 진행) 진행 모둠은 리그전 성적이 최하위인 모둠 교실수업: 시즌 반성, 경기장면 비디오 시청, 소감발표, 시상, 다과회
		장소	운동장 수업 후 교실로 이동
		시상	종합우승 · 준우승 · 3위 모둠, 개인별 시상(일기상, 격려상, 응원상, 바른행동상, 발전상)
		이벤트	소감발표, 경기장면 비디오 시청, 다과회
3	다음 시즌 준비	종목 및 내용	학생과 협의하여 선정

• 1단계: 기본 계획 실천

종목 선정	시즌 길이	모둠 수, 선정 방법	용 · 기구	역할	평가 계획

1학기 스포츠교육모형 수업은 농구형 게임이었다. 2004년 5학년, 교사와 학생 모두 처음으로 스포츠교육모형 수업을 직접 경험하였는데 학생들의 반응이 뜨거웠다. 주당 1시간씩 15주라는 긴 시간 동안 웃고, 울고, 다독거리고, 열정적으로 참여한 수업이었다. 결승 행사가 끝나고 학생들과 함께 교과서를 보며 2학기 수업 내용을 의논한 결과 간이 하키게임으로 결정하였다. 학생들이 적극적으로 원해 선정했지만 선택활동으로

간단하게 소개되어 있는 내용을 어떻게 진행해 나가야 할지 막막했다. 참고자료도 부족하고 체계적으로 지도해 본 경험도 없어 괜히 정했다는 생각이 들 정도였다.

2학기 수업을 위해 여름방학 동안 틈틈이 준비하였다. 스포츠교육 전문가와 상의한 후 시즌 길이는 14주로 정하고 모둠과 역할은 1학기와 같은 형식을 유지하였다. 그리고 평가는 교사 관찰평가 1회, 동료평가 1회, 자기평가 1회, 모둠평가 4회를 설정하였는데 실제 수업에서는 피드백 형식의 다양한 관찰평가가 이뤄졌다.

하키형 게임을 위해서는 다양한 용·기구가 필요하다. 학생들과 함께 만들어야 하는 것도 있고 교사가 직접 제작 또는 구입해서 제공해야 하는 것도 있다. 새롭게 필요한 용·기구는 〈표 5-2〉와 같다.

표 5-2 하키형 게임을 위한 장비 구비

장비 이름	구비 방법	비용	비고
간이 스틱1	하드보드지, 신문지를 이용 직접제작	20,000원	학습준비물 구입비
볼풀공	유치원 놀이방에서 기증	·	
간이 스틱2	두께 1cm 합판 구입, 인근 특수학교 목공실에서 직접 제작	45,000원	체육기구 구입비
소프트볼 공	스포츠용품점에서 구입	50,000원	〃
간이 골대	중고 쇠파이프 구입 후 학교에서 용접	30,000원	〃
골키퍼 마스크, 프로텍터	체육창고에 비치된 야구장비 활용	·	·

위 장비를 구비할 때 가장 어려운 것을 꼽으라면 당연히 합판으로 하키스틱을 만드는 것이다. 뉴스포츠가 일반 학교에 보급되기 전이기 때문에 플로어볼 스틱을 구하기도 어려웠으며 가격도 상당히 고가였다. 모든

학생(37명)에게 제공할 만큼 구입하기에 예산이 부족한 것은 당연지사, 몇 시간 동안 학생들이 연습하고 게임하기 위해서는 직접 제작하는 방법밖에 없었다. 교과서에 소개된 대로 두꺼운 하드보드 종이와 신문지를 이용해 만들어보았지만 공을 몇 번 쳐보지도 않았는데 부러져 버렸다. 14시간 동안 학생들이 사용하기 위해서는 두꺼운 합판으로 제작할 수밖에 없었다. 하드보드 종이로 본을 뜬 모양대로 자르는 것이 문제였다. 다행히 인근에 위치한(걸어서 3분) 특수학교 목공실에 곡선으로 자를 수 있는 톱이 있다는 정보를 듣고, 무작정 목공 담당 선생님을 찾아갔다. 만들어줄 수는 없어도 기계를 사용해도 된다는 허락을 받고, 기계톱 사용 방법을 익혀 직접 제작하였다. 기계 다루는 것을 좋아하고 뚝딱뚝딱 만드는 것에 취미가 있던 터라 만드는 데 어려움은 없었다.

간이골대는 비닐하우스용 쇠파이프를 길이에 맞게 자르고 용접하여 만들었다. 학교에 전기 용접기가 있었고, 행정실 아저씨의 도움을 받아 비교적 쉽게 뼈대를 만들고 검은 차광막을 이용하여 그물을 만들어 붙이니 그럴 듯한 간이골대가 완성되었다. 스틱과 골대를 만들고 나니 2학기 개학이 기다려졌다.

• 2단계: 차시별 수업 실천

① 프리 시즌(1~2차시)

차시	주요 활동내용	비고
1	종목 안내, 모둠 만들기, 역할알기, 역할정하기	
2	모둠 정체성 활동(역할 숙지, 모둠 소개지 및 홍보자료 만들기, 사진촬영 및 게시), 간이하키채 만들기 및 꾸미기(미술시간)	홍보위원 중심

1학기 농구형 게임 프리 시즌은 4시간(1주일에 1시간)이었다. 프리 시즌이 길어지니 학생들이 다소 지루해 하는 경향이 있어 2학기 시즌은 2

시간(2주)으로 줄였다. 대신 부족한 시간은 다른 과목시간에 관련 활동을 함으로써 보충할 수 있었다.

먼저 하키형 게임에 대한 간단한 소개를 하고 모둠을 만들었다. 1학기 모둠의 대표가 선정원이 되어 순서를 정하고 돌아가며 지명하는 방법으로 전원 동의과정을 거치는 것이 특징이다.

모둠 만들기 순서

1. 모둠선정위원 구성(5명): 1학기 모둠대표 중심
2. 5명이 가위바위보로 뽑는 순서 결정(운동기능, 학업성취도, 보고서 작성, 꾸미기 등을 종합적으로 고려하여 신중하게 뽑도록 안내)
3. 위 2에서 뽑은 순서대로 마음에 드는 사람을 지명(만약 지목받은 사람이 동의하지 않으면 마지막 순서로 밀리고 다음 순서로 넘어감)
4. 2번째 모둠 선정은 이미 뽑힌 다른 모둠원이 모두 동의해야 함
5. 모둠원이 모두 선정되면 모둠별로 모여 역할을 정함

모둠 구성이 끝난 후 역할을 안내하고 모둠 내에서 개인별 역할을 정했다. 1학기에 한번 해 본 것이라 역할에 대한 특별한 설명이 없이도 자연스럽게 진행되었다. 역할 배정이 끝난 후 남는 시간을 이용하여 모둠 이름, 캐릭터, 노래, 구호 등을 정하도록 하였다. 정하지 못한 모둠은 1주일 동안 시간을 주었고, 다음 시간에 모둠 소개지와 캐릭터 만들기로 이어졌다. 프리 시즌 동안 정체성 활동(모둠 및 역할)이 끝난 후 모둠 및 단체 사진촬영을 하였다.

프리 시즌의 모든 결과물은 스포츠게시판에 전시함으로써 자연스럽게 모둠 간 경쟁이 되었고 수업 분위기를 고조시키기에도 충분하였다.

그리고 미술시간을 활용하여 간이 하키스틱 만들기와 아침시간을 이용하여 모둠 소개지 꾸미기를 하였다. 간이 하키스틱은 하드보드 종이와 신문지, 투명 테이프를 이용하여 만들었으며 첫 운동장 수업에서 사용하였다. 모래 운동장에서 사용 결과 반 이상의 스틱이 부러지거나 찢어져 사용할 수 없게 되었다.

그림 5-4 간이 하키스틱과 모둠 소개 홍보자료

그림 5-5 합판으로 만든 하키스틱과 스틱 꾸미기

② 본 시즌 실천

차시	주요 활동내용	비고
3	시즌안내, 하키의 역사 및 유래, 장치기와 비교, 비디오 시청, 시즌기간 과제제시(국어시간과 통합: 하키에 대한 설명문 쓰기).	설명문 쓰기
4	공몰기 게임(모둠 내): 선 따라, 장애물 피해 공몰기 전략세우기 및 게임 만들기, 리듬에 맞춰 공몰기(음악과 통합)	6/8박자 리듬카드
5	공이어주기 게임(모둠 내): 술래가 되어 공뺏기(3대1 게임), 전략세우기 및 게임 만들기, 음악가락에 맞춰 공이어주기(음악과 통합)	6/8박자 리듬카드
6	공몰기 게임(모둠 간): 지그재그 공몰기 릴레이, 전략세우기 및 게임만들기 진행 모둠에서 장구장단을 치고 음악가락에 맞춰 공몰기(음악과 통합)	장구장단 (자진모리)
7	5대3 공격 수비연습게임(반코트, 모둠 간): 공격과 수비시간은 각각 2분 30초, 모든 모둠이 1번의 진행을 맡으며 모둠당 4번의 게임을 함	전략지 기록지
8	3대3 공격수비 전략연습(모둠 내): 모둠 내에서 공격과 수비를 나누고 수업 전 작성한 전략지에 맞춰 공격과 수비연습	전략지
9	4대2 반코트 게임(모둠 간): 효과적인 공격과 수비를 위한 연습, 공격과 수비시간은 각각 2분 30초, 1번 진행, 4번 게임을 함	전략지 기록지
10	5대3 게임(모둠 간 리그전): 풀코트 게임, 공격 4분, 1분 휴식, 수비 4분, 2개 팀이 진행	
11	5대3 게임(모둠 간 리그전): 풀코트 게임, 공격 4분, 1분 휴식, 수비 4분, 1개 팀이 진행, 나머지 시간은 모둠별로 공격/수비전략연습	
12	5대3 게임(모둠 간 리그전): 풀코트 게임, 공격 4분, 1분 휴식, 수비 4분, 2개 팀이 진행	

본 시즌의 첫 번째로 시즌 전체 흐름에 대한 안내와 하키의 유래, 장치기 비교, 동영상 시청 등의 활동을 하였다. 그리고 곧바로 이어 국어시간을 활용하여 하키에 대해 설명하는 글쓰기를 하였다. 이런 활동을 하며 간이하키에 대한 이해도를 높였고, 학생들은 다음 시간이 더욱더 기다려지는 설렘을 느낄 수 있었다.

4차시부터 6차시까지는 공을 다루는 연습을 하는 시간이었다. 선을 따라 장애물을 피해 공을 몰기도 하고, 3대 1 술래가 되어 공뺏기 게임과 공몰기 게임을 하였다. 모둠 내에서 하는 단순한 게임이지만 공을 몰고 이동하는 데 박자감을 익히기 위해 6/8박자 리듬카드를 제시하고 그대로 한번 따라해 보기도 하고, 학생들이 직접 공을 몰며 박자를 만들어 보기도 하였다. 그러나 모래 운동장이라는 불리한 여건 때문에 박자감을 익히는 것은 크게 효과를 보지 못했다. 6차시 모둠 간 지그재그 공몰기를 할 때에는 학생들이 직접 자진모리 장단으로 장구를 치며 흥을 돋우니 더욱 박진감 넘치는 게임이 되었다. 그리고 매 시간 모둠 내 게임을 하면서 반성 활동 시간을 갖고 새로운 게임을 만들게 하였고 시간을 내어 그대로 연습할 기회도 주었다.

그림 5-6 선따라 공몰기와 공몰기 릴레이

7차시부터 9차시까지는 모둠 간, 모둠 내에서 공격과 수비를 연습할 수 있는 변형게임을 하였다. 변형게임을 하면서 자연스럽게 심판과 기록, 기자, 코치의 역할을 반복 연습할 수 있었으며 수업 전 활동에서 세운 전략을 실천해 보고 잘 되지 않는 부분을 수정하며 모둠 간 리그전을 위한 준비를 하였다. 이때 수비보다 공격 인원을 더 늘린 것은 효과적인 공격 연습이 잘 되게 하기 위함이다.

그림 5-7 5대3 모둠 간 게임과 4대2 모둠 내 게임연습

10차시부터 12차시까지는 모둠 간 결승 리그전으로 각자 맡은 역할을 수행하며 간이 하키게임을 하였다. 게임을 하기 전에 모둠대표(모둠지기)가 모여 경기 규칙을 정하고 대진표를 작성하였다. 수업준비 및 경기진행은 학생들이 중심이 되었으며 교사는 학생들의 활동을 보조하거나 경기진행에 어려움이 있을 때 도와주는 역할, 각 모둠별 경기전략에 대해 조언하는 역할을 하였다.

표 5-3 간이 하키 결승리그 대진표

차시	대진표	진행 방법
10	A모둠(진행모둠): B×C, D×E B모둠(진행모둠): A×E, C×D	결승 리그전은 3시간 동안 진행된다. 첫 번째 리그전은 A,B 모둠이 진행을 보고, 두 번째 리그전은 C모둠이 진행을 보고, 세 번째 리그전은 D, E모둠이 진행을 본다. 리그전의 점수에 따라 최하위 모둠이 준결승, 결승전의 진행을 보고 나머지 4모둠은 추첨을 통해 토너먼트로 마지막 경기를 한다.
11	C모둠(진행모둠): B×D, A×C	
12	D모둠(진행모둠): A×B, C×E E모둠(진행모둠): B×C, A×D	

그림 5-8 결승 리그 경기와 결승 리그 심판

• 3단계: 통합적 학습 경험

변형게임 (규칙, 장비, 공간)	게임 진행 방법 (대진표, 기록)	직 · 간접 체험활동 (시기, 절차, 방법)

3단계는 2단계의 내용을 좀 더 세분화하여 계획하고 실천하는 단계이다. 즉, 차시별 수업을 통합적 학습 경험에 초점을 맞추어 게임을 변형시키고, 학생들이 게임에 주도적으로 참여하도록 게임 진행 방법과 기록 방법을 간소화 한다. 또한 직 · 간접적인 체험활동을 통해 체육수업이 다양한 가치를 경험할 수 있도록 하는 것이다.

① 변형게임

변형게임 방법 및 규칙	학생들이 기본 기능을 즐겁게 익힐 수 있도록 변형함. 모둠원 모두가 참여할 수 있는 게임. 모둠지기의 협의를 통한 규칙 제정

표 5-4 차시별 변형게임

차시	변형게임	차시	변형게임	차시	변형게임
1~3		7	5대3 반코트	11	5대3 풀코트
4	선 따라 공몰기	8	3대3 전략게임	12	5대3 풀코트
5	3대1 공뺏기	9	4대2 반코트	13	5대3 풀코트
6	공몰기 릴레이	10	5대3 풀코트	14	

〈변형게임의 예〉

▶ 선 따라 공몰기

<table>
<tr><th>그 림</th><th>경기 방법(모둠 내 경기)</th></tr>
<tr><td>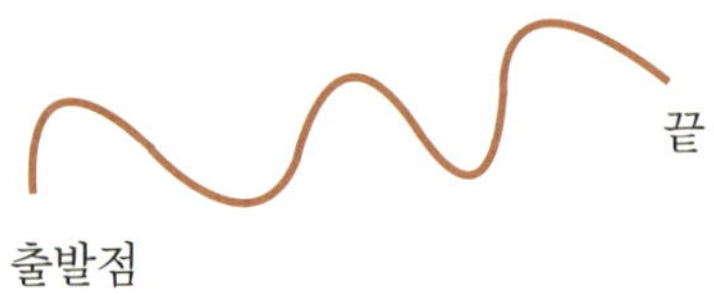
</td><td>1. 간이 하키스틱으로 선을 따라 공을 몰고 간다.
2. 공을 끌면서, 치면서, 멈추면서 몰고 간다.
3. 한 사람이 출발하면 다음 사람이 바로 출발할 수도 있고, 한 사람이 끝까지 가면 출발할 수도 있다.
4. 개인별 기록을 재며 흥미를 유도하면 더 재미있다.</td></tr>
<tr><th>경기 규칙</th><th>준비물</th></tr>
<tr><td>1. 선 밖으로 공이 벗어나면 그 지점에서 다시 시작한다.
2. 몸을 숙이고 출발하고, 공을 몰아야 한다.
3. 기록을 잴 경우에는 마지막 지점에 몸이 들어 왔을 때의 시간을 잰다.</td><td>간이 하키스틱, 바람공, 테니스공, 하키공, 배구공, 초시계, 호루라기, 라인기</td></tr>
</table>

▶ 3대1 공이어주기

그 림	경기 방법(모둠 내 게임)
	1. 모둠에서 공격과 수비를 정한다. 2. 수비는 원 안에 들어가고 공격은 수비를 피해 패스를 주고받는다. 3. 공격이 패스를 받지 못할 때, 못 받는 사람이 수비가 된다. 4. 수비가 패스한 공을 가로챘을 때, 패스한 사람이 수비가 된다.
경기 규칙	**준비물**
1. 경기 시간은 3분 내외로 한다. 2. 수비는 원 안에서만 움직여야 한다. 3. 공격은 원 안에 들어가서는 안 된다. 4. 공격은 5초 안에 패스를 해야 한다. 5. 반칙을 했을 경우 공격과 수비를 바꾼다.	간이 하키스틱, 바람공, 테니스공, 하키공, 무릎 및 팔꿈치 보호대, 라인기

▶ 공몰기 이어달리기 그림

그 림	경기 방법(모둠 내 게임)
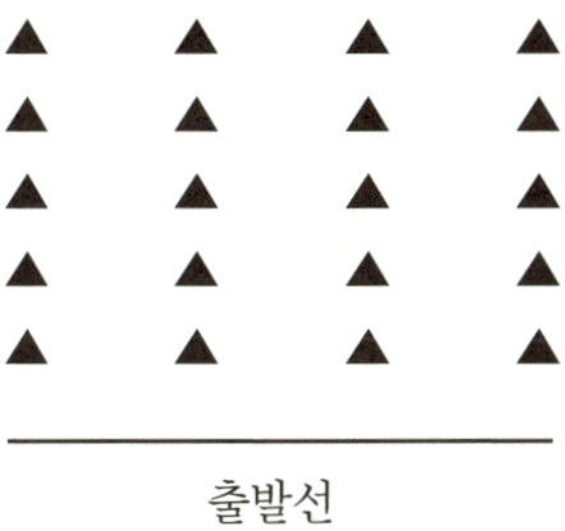	1. 각 모둠은 출발 순서를 정한다. 2. 공을 튀기며 고깔을 지그재그로 통과한다. 3. 마지막 고깔을 돌고 다시 지그재그로 출발선으로 돌아온다. 4. 다음 선수에게 공을 넘겨주고 이어서 달린다. 5. 가장 먼저 들어오는 모둠이 이긴다.
경기 규칙	**준비물**
1. 심판의 호루라기 소리와 함께 출발한다. 2. 지그재그로 돌지 않으면 돌지 않는 지점부터 다시 시작한다. 3. 공은 스틱으로만 움직여야 한다. 4. 출발선까지 몸이 들어와야 다음 주자가 출발할 수 있다. 이를 어길 때는 다시 들어와 시작한다. 5. 모둠원 모두가 참여해야만 한다.	고깔, 하키스틱, 바람공, 테니스공, 하키공, 초시계, 기록지, 라인기

▶ 반코트 게임

그 림	경기 방법
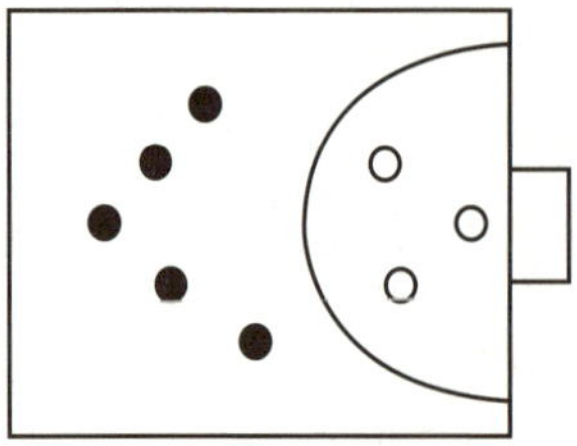	1. 가로, 세로 6m 경기장에서 게임을 한다. 2. 공격 5명, 수비 3명(골키퍼 포함)으로 한다. 3. 공격시간은 3분 내외이다. 4. 시작은 코트 왼쪽 끝 지점에서 시작한다. 5. 반원 안에서만 슛을 할 수 있다. 6. 골키퍼는 마스크와 프로텍트를 반드시 착용한다. 7. 시간이 지나면 공격과 수비를 바꾼다.

경기 규칙	준비물
1. 공격에는 반드시 여학생이 2명 이상 포함되어야 한다. 2. 수비에는 반드시 여학생이 1명 이상 포함되어야 한다. 3. 공이 발에 맞으면 무조건 반칙이다. 공격이 발에 맞으면 처음부터 다시 시작해야 하고 수비가 발에 맞으면 그 지점에서 시작한다. 만약 수비가 반원 안에서 발에 맞았을 경우 패널티 드로우가 주어진다. 4. 하키스틱은 무릎 위 이상 들면 반칙이다. 5. 스틱으로 상대방의 몸을 건드렸을 경우 반칙이다. 6. 반칙이 3개 모이면 1점 감점 처리한다. 7. 공격을 할 때 여학생에게 반드시 패스가 되어야 하며, 여학생이 골을 넣었을 경우 남학생의 두 배 점수를 준다.	라인기, 호루라기, 스틱, 하키공, 보호대, 간이 골대, 기록지

• 5대3 풀코트 게임

그림	경기 방법
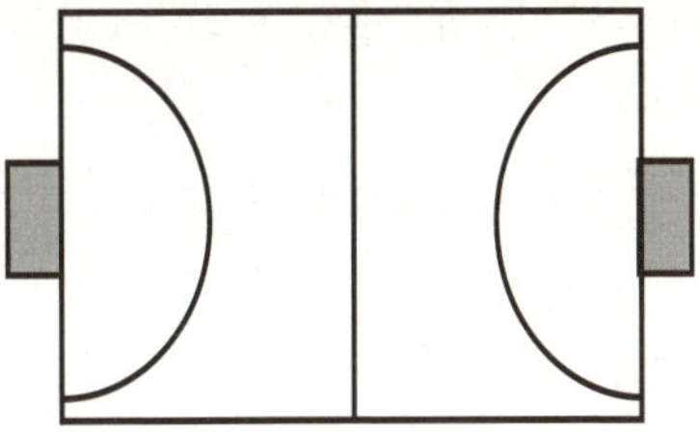	1. 가로, 세로 6m, 12m인 경기장 2. 인원수를 다르게 하여 풀코트로 진행한다. 3. 전반전에 5명이 뛴 모둠은 후반전에 3명이 뛴다. 이는 활발한 공격이 이루어질 수 있도록 하기 위함이다. 4. 선수 교체는 얼마든지 할 수 있다.

경기 규칙	준비물
1. 5명이 뛰는 모둠은 반드시 2명 이상의 여학생이 포함되어야 하고, 3명이 뛰는 모둠은 반드시 1명 이상의 여학생이 포함되어야 한다. 2. 공격을 할 때는 반드시 여학생에게 패스가 되어야 한다. 남학생끼리만 패스해서 골을 넣을 경우 인정하지 않는다. 3. 여학생이 골을 넣었을 경우 남학생 점수의 두 배를 준다. 4. 주로 5명이 공격을 많이 하지만 3명의 선수도 공격을 할 수 있다. 5. 공이 발에 닿으면 무조건 반칙이다. 그 지점에서 다시 시작한다. 6. 하키스틱은 무릎 이상 올라오면 반칙이다. 7. 스틱으로 상대방의 몸을 건드리면 반칙이다. 8. 반칙을 3회 이상 했을 경우 1점 감점처리한다. 9. 3분이 지나면 인원 수를 조정한다. 5명이 뛴 모둠은 3명으로, 3명이 뛴 모둠은 5명이 경기를 한다. 10. 중간에 1분의 휴식시간이 있으며 이때 선수교체 및 작전시간을 가질 수 있다.	라인기, 호루라기, 스틱, 하키공, 보호대, 간이 골대, 기록지

① 게임 진행 방법

게임 진행은 전적으로 진행 모둠에서 맡는다. 진행 모둠의 역할은 심판, 기록, 경기보조 등이다. 원활한 경기진행을 위해 수업 전(하루 전 또는 당일 아침)에 각 모둠별 심판에게 경기규칙과 진행 방법에 대해 설명하였다.

수업시간에 본격적인 게임을 할 때 교사는 학생들의 경기진행 및 게임상황을 지켜보며 심판이 놓치고 있는 내용이나 더 활발한 게임을 위한 선수들의 움직임에 대한 피드백을 하였다.

표 5-5 진행 모둠의 역할

역할	인원	과제
심판	2명	초시계를 들고 정해진 시간을 체크하며 규칙을 적용하여 게임을 진행시킨다.
기록	2명	경기를 관찰하며 교사가 제공한 기록지의 내용을 채워 나간다.
경기보조	2~3명	기록과 심판을 보조하며 경기진행을 돕는다.

그림 5-9 심판과 기록

② 직 · 간접 체험활동

직접 체험	변형게임	선 따라 공몰기, 공몰기 릴레이, 공뺏기, 5대3 반코트/풀코트 게임
	장비설치/철거	각 모둠의 심판 역할을 맡은 사람
간접 체험	반성일기 쓰기	수업 후 재량시간
	모둠노래	프리 시즌
	모둠홍보지	프리 시즌
	책 읽기	시즌 내내(1인당 2권 이상 읽기)
	설명문 쓰기	국어시간과 연계
	모둠신문	시즌 중 4회 발간
	운동 실천하기	방과 후 및 주말을 활용한 가족운동 체험하기
	영화보기	스포츠 관련 영화보기(재량시간 활용 단체관람: 쿨러닝)

스포츠교육모형 수업에서는 학생들의 체험이 중요하다. 그 이유는 비록 교사가 제시하는 수업내용이지만 학생들이 직·간접적으로 체험하는 과정에서 자신만의 방식으로 학습내용을 스스로 재구성할 수 있기 때문이다. 하키형 게임에서 체험은 수업 중 체험(직접), 수업시간 이전 또는 이후 체험(간접)으로 나눌 수 있다.

직접 체험활동으로 각 차시별로 실시한 변형게임, 그 과정에서 겪는 역할활동과 각자가 느끼는 책임의식, 그리고 의도하지 않았던 다툼, 시기, 질투 등이 포함된다.

간접 체험활동은 아침시간, 점심시간, 재량시간, 과제활동 등을 이용하여 실시하였으며 모둠별 공동활동과 개인활동으로 구분된다. 하키형 게임 시즌에는 스포츠교육모형 수업에서 공통적으로 실시하는 모둠 정체성 활동(모둠 소개지 만들기, 모둠노래, 구호 등)을 비롯하여, 수업후 반성일기 쓰기, 시즌내용과 관련되는 도서 읽기, 모둠신문 만들기, 방과 후 또는 주말을 이용하여 가족과 운동 체험하기, 스포츠 영화 보고 감상문 쓰기 등의 활동을 하였다.

직접 체험과 간접 체험 모두 대부분 학생들에게는 새로운 경험이었다. '체육시간에 이런 것도 하는구나.' 하는 신기한 마음으로 관심을 가지고 열심히 참여하는 학생이 있는 반면, 한두 번은 호기심으로 참여하다가 다른 과목의 과제활동처럼 귀찮아하는 학생들도 있었다. 그럴 때는 학생들이 좋아하는 상품(문화상품권, 점심급식 먼저 먹기, 청소면제 등)을 걸고 모둠별 경쟁의식을 심어주며 적극적인 참여를 유도하였다.

• 4단계: 축제화

차시별 이벤트 (시상, 상품 등)	결승 행사 (시상, 절차)	다음 시즌 계획 (종목 및 방법)

① 차시별 이벤트

이벤트 이름	개인상 및 상품	모둠상 및 상품
오늘의 왕(MVP)	노력상, 바른행동상, 일기상, 이끔상 상장 및 상품(사탕 1개)	상장 및 아이스크림 교환상품권 1/3개

초등학생들은 체육시간에 한 가지 주제로 장시간 수업하는 것을 싫어한다. 매시간 새로운 게임을 원하고 일사분란하게 움직이는 것을 좋아한다. 기본 기능을 연습하는 것보다는 바로 게임에 들어가는 것을 좋아하고 이기고 지는 것에 대해 민감한 반응을 보인다. 이러한 학생들의 성격을 반영하여 적극적인 참여를 유도하려면 매 시간 작은 이벤트가 필요하다.

하키 시즌에 실시한 차시별 이벤트는 '오늘의 MVP'를 선정하여 개인별로 4가지 상과 상품을 지급하였고, 최우수 모둠을 선정하여 상장 및 상품을 지급하였다. 수상 대상자 선정은 모든 것이 교사의 권한이었으며, 공정하게 선정함으로써 학생들이 체육수업에 좀 더 빠져들 수 있는 계기가 되기도 했다.

그림 5-10 개인상과 모둠상

② 결승행사

방법	재량시간을 합쳐 80분 통합수업진행(40분 운동장, 40분 교실) 운동장 수업: 준결승전(4팀), 3, 4위전-결승전(동시진행) 진행 모둠은 리그전 성적이 최하위인 모둠 교실수업: 시즌 반성, 경기장면 비디오 시청, 소감발표, 시상, 다과회
장소	운동장 수업 후 교실로 이동
시상	종합우승 · 준우승 · 3위 모둠, 개인별 시상(일기상, 격려상, 응원상, 바른행동상, 발전상)
이벤트	소감발표, 경기장면 비디오 시청, 다과회

가. 결승행사를 위한 사전준비

교사	학생(모둠)
- 행사 분위기 조성(상품, 다과 등) - 리그전 결과를 종합하여 진행모둠 선정 (진행모둠: 최하위 모둠) - 결승전 대진표 제작(제비뽑기) - 상장제작 및 상품구입 - 경기장면 비디오 및 사진자료 정리	- 결승행사 포스터 제작 - 초대장 전달(학부모 및 학교 선생님) - 전략구상 및 모둠역할 분담 - 결승행사장(교실) 꾸미기(점심시간)

초대장

겨울로 가는 길목에서 1년 동안 진행해온 스포츠교육을 마무리하고자 합니다. 지 · 덕 · 체의 조화로운 발달은 물론 건전한 사회성을 함양하기 위해 실시한 스포츠교육을 통해 변화된 학생들의 모습을 보여드립니다.

두 손은 가볍게, 마음도 가볍게 지나가시는 길에 부담 없이 잠시 들러주시면 더욱더 감사하겠습니다.

일시: 20○○년 11월 26일 5교시(13:30~14:10)
장소: 본교 운동장
내용: 간이 하키 결승전

※ 과자, 음료수, 기타 금품은 절대 사양합니다. 부담 없이 오세요.

나. 결승전

그림 5-11 심판의 규칙 설명과 경기 장면 1

그림 5-12 경기 장면 2와 경기 장면 3

그림 5-13 기록활동과 심판(모자)활동

다. 시상 및 반성활동

마지막 시상은 운동장 수업 후 곧바로 교실에서 실시하였다. 점심시간에 미리 학생들이 식장을 꾸미고 분위기를 띄워 두었기 때문에 경기의 종합 결과에 상관없이 축제의 장을 자연스럽게 이끌어 낼 수 있었다.

시상식 전에 교사는 미리 각종 상과 상품, 비디오 촬영 자료 및 사진 자료를 준비해 두어야 한다. 시상식은 성적발표 모둠별 시상, 개인별 시상 순이다. 개인별 시상은 2학기 내용을 종합하여 일기, 바른생활, 격려, 응원 등에서 우수한 학생을 선발하였다. 시상식 이후에는 다과를 즐기며 그동안 경기촬영자료(비디오, 사진)를 시청하며 반성의 시간을 가졌다. 그리고 시즌 전반에 대한 자신의 소감을 발표하고 다음 시즌을 위한 의견을 나누었다.

그림 5-14 식장 꾸미기와 모둠/개인별 시상

그림 5-15 수업 촬영 동영상 시청과 다과를 즐기며 소감 나누기

표 5-6 시상식 수업 시나리오

<table>
<tr><td>일 시</td><td colspan="3">20○○년 11월 26일 6교시(14:20-15:00)</td><td>지도교사</td><td colspan="2">최 원 준</td></tr>
<tr><td>단 원</td><td>3-1. 구기활동(14/14)</td><td>장소</td><td>교실</td><td>대 상</td><td colspan="2">5학년 3반(남: 19, 여:15)</td></tr>
<tr><td>학습목표</td><td colspan="6">* 시즌을 마무리하면서 자신의 말과 행동을 반성할 수 있다.</td></tr>
<tr><td>준비물</td><td colspan="6">비디오 촬영자료, 다과, 음료</td></tr>
<tr><td>학습주제</td><td colspan="6">결승행사 축제</td></tr>
<tr><td>학습단계</td><td colspan="4">교수-학습 활동</td><td>시간
(분)</td><td>@유의점
#준비물</td></tr>
<tr><td>수업 전</td><td colspan="4">교사: 비디오 촬영자료 준비, 각종 상, 상품준비
학생: 축제를 위한 교실 환경 꾸미기</td><td></td><td>풍선, 비디오</td></tr>
<tr><td>동기유발</td><td colspan="4">◈ 수업안내
* 유종의 미란?
* 축제 순서 안내</td><td>2</td><td></td></tr>
<tr><td>학습목표
제 시</td><td colspan="4">시즌을 되돌아보며 반성해 보자.</td><td></td><td></td></tr>
<tr><td>시상</td><td colspan="4">◈ 성적 발표 및 시상
* 팀 성적 발표: 팀지기
* 우승팀, 준우승팀, 3위팀 시상
* 결승행사 MVP 시상
* 4위 및 5위 팀에게도 상품 전달

* 개인별 시상
- 일기상: 조동희, 이소현, 이은진
- 발전상: 김지혜, 박준현, 김재현
- 바른생활상: 김진호, 김영훈, 박지언
- 격려상: 김다민, 조윤성, 신기철
- 응원상: 한은지, 장홍권, 변주상</td><td>4</td><td>#기록지

각종 상 및 상품

2학기 종합</td></tr>
<tr><td>반 성</td><td colspan="4">◈ 결승전 비디오 시청 및 반성의 시간
- 비디오 시청과 다과회를 겸한 팀별 반성의 시간
- 팀별 파일철 보기
- 소감발표 및 건의사항</td><td>30

3</td><td># 비디오
@ 다과를 즐기면서 비디오 시청
@ 솔직한 의견 발표 유도</td></tr>
<tr><td>정 리</td><td colspan="4">◈ 마무리
* 팀 구호, 팀 노래</td><td>1</td><td></td></tr>
<tr><td>수업 후</td><td colspan="4">* 수업 반성일기 쓰기, 게임 보고서, 신문 만들기</td><td></td><td>@ 자율적으로</td></tr>
</table>

마치며…

2003년 겨울 호주의 스포츠교육(SEPEP: Sports Education in Physical Education Program)을 읽고 2004년 본격적으로 수업을 시작한 지 벌써 10년이 지났다. 한 분야에 최소 10년 정도 투자하면 전문가가 되어야 하는데 나는 과연 스포츠교육의 전문가가 되었는지 스스로 질문해 본다. 남들이 볼 때는 담임과 여러 교과목 지도, 학교 주요 업무를 추진하는 어려운 여건 속에서도 더 좋은 체육수업을 연구하는 전문가로 보이겠지만 더 나은 교사가 되기 위해 더 많은 채찍질이 필요하다.

강과 산이 변하는 10년 동안 체육수업도 많이 바뀌었다. 무사안일주의로 대충 시간 때우기 식 수업을 하던 선생님들의 책무성도 높아졌고, 초등학교에서는 체육수업의 정상화를 위하여 체육전담을 강화하고 스포츠강사를 배치하여 보다 효율적인 체육수업을 추구하고 있다. 체육과 교육과정의 큰 틀도 바뀌었다. 종목중심의 내용 구성에서 가치 중심으로, 주어지는 교육과정에서 만들어가는 교육과정으로 바뀌면서 그저 주는 대로 적용하던 교육과정을 수용하는 교사에서 교육과정을 조작하며 주도하는 교사의 모습을 강조하고 있다. 이러한 시대적 흐름에 따라 학교 현장에서도 체육수업을 실천하는 모습이 눈에 띄게 많이 늘었다. 겉모습으로 보기에 부쩍 많이 늘어난 운동장 수업만큼 체육교과의 교수내용지식(PCK)을 기반으로 다양한 수업모형을 적용하며, 자신만의 확고한 교육적 철학을 바탕으로 체육수업에 임하는 교사도 많이 늘었다.

2009 개정 교육과정에서 강조하는 창의인성을 제대로 실천하기 위해 최근 대두되는 교육적 화두는 '행복교육' 이다. 많이 알게 하는 교육보다 배우는 것을 좋아하게 하고 나아가 배움을 즐길 수 있게 하는 교육을 하자는 것이다. 학생들에게 희망을 주고, 학생 각자의 소질과 끼를 키워주고 그 꿈을 이루어 갈 수 있도록 도와주는 행복한 체육수업! 모두가 바라는 최상의 수업이다. 이러한 체육수업을 모형중심의 수업에서 찾을 수

있다고 본다. 여기서 말하는 모형중심 수업은 단순히 이론을 그대로 적용하는 수업이 아니라 모형에서 추구하는 가치와 방법적인 이론을 충분히 숙지한 후 자신의 수업 노하우를 바탕으로 학교 여건에 따라 언제든지 수정 및 보완할 수 있는 것이어야 한다. 즉, 자신만의 수업 철학이 깔려 있는 자신만의 수업모형을 말한다.

이러한 수업모형을 나는 스포츠교육에서 찾았다. 단순한 차시별 수업모형의 차원을 넘어 학교 체육 교육과정의 틀로도 적용할 수 있는 스포츠교육은 교사와 학생에게 다양한 수업 경험 제공은 물론 모두가 수업의 주인공임을 느끼게 하는 정말 살아 있는 수업을 실천할 수 있는 모형이다.

텍스트로 읽는 스포츠교육이 정말 행복교육을 실천할 수 있을까라는 궁금증이 생기지 않는가? 궁금하면 직접 실천해 보길 바란다. 그리고 스포츠교육 수업 실천의 모든 것을 공유하길 바란다. 자신의 실천 경험을 담은 생생한 텍스트가 다른 사람의 마음을 자극하여 행복한 체육수업의 향기를 퍼트릴 것이다.

Chapter 06

중등 스포츠교육 수업 여행

학업에 지친 아이들, 지금까지의 체육수업에 흥미를 잃은 아이들, 다른 여러 이유로 체육수업을 기피하는 아이들에게 새로운 체육수업, 배움이 있는 체육수업을 경험하게 해주기 위해서는 어떤 것이 필요할까? 스포츠교육이 현답이 될 수 있다.

이 장에서는 2004년부터 중학생과 고등학생에게 스포츠교육 수업을 운영하며 나온 이야기와 실천사례를 수업 주제별로 제시하였다. 스포츠교육 수업이 학교안의 담을 넘어 다양한 이벤트이자 축제임을 보여준 열정 넘치는 이야기를 다양한 드라마로 보는 재미가 있다. 프로야구선수를 초청해서 시범경기를 하기도 하고, 마라톤을 뛰면서 지역신문에 실리기도 한다. 스포츠교육 수업이 EBS의 〈최고의 교사〉라는 프로그램을 통해 방송되기도 한다. 매력 있지 않은가? 이 모든 것은 스포츠교육 수업을 아이들이 만들어가고 그 속에서 배움을 주고받는 즐거움이 묻어나고 있다. 끼 있는 교사의 스포츠교육 실천 사례를 통해 스포츠교육 수업의 매력에 함께 빠질 수 있을 것이다.

중등교사 남기엽

교사 사명 선언문

나는 학생들 앞에 서 있는 교사이다. 아이들은 멋진 꿈을 하나씩 가지고 있고 그 꿈을 실현하기 위해 마주친 이 순간을 나는 열심히 가르치고 아이들은 깨달음을 통해 성장해 간다. 나의 한마디, 시선, 가르침이 아이들을 올바르게 나아가도록 도움이 될 것이다. 운명적으로 만난 스포츠교육 수업은 체육교사인 나에게 신선함을 안겨주었다. 아이들에게 스포츠교육 수업은 어른이 되기 위한 충분한 준비가 된다. 나는 이 수업을 통해 아이들에게서도 배우고 그 배움을 토대로 더 나은 수업을 위해 노력한다.

강점 Strength	약점 Weakness
- 좋은 수업을 위해 끊임없이 연구하고 노력함 - 스포츠교육 수업의 다양하고 적극적인 시도로 체육수업의 노하우를 가짐 - 밝고 쾌활한 성격으로 동료교사 및 타 교과교사와의 관계가 원만함 - 쾌적한 체육시설을 갖추기 위해 다방면으로 노력함(라인벨트, 체육관, 웨이트기구 등) - 학생들과 교직원들에게 체육수업뿐 아니라 평생체육활동을 장려함 - 체육대회 및 교직원 동호회 활동을 적극 추진하고 프로그램을 창의적으로 구성	- 행사 진행에 따른 충분한 사전 협의부족으로 인한 마찰 - 두 명의 교사가 동일 학년을 맡게 되었을 때 스포츠교육 수업 진행의 어려움 - 체육수업과 운동부 지도에 따른 과중한 업무
기회 Opportunity	**위협 Threat**
- 새로운 학년을 맡게 될 때마다 시도해 보는 다양한 종목의 스포츠교육 수업이 교사로서 끊임없이 연구하도록 함 - 다른 학교로 이동하여 알게 되는 동료교사에게 좋은 수업을 알리게 되는 기회 - 일반 교사도 체육교육의 인식을 새롭게 함 - 좋은 수업을 받은 학생들이 체육지도자로 이어짐 - 감정의 변화가 극심한 중 · 고등학교 시절에 스포츠교육 수업을 접하게 하여 올바른 삶의 태도를 갖는데 도움	- 각종 행사로 인한 체육수업 시수 축소 - 중 · 고등학교의 스포츠교육 수업이 연계되지 않음

1. 체육 가르치는 일이 즐겁다

새 학기 아이들의 눈망울이 초롱초롱하다. 배우고자 하는 열망과 관심이 온몸에서 뿜어져 나온다. 체육교사로서 매우 큰 키와 큰 눈, 예사롭지 않은 표정을 가지고 아이들의 시선을 한번에 제압한다. 아이들이 이전에 알고 있는 체육수업은 어땠을까. 물어보나마나 긍정과 부정 반반일 테고 나는 체육을 좋아하지 않는 아이들도 반드시 신체활동을 좋아하도록 만드는 것을 하나의 과제로 생각하고 첫 수업에 임한다.

그간의 스포츠교육 수업에 대한 사진과 동영상을 보여주며 아이들에게 수업소개를 해 나가면 아이들의 표정은 어느새 뭔가 새롭고 다를 것 같다는 기대를 가득 품게 된다. "한 반 전체가 100m 달리기를 합니다. 1등부터 꼴찌가 정해지겠지요? 자, 1등은 1년 동안 아무런 연습을 하지 않아요. 꼴찌는 1년 내내 연습을 했답니다. 1년 후에 1등과 꼴찌가 달리기 시합을 합니다. 어떻게 되었을까요?" 이것이 아이들에게 처음 수업시간에 던지는 질문이다. 그런데 학생들은 당연히 꼴찌가 1등을 이겼을 것이라고 한다. 이것이 바로 연습과 노력으로 못 이룰 것이 없다는 부모님과 선생님들의 숱한 격려와 잔소리가 아니었던가. 하지만 나의 대답은 꼴찌는 절대로 1등을 잡을 수 없다는 것이다. 이것이 바로 체육의 특성, 운동능력의 특성이라고 설명을 한다. 이러한 순발력과 같은 체력요소는 타고나는 것이기 때문이고 이 능력을 단 한번에 평가하는 체육수업은 이제 더 이상 하지 않을 것이기 때문이다. 아무리 운동능력이 뛰어난 사람도, 혹은 몸을 움직이는 것이 죽어라 싫은 학생도 지금까지 해 왔던 방식은 잊어라 하는 것이 내 수업 첫 주문이다.

그리고 스포츠교육 수업 소개를 한다. 어리둥절한 학생들의 표정을 하나하나 읽어가며 다음 차시에 대한 수업예고를 한다. 이렇게 시작되는 스포츠교육은 하나하나 구슬이 되어 실타래에 묶이면 최고의 가치를 호가하는 보석이 된다. 학생들은 보석을 목에 걸고 비로소 스타가 탄생된다. 스타를 만드는 스포츠교육 수업! 자~ 기대되지 않는가?

2. 스포츠교육모형의 장점

1) 체계적인 수업은 학생과 교사 모두에게 안정적인 환경을 제공한다.

프리 시즌과 시즌 중에 해야 할 교육목표가 명확하기 때문에 수업진행이 매끄럽고 학생들도 처음 '낯설음'에서 점점 익숙한 단계로 변화해 가는 과정이 자연스럽다.

2) 체육수업이 즐겁다.

체육수업을 생각하면 무엇이 떠올려지는가? 땀과 뜨거운 햇볕, 그러나 여기 즐거운 체육수업을 기다리는 학생들이 있다. 하나의 팀으로 구성되어 이제 더 이상 나 혼자 방황하도록 내버려두지 않는다. 바로 곁에 친구들이 있고 동료가 있다. 그리고 친구들과 함께 수행해야 하는 수업과제는 '함께' 라서 즐겁다.

3) 다양한 학생 역할을 통해서 책임감을 배우고 역할을 수행하는 동안 재미를 느낀다.

이 수업은 팀으로 구성된다는 것 외에 팀장, 코치, 기록원, 심판, 경기아나운서, 통계원, 시설매니저, 홍보매니저, 응급구조원 등 화려한 직무를 하나씩 맡게 되는데 이러한 역할을 수행하기 위해서는 규칙을 학습하고 준비물을 챙겨야 하며, 다양한 직무를 무리 없이 소화해 내기 위해 많은 노력이 필요하다. 이러한 과정은 개개인의 책임감 학습에 큰 도움이 되며 시즌의 마지막 과정에서 동료와 교사, 자기평가를 받게 된다. 또한 이러한 역할 경험은 학생이 미래에 꿈꾸고 있는 직업에도 긍정적인 영향을 줄 수 있다.

4) 체육수업의 목표가 명확해지고 학생들에게도 자신감 있는 수업을 진행할 수 있게 된다.

체육수업의 목표는 심동적, 인지적, 정의적 영역의 목표로 세분화 되어 있지만 체육수업을 통해 어떻게 위의 목표를 달성할 수 있을지에 대한 구체적인 방법이 드러나지 않은 것이 사실이다. 그러나 스포츠교육 수업은 왜 이러한 활동을 하는지 또 무엇을 가르쳐야 하는지에 대한 학습목표가 뚜렷하다. 따라서 학생들을 대할 때도 자신감 있게 수업을 펼칠 수 있다.

5) 수업을 전개할 때 전체 학생보다 개개인 하나에 관심을 두어 학생을 더욱 존중하며 학생과 교사의 친밀도가 높다.

수업의 목표를 달성하기 위해 교사가 내용을 강의식으로 진행하는 것이 아닌 팀별로 또는 개개인의 역할별 수업전개가 이루어지므로 개인의 특성이 드러나게 된다. 따라서 동료나 교사에게 개인의 identity가 표현되어 더욱 수업에 열심히 참여하게 되고 평소에 보여주지 않던 모습이 전해지면서 서로에게 감동을 주는 등 친밀도가 높아지게 된다.

6) 스포츠를 즐길 줄 알며 스포츠 문화에 빠져든다.

환호와 열광, 고통과 실패, 쓴맛과 승리의 짜릿함 등 스포츠가 갖는 다양한 문화를 직접 체험하며 그 속에서 청소년기의 자아가 성숙하게 된다. 학생들은 스포츠에서 승리만을 추구하는 프로 세계와는 달리 최선을 다하는 것과 비록 게임에 져도 승자를 축하해 주는 넓은 아량을 배운다. 또한 멋이 있는 선수의 행동이 무엇이고 매너에 어긋나는 행동이 어떤 것인지 몸소 깨닫게 된다. 이러한 것은 학생들로 하여금 올바른 시민으로 살아가는 지혜와 용기를 줄 뿐 아니라 스포츠활동에 적극적으로 참여하여 건강하고 행복한 삶의 주인이 되게 한다.

3. 스포츠교육모형의 단점

1) 팀 선발이 고르지 못하면 시즌을 운영하는 데 어려움이 있다.

경험에 의하면 1학기보다는 2학기 때 시즌을 운영하기가 쉬워진다. 학생들이 팀을 선발할 때에도 1학기 때의 수업태도를 보고 적극적인 팀 동료를 선정한다. 주로 한 반이 5개의 팀으로 구성되는데 한 개의 팀이라도 실력이 현저히 떨어지는 팀은 팀 활동에 의욕이 저하되어 전체적인 수업에 차질을 빚기 때문에 팀 선발이 아주 중요하다는 것을 밝힌다.

2) 무책임한 학생 혹은 역할을 수행할 능력이 부족할 때 팀 활동이 축소된다.

예를 들면 새천년건강체조 시즌에서 안무가의 역할을 맡은 학생이 창작동작을 만드는 감각이 없을 때 지나친 부담감을 갖거나, 소심한 학생이 심판의 역할을 잘하지 못했을 때 심적 부담이 큰 것으로 나타났다.

3) 팀 포스터제작이나 시즌별 과제수행에 부담을 느끼는 학생도 있다.

체육수업은 나가서 운동이나 하는 것이라고 생각하는 아이들에게 그림도 그리고 글도 쓰게 하는 것이 부담을 줄 때도 있다. 하지만 시즌이 끝날 때 즈음 왜 그러한 과제를 수행하게 했는지 알게 된다. 특히 포스터 제작은 사전에 미리 예고하여 한 시간 안에 가져온 사진과 글을 붙여 완성하여 시간 내에 발표까지 끝마치도록 하는 것이 좋다.

4) 결승행사를 하기 위한 지원이 쉽지 않다.

스포츠교육 수업의 마지막 단계인 결승행사는 하나의 축제로 지금까지 준비해 온 모든 것을 보여줄 수 있는 좋은 기회이지만 학교일정상 하나의 행사로 잡아서 하기가 쉽지 않다. 다만 스포츠클럽 대회와 함께 추진하는 것은 좋은 방법이다. 그러기 위해서는 미리 전년도에 계획을 세우고 예산을 세우는 것이 바람직하다.

4. 스포츠교육 수업의 평가

평가는 학생의 학습 성취도와 수행과정을 측정하여 교육목표를 성공적으로 달성하기 위한 교육의 과정이다. 질적, 양적 평가의 적절한 활용 및 평가기준을 공개하여 평가의 신뢰성을 제고해야 한다. 이러한 방향에 맞추어 결과중심의 평가 방법을 지양하고 과정중심의 창의적인 평가, 체계적인 기록을 근거로 한 학습과정을 평가에 반영하기 위해 평가 영역을 골고루 반영하도록 하였다.

아래의 표는 여자고등학교 1학기 시즌 종합평가지이다. 엑셀을 이용하여 만들면 쉽게 활용할 수 있다. 항목을 보면 평가할 것이 너무 많아 보일 수 있다. 하지만 시즌을 운영하는 동안 충분히 마칠 수 있고 학생들도 한두 번의 기회로 끝나는 수행평가가 아니기 때문에 시즌 내내 열심히 수업에 임하게 된다. 팀별 평가는 통계원을 활용하여 팀 합계를 내어 확인시키는 것도 좋은 방법이 된다.

고등학교 1학년 1학기 체육 스포츠교육(SEPEP) 종합평가지

	수행	새천년건강체조							얼티밋 프리즈비								태도			종합
	항목	팀소속	팀등위	개인구분동작	팀역할성실도	포트폴리오	팀가산점	합계 ①	팀등위게임	개인기록점수	훌륭한 스포츠 정신	리플릿	팀가산점	개인 프리즈비 던지고 받기	책임감	합계 ②	수업참여 적극, 소극, 복장	We 스포츠클럽 참여점수	합계 ③	①+②+③
No	성명/만점		13	7	5	8	2	35	10	5	1	5	2	7	5	35	5	5	10	80
1	강○○	JENIUS	10	3	4	8	2	27	7	4		5	2	7	3.4	28.4	5	3	8	63.4
2	고○○	퍼즐	9	5	4.6	8	2	28.6	10	5	1	5	2	7	4.6	34.6	5	3.5	8.5	71.7
3	곽○○	어따건	12	5	4.2	8	2	31.2	8	4		5	2	5	3.4	27.4	5	2.8	7.8	66.4
4	권○○	어따건	12	7	4.6	8	2	33.6	8	4		5	2	7	4.6	30.6	5	3.8	8.8	73
5	김○○	JENIUS	10	5	4.6	8	2	29.6	7	4		5	2	5	4.6	27.6	5	3.5	8.5	65.7
6	김○○	칠공주	13	5	4.6	8	2	32.6	9	4		5	2	7	4.2	31.2	5	4.4	9.4	73.2
7	김○○	단백질	11	5	3.4	8	2	29.4	6	4		5	2	6	2.9	25.9	5	2.9	7.9	63.2

엑셀로 작업한 내용을 교무업무시스템의 수행평가 영역에 입력하면 된다. 다음의 표는 학기초 평가계에 제출해야 하는 체육과 수행평가 기준표이다. 언제부터인지 알 수 없지만 체육교과에서 교과서의 의미는 타 교과와 다른 것 같다. 우선 교과서의 진도중심으로 수업전개를 하지 않는 것, 그리고 현실적으로 모든 내용을 가르칠 수 있는 시간적 여유가 없다. 많은 교사들이 수행평가 종목이 무엇이냐를 정하고 그것을 중점적으로 가르치면 한 학기가 끝이 난다. 고등학교는 일주일에 두 시간 배정되어 있는데 두 가지 종목을 가르치기에도 바쁘다.

고등학교 1학년 1학기 수행평가 기준표						
단원	종목	만점	항목	기준표	점수	반영점수
체조	새천년 건강 체조	35	새천년건강체조 팀 등위 (표현력, 창의성, 일치성, 운동량, 리듬감, 협동성, 음악선곡)	1위	A	13
				2위	B	12
				3위	C	11
				4위	D	10
				5위	E	9
			새천년건강체조 개인 구분동작	우수	A	7
				보통	B	5
				미흡	C	3
			팀역할 책임감, 성실도	역할수행 책임감과 성실도 우수	A	5
				역할수행 책임감과 성실도 보통	B	3
				역할수행 책임감과 성실도 미흡	C	1
			포트폴리오(과제), 포스터제작 파일철, 일기장 제출	과제제출, 포스터 제작 우수	A	8
				과제제출 성실도 보통	B	6
				미흡	C	4
			팀가산점, 팀워크	수업 적극적 참여 (매시간 기록)	A	2
					B	1
					C	0
단체 운동 (뉴스포츠)	플라잉 디스크 얼티밋	35	플라잉디스크 얼티밋 게임결과 팀 등위	1위	A	10
				2위	B	9
				3위	C	8
				4위	D	7
				5위	E	6
			플라잉디스크 얼티밋 개인기록 점수 어시스트, 스틸, 터치다운, 반칙	2점 이상	A	5
				1점, 0점, −1점	B	4
				−2 이하	C	3
			훌륭한 스포츠정신 선수, 적극적 게임참여	한 번이라도 경기기록지에 기재된 경우 (1개 이상은 태도가산)	A	1

<table>
<tr><th>단원</th><th>종목</th><th>만점</th><th>항목</th><th>기준표</th><th>점수</th><th>반영점수</th></tr>
<tr><td rowspan="12">단체 운동 (뉴스포츠)</td><td rowspan="12">플라잉 디스크 얼티밋</td><td rowspan="12">35</td><td rowspan="3">포트폴리오(과제), 포스터제작 파일철, 일기장 제출</td><td>과제제출, 포스터 제작 우수</td><td>A</td><td>5</td></tr>
<tr><td>과제제출 성실도 보통</td><td>B</td><td>3</td></tr>
<tr><td>미흡</td><td>C</td><td>1</td></tr>
<tr><td rowspan="3">팀가산점, 팀워크</td><td rowspan="3">수업 적극적 참여 (매시간 기록)</td><td>A</td><td>2</td></tr>
<tr><td>B</td><td>1</td></tr>
<tr><td>C</td><td>0</td></tr>
<tr><td rowspan="3">플라잉디스크 패스&케치 (빠르기, 정확성, 리듬감, 안정감, 유연성)</td><td rowspan="3">리드미컬하고 정확한 패스와 캐치 상대방이 받기 좋은 속도와 높이 유지, 안정적인 디스크 비행, 유연한 케치</td><td>A</td><td>7</td></tr>
<tr><td>B</td><td>5</td></tr>
<tr><td>C</td><td>3</td></tr>
<tr><td rowspan="3">팀역할 수행 책임감</td><td>역할수행 책임감과 성실도 우수</td><td>A</td><td>5</td></tr>
<tr><td>역할수행 책임감과 성실도 보통</td><td>B</td><td>3</td></tr>
<tr><td>역할수행 책임감과 성실도 미흡</td><td>C</td><td>1</td></tr>
<tr><td colspan="2" rowspan="2">태도</td><td rowspan="2">10</td><td>(지각, 복장, 적극적 참여, 성실, 노력, 규칙위반)</td><td>1회 감점 시 0.5점씩 감점, 3점 만점 적극적 태도 가산점 2점</td><td></td><td>5~1</td></tr>
<tr><td>We 스포츠 클럽 참여점수 (건강관리 능력)</td><td>매월 기록지 확인</td><td></td><td>5~1</td></tr>
<tr><td colspan="2">계</td><td>80</td><td colspan="3">합계</td><td>80</td></tr>
</table>

새천년건강체조 항목 중에 팀역할 책임감 및 성실도 평가가 있다. 이 평가는 자기평가 혹은 동료평가로 실시하게 되는데, 자기평가를 한 후 반 일람표를 전체 돌리게 하여 합계점수를 스스로 기재하게 한다. 이러한 방법은 개인평가와 동료평가가 동시에 이루어지므로 양심에 어긋나는 행동을 하기에 어렵다.

새천년건강체조 팀역할 책임감, 성실도 평가지

제1학년 ___ 반 ___ 번호 이름 ________ 팀이름 __________ 팀역할 ___

순	평가내용	체크하기	
1	나는 새천년건강체조를 배우는 동안 수업시간에 늦은 일이 한 번도 없다. (A-없음, B-2번 이하, C-3번 이상)	A	1
		B	0.6
		C	0.3
2	나는 새천년건강체조 수업을 배우면서 1) 주장-팀을 이끌면서 팀원을 다독이며 최고의 팀이 되기 위한 모든 노력, 2) 안무가-체조의 규정기술과 자유기술을 알고 장면연결을 가르치며 창의적인 동작을 넣기 위한 모든 노력, 3) 뮤직엔지니어-장면에 맞는 다양한 음악을 선곡하고 편집하는 노력, 4) 홍보매니저-스포츠와 관련된 새로운 소식을 알리고 스크랩하고 파일철 함, 5) 패션디자이너-New새천년체조를 위한 의상을 선택하고 준비하고 디자인하며 분배하는 노력, 6) 심판관-체조순서를 기억하고 자세와 동작의 정확성을 알며 기준에 맞는 채점을 정확히 할 수 있는 능력 겸비, 7) 점수기록원-심판관과 함께 자세와 동작, 기준을 명확히 앎, 8) 통계원-바로 통계처리하며 전체적인 기록을 파악하여 반 아이들에게 통보 등 각 역할별로 책임을 다하는 노력을 성실히 수행하였다.	A	1
		B	0.6
		C	0.3
3	새천년건강체조의 순서를 명확히 알고, 적어 낼 수 있다.	A	1
		B	0.6
		C	0.3
4	나는 열정적으로 팀 활동에 참여하였다. (포스터만들기, 포트폴리오, 팀가, 팀구호, 팀체조 연습, 체조만들기 등 팀 정체성 만들기 작업)	A	1
		B	0.6
		C	0.3
5	나와 다른 타인을 이해하고 배려하는 마음을 배우게 되었다.	A	1
		B	0.6
		C	0.3
계	★★★ 5항의 점수 모두 합계해서 기록 ⟹		

다음 제시되는 기준표는 2013년도 2학년 1학기 수행평가에 대한 상세한 평가 기준표이다.

2학년 1학기 체육수행평가 기준표					
종목	만점	항목	점수	기준표	반영점수
프리즈비 얼티밋	35	프리즈비 얼티밋 게임결과 점수	A	1위	7
			B	2위	6
			C	3위	5
			D	4위	4
			E	5위	3
		프리즈비 얼티밋 개인기록 통산	A	2점 이상	5
			B	1점, 0점, -1점	4
			C	-2 이하	3
		훌륭한 스포츠정신 선수	A	한 번이라도 경기기록지에 기재된 경우(1개 이상은 태도가산)	1
		포트폴리오(제1, 2과제)	A	과제제출	6
			B	과제제출 성실도	4
			C	미제출	2
		팀가산점	A	수업 적극적 참여도	3
			B		1
			C		0
		프리즈비 숏패스(빠르기)	A	패스의 빠르기	4
			B		2
			C		0
		프리즈비 롱패스(정확도)	A	패스의 정확도	4.5
			B		3
			C		1
		footwork	A	발의 움직임	4.5
			B		3
			C		1

종목	만점	항목	점수	기준표	반영점수
배드민턴	35	리그전	A	게임점수(결승, 4강, 8강) (패자전)	12
			B		11
			C		10
			D		9
		숏서브	A	숏서비스 라인 기준	8
			B		6
			C		4
		헤어핀	A	셔틀콕의 비행 높이	5
			B		3
		심판법	A	2개 이하 오답	10
			B	3개~4개	8
			C	5개 이상	6
태도	10	수업참여 기본점수			7
		적극적 참여, 성실, 노력 등		1회 감점 시 0.5점씩 감 적극적 활동 시 0.5점 가산	3
합계	80	합계			80

2009년 2학기에 실시한 배구시즌의 심판법 퀴즈 수행평가표이다. 심판 핸드시그널을 교사가 직접 휘슬을 불며 실시하고 학생은 시그널 이름과 점수를 순서대로 기재해야 한다. 이러한 평가는 학생들이 배구에 대한 규칙을 명확히 이해하고 경기를 관람할 수 있는 지식을 터득하는 데 도움을 준다.

Volleyball Season 심판법 퀴즈(2009년 12월)

2학년 ___반 ________팀 역할_____ 이름_______

산남고 : 상당고

1. ________ : ________, (   )

2. ________ : ________, (   )

3. ________ : ________, (   )

4. ________ : ________, (   )

5. ________ : ________, (   )

6. ________ : ________, (   )

7. ________ : ________, (   )

8. ________ : ________, (   )

9. ________ : ________, (   )

10. ________ : ________, (   )

11. (   )

점수 : ________점

주심 : 교사 남기엽

5. 스포츠교육 수업 포트폴리오

1) 남 교사의 스포츠교육 수업 역사

연도	활동	월	종목	대상
2004년	경쟁 활동	3월	배구	중 2학년 남학생
	경쟁 활동	9월	핸드볼	중 1학년 남학생
			배드민턴	중 2학년 남학생
2005년	도전 활동	3월	허들	중 3학년 남/여
	경쟁 활동	9월	소프트볼	중 3학년 남/여
2006년	경쟁 활동	3월	배구(남), 소프트발리볼(여)	중 3학년 남/여
	경쟁 활동	9월	소프트볼	중 3학년 남/여
2007년	경쟁 활동	3월	배구(남), 소프트발리볼(여)	중 3학년 남/여
	경쟁 활동	9월	소프트볼	중 3학년 남/여
2008년	경쟁 활동	3월	플라잉디스크	고 2학년 여학생
	경쟁 활동	9월	배구	고 2학년 여학생
2009년	경쟁 활동	3월	배구	고 3학년 여학생
	경쟁 활동	9월	넷볼	고 3학년 여학생
2010년	표현 활동	3월	새천년건강체조	고 1학년 여학생
	경쟁 활동	9월	넷볼	고 1학년 여학생

교직에 몸 담은지 10년이 지난 지금 2004년은 체육수업방법의 획기적인 변화의 첫 단추이자 큰 도약의 시점이라고 할 수 있다. 지금 내 모습은 수업진행이 계획적이며 여유가 있고 학생들을 사랑하고 더 많은 학생들이 '체육사랑' 신드롬에 빠지도록 애쓰는 반성적인 교사가 되었다.

스포츠교육 수업은 지금까지 모든 계획과 진행을 교사 혼자 진행해왔던 것이 얼마나 비효율적이었는가를 깨닫게 해 주었다. 시즌 중에 이루어지는 학생들의 기발한 아이디어와 발휘되는 재능은 정형화되고 고정화된 교사의 사고를 뛰어넘었다. 특히 이 수업은 학생을 '주변인'에서 그라운드 가운데로 끌어들였고 저런 모습이 있었나 할 만한 능력이 각자의 위치와 역할에서 발휘되면서 학생들의 참여와 관심이 폭발적으로 증가되었다. 그것은 교사인 나에게 그동안 비공식적으로 정해진 소위 '착한 아이'와 그렇지 못한 아이의 이분법적으로 대했던 시선의 변화로 이어졌다. 아이들이 학생역할을 수행하는 과정이 한 눈에 들어오면서 교사의 인식을 바꾸게 해 준 것이다. 그것은 교사로 하여금 학생 개개인 모두 소중한 인격체이며 성적지상주위에 빠져 한 가지의 잣대로 학생의 모든 것을 평가해왔던 것이 잘못되었음을 깨닫게 해 주는 계기가 되었다. 개개인은 모두 법 앞에 평등하다는 가장 기본적인 룰이면서 제일 중요한 것을 잊고 행하는 맹목적인 가르침이 무슨 의미가 있겠는가. 마당 앞에 세워둔 닳아 해진 못생긴 몽당 빗자루라도 당장 낙엽과 쓰레기를 치우는 데 있어서는 그만한 것도 없으리라.

2) 처음 만나는 배구 스포츠교육

2004년	경쟁 활동	3월	배구	중 2학년 남학생

배구 종목은 농구나 축구보다 덜 과격하며 네트를 사이에 두고 할 수 있는 단체운동으로 1895년에 고안되어 지금도 성인들에게 즐거움을 주

는 종목 중의 하나이다. 그러나 대다수의 학생들이 배구를 중 · 고등학교에서 배우지만 게임을 경험하는 것이 아닌 언더핸드패스와 오버핸드패스를 경험하는 것이 전부여서 좀처럼 배구를 재미있는 스포츠로 기억하지 않는 것 같다. 그래서 처음으로 실시하는 배구 스포츠교육 수업은 어느 정도 배구를 즐길 수 있을 정도의 수준으로 끌어올리는 것을 목표로 하고 스포츠교육 수업의 모토인 '유능하고, 열정적이며, 박식한 스포츠문화인 육성'에 초점을 두어 수업을 진행하였다.

우선 학생들에게 스포츠교육 수업에 대한 설명을 하여 체육수업 방침을 전달하였다. 그 다음으로는 배구에 관련된 기본상식 수준의 깜짝 퀴즈를 통해 스포츠 위원을 선정하여 팀을 선발한 다음 3차시에는 팀별로 모여 앉아 각자 개성에 맞는 역할을 택하게 하고 팀명과 구호, 팀가, 역할, 팀컬러, 각오, 팀 준비체조 등 팀을 하나로 모을 수 있는 팀 캐릭터를 만들게 하였다. 처음에는 평소 친하지 않은 친구들로 구성되어 만드는 과정이 매우 소란스럽기도 하고 몇몇 아이들은 소극적으로 참여하기도 하였다.

교사는 이때, 주장의 역할이 무엇이며 팀에서 소외되는 학생들이 없도록 하여 팀워크가 이번 수업에서 아주 중요한 것임을 강조하여야 한다.

그림 6-1 팀원 선정

스포츠교육 수업 안내문

* 모두가 선수다! - KSEPEP의 목적은 모두가 즐길 수 있고, 의미 있는 스포츠 경험을 갖는 것, 이를 위해 능력에 상관없이 최선을 다하라!
  - 참여의지가 없는 학생들을 격려하라. 진정한 스포츠맨은 다른 사람들을 게임에 참여시키는 사람들이다!
  - 정당하게 플레이 해야 좋은 선수가 된다. 나쁜 스포츠 행동들(심판을 속이거나, 그들의 판결을 받아들이지 않는 것, 규칙위반)은 다른 학생들의 게임을 즐기는 것을 방해할 수 있다.

KSEPEP(Korea Sports Education in Physical Education Programs)는 즐거움을 목표로 한다. 정당한 경기는 각각의 선수에게 달려 있다.

* ABOUT DUTY(임무)

1. 스포츠 위원 - 모든 팀이 공평하게 경쟁할 수 있도록 팀을 구성, 각각의 팀 안에서 학생들의 역할을 정하기, 시즌 동안의 모든 징책들과 관련된 모든 문제를 교사에게 조언, 경기일정, MVP 상 선정, 규칙위반 등에 관련된 최종 결정

2. 주장(코치) - 정당하고 협동적인 모범적 플레이를 통한 팀 단합과 기술향상, 리더십 수행, 경기포지션 할당, 경기규칙 및 경기방법, 경기 기술지도, 선수들 대표, 모든 팀의 운영에 대한 책임
   • 게임 전 동전던지기, 심판과 상의할 수 있는 유일한 선수, 경기 후 응원, 악수하기, 발언하기에 대한 책임, 분쟁해결, 모든 팀 구성원의 귀 기울이기, 배구에 대한 지식, 훈련 방법 고안, 게임 중 선수 교체, 전략 제안

3. 점수기록원 - 스포츠위원과 협조하여 비품 준비(파일철, 카메라준비, 필름, 수건, 음료수, 물 등)-KSEPEP 게시판에 부착, 팀내 기록과 팀간 경쟁의 모든 내용을 기록, 게시판 게시, 모든 게임의 점수를 수집하고 결과를

적어 홍보위원에게 전달, 게임상황에 따른 도표 그리기

4. 시설운영요원 – 장비 수거와 분배, 주장과 접촉하기, 장비사용 감시하기, 경기에 필요한 기구, 시설, 용구를 배치하고 준비 및 정리
   - 각 수업을 위해 사용되었던 모든 장비가 회수 되었는지 확인, 파손품 보고, 올바른 장비 사용에 대해 선수들과 주장 지도, 정돈되고 표율적인 장비 보관소 유지, 필요한 경우 물과 수건 제공

5. 심판(2) – 경기를 진행하고 판정, 시즌 중 모두가 심판을 받게 된다. 심판은 공정하고 일관적이어야 함, 심판 시그널 숙지 및 반복 연습, 전문적인 심판도 실수한다는 것을 알고 최선을 다할 것
   - 너 자신만의 결정을 내릴 것, 다른 사람이 판정하도록 두지 말 것, 확고하고, 공정하고, 일관적으로 판정할 것, 반칙을 발견하자마자 호루라기로 크게 불 것, 망설이지 말고 첫 번째 결정에 따를 것, 고의적으로 규칙을 어기는 학생들에게 확고하게 대할 것, 자신감 있는 목소리, 경험으로부터 배울 것

6. 홍보위원 – TV와 신문의 스포츠 기자나 논평가와 비슷한 임무
   - 모든 학생이 KSEPEP 시즌의 경과를 알 수 있도록 게시판 준비, 포트폴리오 및 게시판 부착할 자료 제작, 각 주에 흥미 있고 유익한 소식을 게시판에 부각하여 다루기. 사진을 찍고 재미있는 사건 혹은 게임에 대한 논평, 선수나 주장의 인터뷰 내용을 게시하고 널리 알림. 자신감과 개성, 의사소통 기술과 글쓰기 재주가 있으면 좋음

배구 스포츠위원 선발 Quiz 11문

1. 배구의 3단공격은 패스-(   )-스파이크로 구성된다.
2. 배구를 영어로 하면 (   ) 이다.
3. 배구는 적어도 (   )번 만에 네트를 넘겨야 한다.
4. 상대편의 스파이크 공격을 네트 위에서 막는 기술을 (   )이라고 한다.
5. 상대편이 미쳐 수비 태세를 갖추지 못한 경우 세터가 짧게 토스하여 기습공격하는 것으로 A, B, C, D(   )이 있다.
6. 서비스권을 얻은 팀의 경기자들은 시계방향으로 한 자리씩 위치를 이동해야 하는데 이것을 무엇이라고 하는가 (   )
7. 서비스는 2회 실시한다 (O) , (X)
8. 수비 전문 선수를 (   )라고 한다.
9. 배구 한 팀의 실제 플레이어의 선수 수는 (   )명이다.
10. 각 세트는 (   )점을 먼저 얻으면 이긴다.
11. 스파이크 공격 시 주의사항은?

   ①   ②

점수: __________ 점

그 다음 차시는 팀별로 각자 맡은 역할에 대한 각오와 팀 캐릭터를 발표하는 시간을 갖게 해서 팀 내의 결속력을 다지는 시간을 갖는다. 마지막 교실수업에서는 배구에 대한 비디오자료와 PPT자료를 통해 배구가 어떤 운동인가에 대한 대략적 설명을 듣고 5차시부터 교실 밖 실외수업을 진행하였다. 여기서 중요한 사실은 팀 활동을 위한 팀워크 활동시간을 교실에서 반드시 가지고 난 후에 실외수업을 해야 한다는 것이다. 이 활동이 없으면 실외수업은 고삐풀린 망아지처럼 엉망이 되어 팀의 단결이 어렵다. 다음의 표는 차시별 세부수업 내용을 간략하게 메모해 둔 것이다. 이는 처음 스포츠교육 수업을 접하는 이에게 도움을 줄 수 있다.

월	주 차시	1차시	2차시	3차시	4차시	5차시	비고
3	주	수업 계획	SEPEP VTR (스포츠 교육모형)	스포츠 위원선정 (Quiz,투표)	팀구성, 팀명, 구호, 팀 각 역할, (Character)	배구 이론 수업	게시판 게시

월	주	실기 수업 내용	평가	비고
3	volley-ball 프리 시즌 3주째 6차시	Pass - 오버핸드 패스(전체지도)		팀별 조끼
		전체연습, 팀별 개인연습, 2인 연습, 3인 연습, 팀 전체 모여 연습		시설, 홍보, 기록, 주장의 임무
		예비 test - 개인별, 팀별, 2인 연습 등의 개수	개인점수 팀점수	
		기록원 팀별 패스 개수 기록(free board)	개인점수 팀점수	bonus - 심판 hand signal
		차시예고 - 실제 test(오버핸드)		
	7차시	오버핸드 Game - 1명(개인점수), 2명, 3명, 팀원 모두(팀점수)	평가기록	기록원 게시판 게시 및 제출
	volley-ball 프리 시즌 8차시	Pass - 언더핸드 패스		팀별 조끼
		전체연습, 팀별 개인연습, 2인 연습, 3인 연습, 팀 전체 모여 연습		시설, 홍보, 기록, 주장의 임무
		예비 test - 개인별, 팀별, 2인 연습 등의 개수	개인점수 팀점수	
		기록원 팀별 패스 개수 기록(free board)	개인점수 팀점수	조별연습 - 심판 hand signal
		차시예고 - 실제 test(언더핸드 패스)		
	9차시	언더핸드 Game - 1명(개인점수), 2명, 3명, 팀원 모두(팀점수)	평가기록	기록원 게시판 게시 및 제출
	10차시	오버핸드, 언더핸드 mix game, serve(underhand, overhand) 지도	평가	비고

첫 실외수업이 시작되면 팀 조끼 색깔을 정하고 팀별로 체조 후 모일 땐 늘 구호를 외치며 재빨리 움직여야 한다. 이 때 가장 빨리 모이는 팀은 늘 가산점을 부여하는 방침을 세워놓았기 때문에 아이들은 '집합' 소리와 함께 어슬렁거리는 법이 없다. 왜냐하면 나 하나 때문에 팀 전체가 피해 보는 것을 팀에서는 용납하지 않기 때문이다. 이 규칙은 지금까지 사용하고 있는 룰인데 모이는 동안 뛰어오면서 운동도 되고 팀 결속력도 다질 뿐 아니라 각기 다른 팀구호를 외치면서 저희들끼리 분위기도 업(Up)되는 효과가 있어서 제격이다.

월	차시	실기 수업 내용	평가	비고
	11 ~ 12 차시	* 팀 구분 없이 9인제의 형태 game 지도, 움직이는 볼에 대한 게임감각 익히기		화이트보드포지션, 움직임 설명
		9명씩 코트에 배치되어 각 포지션별로 볼 컨트롤에 실책한 선수는 그 즉시 out, 순서대로 A, B 팀 나누어 기다리던 선수 in	동료평가	네트높이 낮춤, 어택라인 뒤쪽 이상 허용,
		6인제 팀별 리그로 코트에 들어가서 서브를 넣고 실제 5점 나가기 game, 이긴 팀은 계속		
	13 차시	스파이크, 토스, 로테이션, 블로킹 전체지도	개인점수 팀점수	
		전체 2, 3, 4스텝연습, 던져주는 볼 맞추기, 리시브 연습, 네트 사이에서 마주보고 손뼉치기(블로킹 타이밍 연습) 팀별 연습		
	14 ~ 15 차시	* 리시브게임 테스트 (팀별로 볼을 팀원 전원에게 네트넘어로 볼을 10회 골고루 던져줌) 점수: (네트를 한번에 넘김-1점, 2번-2점, 3번-3점, 스파이크-보너스 1점 추가)	팀점수	화이트보드포지션, 움직임 설명
		* 스파이크 테스트 (팀별로 볼을 개인당 2개씩 볼을 던져줌 성공횟수-개인점수, 6명 기준 팀원합계 팀점수), 성공(손바닥에 볼을 맞추어 네트 넘어 코트에 in 시킬야 함)	게임점수 팀점수	
		* 서브 테스트 – 언더핸드 혹은 오버핸드로 서브 성공(개인 2회씩)		
	16 차시	6인제 게임(15점 3set)	변형축소 코트	책상, 의자, 화이트 보드, 기록용지 등
		–기록석 기록		

배구 실기수업은 간단한 볼 소개와 볼 컨트롤 법으로 오버핸드 패스와 언더핸드 패스에 대한 전체 설명지도를 한 후, 팀별로 팀내 2인, 3인 연습을 하고 이어서 팀별로 공을 떨어뜨리지 않는 게임을 실시하였다. 패스 기록은 기록원들이 하고 각 심판은 돌아가면서 개수를 파악하였다. 가장 좋은 기록을 올린 팀은 늘 가산점을 부여받게 되었다. 교사는 각 팀의 주장을 모이게 한 후 패스에 대한 방법과 정확한 자세를 설명하고 팀으로 돌아가 리틀 티처(little teacher)의 역할을 수행하도록 하게 한다. 이러한 방법은 교사 한 명이 40명에 가까운 반 전체의 아이들을 하나씩 지도할 수 없는 열악한 현실에 더없이 좋은 방법임을 깨닫게 하였다. 때때로 주장은 교사인 나보다 더욱 세세한 부분까지 일러주고 교정해주는 일까지 수행해 내었다.

재미있는 것은 팀별로 주장의 스타일이 여러 가지가 있는데 수렴형, 완벽형, 무책임형, 무능력형, 카리스마형, 순종형, 다혈질형 등 그 학생에게 평소에 드러나지 않은 모습이었지만 팀을 이끌면서 드러나는 성격이 마치 크고 작은 중소기업이나 대기업의 오너와 다르지 않았다. 또한 팀 주장의 능력에 따라 팀원의 수행 성적이 좌지우지되기도 하였다. 그만큼 리더의 역할과 리더를 따르는 팔로우어(follower)의 책임 있는 행동은 팀원 전체의 머릿속에 중요한 부분으로 인식되었다.

이처럼 체육시간을 통한 스포츠교육은 장차 사회에 나가기 전 사회 구성원으로서 각자의 역할을 책임 있게 해내야 하고 기업인과 정치인 그리고 그 리더의 행동양식이 사회 전체에 영향을 미칠 수 있음을 배울 수 있는 의미 있는 시간이 된다.

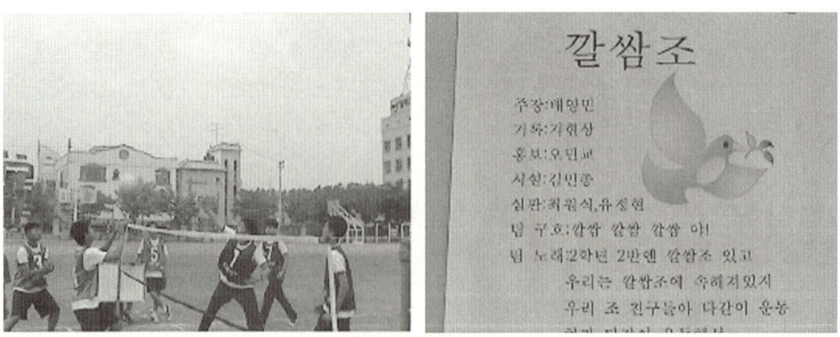

그림 6-2 팀활동

다음의 표는 처음으로 실시한 배구 스포츠교육 수업에 대해 자세히 안내하고 있다.

단계 1

순서	절차	절차의 내용	계획 및 실행 내용
1	내용 선정	종목 선정	배구: 학년교육과정 편성은 3학년으로 되어 있지만 그간 배구를 지도해 본 개인적인 경험으로 배구경기는 학생들에게 쉽게 배워지기 힘든 종목이어서 학교 자체적으로 2학년 때 한 번 다루고 3학년 때 심화과정을 하도록 종목 선정을 하였다.
		선정 방법	네트형 게임 중에 개인경기가 아닌 단체경기이므로 학생들의 협동심 등 사회적 태도를 기르기에 좋고 평생체육으로도 좋은 스포츠여서 선정하는데 학생들도 TV로만 보넌 배구를 배운다는 것에 긍정적인 반응이었다.
		내용 수준	시간차 경기나 높은 스파이크, 다양한 토스 등 경기기능이 높은 것을 제외하고는 낮은 네트와 축소된 코트에서 로테이션 없는 6인제 배구를 실시함
2	시즌의 길이	주당 수업시수	21시간
		주당 스포츠교육 가능 수업시수	9시간(나머지 12시간은 1학년 수업)
		시즌 기간	15주
		시즌 총 수업시수	135시간
3	모둠 구성	학급인원	35명
		모둠 수	5개
		모둠당 인원	6~7명, 배구에 대한 쉬운 퀴즈맞추기 테스트를 마친 후 평균점수 이상인 학생들을 다시 투표로 5명을 선정하고 5명을 스포츠위원으로 정하고 지금까지 동료의 운동능력을 보고 골고루 5개의 팀으로 선정하게 하도록 함
4	모둠원 역할	스포츠위원	팀별 전달사항 전달, 시즌운영 제반사항을 교사와 협의하지 못했음, 게시판 점검. 팀 트레이드, 모둠의 대표자 역할
		주장	모둠의 게임연습 중심역할, 팀 전략구상, 교사의 지시사항을 학생들에게 전달하고 가르쳐 주는 학생교사의 역할, 코치와 트레이너의 역할
		심판	휘슬 준비, 핸드시그널 연습해오기 등, 모둠원에게 규칙 전달
		기록	게임 내용 및 결과기록, 게시, 보고서, 파일철 작성
		홍보	게시판, 파일철 관리

단계 2

순서	절차	절차의 내용	계획 및 실행 내용
5	교수 · 학습과제	기능연습	팀별 오버핸드 패스, 언더핸드 패스, 서브, 리시브, 스파이크, 자세, 포지션
		학습 역할	팀 대표인 주장은 팀을 리더하며 동료들을 독려하고, 심판, 기록원은 게임이나 기능평가를 통해 역할 학습을 함
		게임카드	개인별 오버 · 언더핸드 팀별, 2인, 전체 개수, 리시브게임, 서브게임, 스파이크 게임, 9인제 형태게임-실수즉시 out, 6인게임, 퀴즈게임, 핸드시그널게임
6	차시별 게임방법	게임 수	팀별로 돌아가면서 평가를 하고 6인 게임 때는 한 팀은 경기진행을 보고 나머지 두 팀은 배드민턴 미니코트에서 연습게임을 진행함
		게임 시간	시간이 아닌 점수제 15점 1set로 실시하여 한 시간에 정식게임은 4개의 팀이 경기를 다 하지는 못하였음
		진행 모둠 역할	심판, 경기기록, 점수판, 부심, 선심, 게임 보고서 작성, 게임보조(공이 나가면 주워주기 등)

순서	절차	절차의 내용	차시	수업 및 게임 진행 내용	기능연습, 학습자 역할	학습카드 활용
7	시즌수업 계획 · 실행	계획 및 실행 내용	1,2 프리시즌	스포츠교육 내용소개, 비디오 시청,	전체	
			3 프리시즌	스포츠 위원선정(배구퀴즈, 투표실시 5명 선정), 5개 팀 구성	스포츠위원 중심	배구퀴즈
			4 프리시즌	구성된 팀끼리 모여 팀명, 구호, 팀가, character 만들기 및 발표, 역할 정하기	모둠별 게시판 게시	
			5 프리시즌	배구 이론수업-PPT 활용		배구 PPT
			6	팀소개, 팀별 오버핸드 패스, 전체연습 후 팀별로 연습	주장의 코치 역할	
			7	지난 시간 배구퀴즈 가산점 주기 오버핸드 게임 테스트, 1, 2, 3인, 팀 전원	기록원 기록, 심판역할	수업일기
			8	언더핸드 패스 역할인지 및 주장연습, 시즌기간 과제제시	주장역할 연습	
			9	언더핸드 게임 테스트, 1, 2, 3인, 팀 전원	기록원 기록, 심판역할	게시판자료 부착
			10	오버핸드, 언더핸드 mix game, 서브지도	기록원 기록, 심판역할	움직이는 볼에 대한 감각익히기

			11	팀 구분없이 9인제 형태의 게임지도		out 이유 설명
			12	〃		전술지도
			13	6인 팀별 리그로 짧은 서브넣고 5점 나가기		
			14 ~ 15	스파이크-2, 3, 4 스텝 전체연습, 손에 볼 미팅하기 동시에 리시브 연습 블로킹-네트 사이에서 마주보고 손뼉치기-팀별		
			16	리시브 게임테스트		기록지 기록
			17	스파이크 팀별 연습 후 게임테스트		〃
			18	서브테스트		〃
			19 ~ 25	6인 팀별 리그	팀별 기능연습	경기결과 및 진행순서 게시판 부착
			26 ~ 28	3개반 15개팀 대진추첨 후 토너먼트 결승 행사		대진표 부착
			29 30	준결승, 결승전: 파티, 시상식, 소감문작성		설문지 작성

단계 3

순서	절차	절차의 내용	계획 및 실행 내용
8	공간/기구	체육장의 규모	160m 트랙, 배구장, 농구장2, 배드민턴장, 핸드볼장이 빽빽하게 들어서 있음
		체육장의 환경	clay 코트이기 때문에 먼지가 심하다.
		교구 종류와 수량	배구공 25, 배구네트, 브러쉬, 라인카, 배드민턴 네트, 화이트보드 점수판, 팀조끼

<table>
<tr><th>순서</th><th>절차</th><th>절차의 내용</th><th colspan="8">계획 및 실행 내용</th></tr>
<tr><td rowspan="3">9</td><td rowspan="3">차시별
게임방법</td><td>대진방식</td><td colspan="8">리그전</td></tr>
<tr><td>대진순서</td><td colspan="8">5팀이 돌아가면서 리그경기를 하게 되고 본경기 두 팀 한 팀 진행, 나머지 두 팀 미니경기, 혹은 경기관람 등</td></tr>
<tr><td>기록방법</td><td colspan="8">기능평가를 위한 기록지와 경기기록지가 있으며 아래와 같은 양식임
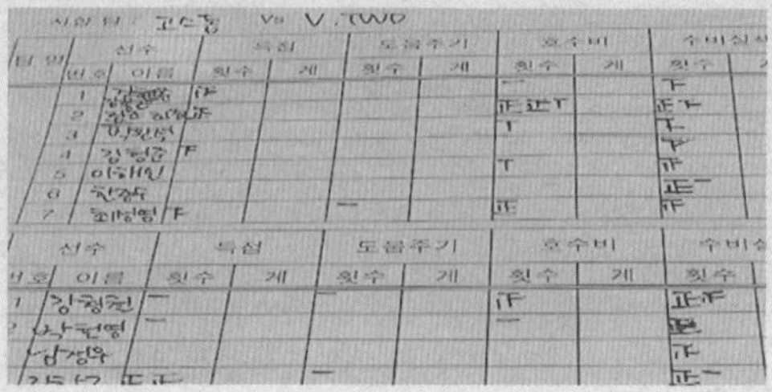</td></tr>
<tr><td rowspan="10">10</td><td rowspan="10">변형게임</td><td>변형게임
방법
및 규칙</td><td colspan="8">배구경기를 실제로 할 수 있기 위한 여러 가지 형태의 변형게임시도</td></tr>
<tr><td rowspan="7">변형게임
경기계획</td><td>1</td><td></td><td>7</td><td>팀별 오버
핸드패스
게임테스트</td><td>13</td><td>팀별 리그
5점나가기
배드민턴
네트에서
게임하기</td><td>19</td><td rowspan="6">팀별리그
배드민턴
네트에서
게임하기,
낮은 높이
에서 스파
이크 하기</td></tr>
<tr><td>2</td><td></td><td>8</td><td></td><td>14</td><td rowspan="2">스파이크-
손에
공맞추기
블로킹
손뼉치기</td><td>20</td></tr>
<tr><td>3</td><td></td><td>9</td><td>팀별 언더
핸드패스
게임테스트</td><td>15</td><td>21</td></tr>
<tr><td>4</td><td></td><td>10</td><td>오비,언디
믹스게임</td><td>16</td><td>리시브게임
테스트</td><td>22</td></tr>
<tr><td>5</td><td></td><td>11</td><td>팀구분없이
9인제 실책</td><td>17</td><td>스파이크
테스트</td><td>23</td></tr>
<tr><td>6</td><td></td><td>12</td><td>선수 out,
다음대기자
in 네트넘
어오는 볼
감각익히기</td><td>18</td><td>서브테스트</td><td>24-30</td></tr>
<tr><td>사용장비</td><td colspan="8">낮은 네트높이, 축소된 코트, 배드민턴 지주, 라인기</td></tr>
<tr><td>안전수칙</td><td colspan="8">손가락관절, 축소코트, 배구공 바람 약간 빼기</td></tr>
</table>

단계 4

순서	절차	절차의 내용	계획 및 실행 내용
11	결승행사	방법	교사 · 학생 소감발표, 종합 우승 · 준우승 모둠 시상, MVP, Fair Play 선발, 과자파티, 설문지 작성, 종합 반성
		장소	배구장
		시상	종합우승 · 준우승 모둠, MVP, Fair Play상 개인시상
		축제	소감발표, 과자파티
12	평가계획	평가내용 선정	운동 기능(오버, 언더핸드 패스, 서브, 리시브, 스파이크, 경기기능 게임능력) 인지적 영역(규칙적용, 모둠 파일철 관리, 이론퀴즈, 핸드시그널 테스트, 게시판) 정의적 영역(협동심, 적극성, 교사평가, 자기평가, 동료평가)
		평가방법	운동기능: 교사 관찰평가 및 팀별 진행팀이 개수를 세고 경기내용 기록 인지적 영역: 수시 퀴즈 및 파일철, 게시판 평가 정의적 영역: 교사 관찰평가 및 자기평가, 태도평가지와 수시 가산점(적극)
		평가절차	평가안내 → 교사관찰 평가, 자기평가, 상호평가
13	실제평가	성취목표 도달 확인	개인, 팀별 기능 개수, 게임능력, 자기평가지, 정의적 영역, 수시퀴즈-인지적
		평가도구	체크리스트, 경기기록지, 포트폴리오
		평가시기	7, 9, 14, 16, 17, 18, 19-25, 인지적, 정의적 수시
		평가횟수	6, 7(경기기록)
14	시즌반성	성공사례	배구를 제대로 배웠다는 소감, 팀별경기이므로 협동심의 중요성 인식, 체육과목의 새롭고 체계적인 경험, 운동기능이 뒤떨어지는 학생도 다양한 역할수행에서 자기만족과 책임감을 갖게 됨
		실패사례	역할에 대한 사전에 충분한 교육 및 훈련으로 매끄러운 진행, 동료교사와의 계획에 대한 시즌 전 협의, 사전 치밀한 평가 및 실행계획수립 및 홍보
		기타	단체경기뿐 아니라 개인경기도 이 모형을 적용해 본다면 좋은 아이디어가 쏟아져 나오면서 지금까지처럼 처음 경험해 보는 '허둥지둥 학습카드 제출'이 아닌 세련되고 원활하게 진행되는 수업이 학습자들에게는 더없이 기대되고 즐겁고 풍부한 수업이 될 것으로 생각됨

10차시부터는 배구코트를 줄이고 네트를 낮추어서 움직이는 볼에 대한 게임감각을 익히기 위해 팀 구분 없이 양쪽에 9명씩 들어가게 한 후 서브한 볼에 리시브를 실책한 선수는 그 즉시 아웃(out), 대기한 선수는 들어오게 하였다. 이것은 혼자나 두세 명이 평소에 연습하던 패스와는 달리 네트를 사이에 두고 제법 멀리서 날아오는 공에 두 손을 정확히 갖다 대야 하므로 공을 보는 집중력과 그에 따른 발의 움직임, 낙하지점에 대한 예측력까지 섬세한 기술을 필요로 한다. 학생들은 한 번의 실수로 퇴장당하는 것을 즐기기도 하면서 무엇을 수정해야 하는가에 대해 고민하기 시작했다.

다음 차시에는 5개의 팀에서 두 팀씩 5점 내기 게임을 하고 이긴 팀은 계속 도전하게 하였다. 교사는 중간 중간에 경기를 멈추게 한 후 자세에 대한 재차강조와 공이 왜 그렇게 튀어나가는가에 대한 보충 설명을 놓치지 않았다. 또한 화이트보드를 이용하여 각자의 포지션 사이에 떨어지는 공을 어떤 사람이 우선하여 받아 내야하는가에 대한 설명도 빠뜨리지 않았다.

그림 6-3 팀별 연습

다음 차시는 스파이크와 토스, 로테이션, 블로킹에 대한 전체지도를 하고 스텝을 이용하여 스파이크 연습을 시켰다. 주장은 네트 앞에서 공을 던져주고 팀원은 돌아가면서 스파이크를 시도하였다. 블로킹은 네트 사이에서 마주보고 손뼉치기 연습을 하였다. 네트가 낮으니 학생들은 얼마든지 즐겁게 블로킹 연습이 가능하였다. 스파이크 게임도 던져준 볼을 스파이크해서 가장 많이 넘긴 팀이 가산점이다. 학생들을 너무 점수로 현혹한다고 생각할 수 있으나 팀워크를 위한 동기유발 방법일 뿐이다. 따라서 이것이 개인적인 수행평가에 큰 영향을 미치지는 않는다.

그림 6-4 기록원 활동

그리고 리시브 게임 테스트를 하였다. 팀별로 네트 너머 10개의 공을 던져주어 한 번에 넘기면 1점, 2번에 넘기면 2점, 3번에 넘기면 3점, 스파이크를 시도하면 보너스 1점을 추가하는 리시브 게임을 하였다. 이 방법은 패스, 토스, 스파이크의 3단 공격의 리시브 게임으로 배구다운 게임의 모습을 기대하는 교사의 욕심에서 고안된 게임이다.

15차시부터 25차시까지 6인제 팀별 리그전을 하였다. 경기에 대한 결과와 기록지에 기록된 개인기록은 모두 수행평가에 반영된다. 배구장에서는 두 팀이 본 경기를 하고, 한 팀은 경기를 진행하는 심판 팀이 되어 주심, 부심, 점수판, 선심, 기록원의 역할을 수행한다. 그리고 나머지 두 팀은 배드민턴 네트를 치고 연습경기를 하였다. 중학생들이지만 남학생이었기에 비교적 기술 습득이 빨랐다. 경기를 지켜보면서 교사는 기록지에 작성되는 내용을 기록원들에게 알려주고 좋은 플레이는 그 즉시 칭찬을 해 주었다. 기록원은 득점과 실책, 적극적 플레이 등 작성할 내용이 순식간에 일어나므로 처음에는 어려워하였다. 그러나 몇 번의 반복과 훈련으로 누구보다 기록원으로서 역할을 성실하고 정확하게 수행하는 데 어려움이 없었고 자부심 또한 갖게 하였다.

중 2학년 남학생들이 공을 칠 때마다 환호성을 지른다. 지켜보는 아이들이나 교사는 한 번 혹은 그 이상으로 네트를 오고가는 경기가 신기하기만 했다.

이와 같은 경기가 진행되기까지 교사는 많은 학습카드를 제시해야만 했다. 강당이 없기 때문에 무용실 한쪽 면에 게시판을 만들어 점심시간이나 쉬는 시간에 수시로 팀 주장을 불러 모아 과제제출과 이행 여부를 체크하도록 하였으며, 많은 학생들이 무용실의 배구 관련 자료에 더욱 관심을 갖게 하여 배구 시즌동안 학생들이 배구 스포츠문화에 푹 빠지도록 노력하였다. 팀별로 매주 제출되는 일기장은 과다한 수업내용을 너무 밀어붙이지는 않았는지, 학생들이 이 수업에 대해서 어떤 생각을 하는지, 문제가 있다면 어떤 문제가 있으며 팀 내에서의 불협화음은 없는지에 대해서 파악할 수가 있고 더 철저한 수업준비를 해야겠다는 교사의 채찍질이기도 했다.

리그전을 마치고 결승 행사를 치르게 되었다. 수업시간을 조정하여 내가 지도한 3개 반을 모두 배구장으로 끌어내어 간단한 과자와 음료를 준비하게 한 후 팀별이 아닌 반별 대표를 뽑아서 경기를 하게 하였다. 물론 이러한 과정은 수업계교사와 관리자, 동료교사의 허락을 득한 후에 실시할 수 있었고 약간의 어려움도 감수해야만 했다. 학생들은 다른 반 학생들이 경기하는 모습과 우리 반의 경기를 응원하면서 배구경기의 하이라이트를 즐겼다. 모든 경기진행은 그 동안의 길고 닦은 실력으로 주, 부심을 보고 기록을 하였다. 이제는 처음 경기할 때처럼 실수하는 아이들에 대해 윽박지르거나 욕을 하는 모습은 사라지고 좀 더 성숙한 모습이 되어 '괜찮아, 잘했어, 자세를 낮추자!' 라는 말로 서로를 격려하며 파이팅하는 모습으로 발전하였다. 구경하는 아이들은 진지한 자세로 반 아이들을 응원하며 마음을 조아렸다. 이것은 평소에 힘의 논리로 지배되었던 중학생들의 모습이 배구라는 스포츠문화를 경험하면서 성숙한 시민으로 발전해 가는 훌륭한 모습이었다.

마지막 수업은 교실수업으로 마무리 지었다. 그동안 찍은 사진과 동영상을 감상하고 배구수업을 통해 배운 것, 변화된 것, 좋았던 것, 싫었던 것, 재미있었던 점, 하고 싶은 말들을 작성하면서 길고도 긴 배구 첫 번째 스포츠교육 수업을 마무리 지었다. 교사는 학생들에게 배구 체육수업을 통해 무엇을 가르치려 하였는가를 들려주었다.

2학년 배구수업은 스포츠교육 수업으로 진행하고 나머지 2개의 종목은 다소 시간이 부족하였지만 평가를 마무리 하여 그 해 2004년 대장정 1학기의 끝매듭을 지었다. 교사는 배구 스포츠교육수업을 통해 학생들을 하나하나씩 다시 바라보게 되었고 개개인이 모두 소중한 인격체라는 진리를 몸소 체험하게 되었다. 교사도 인간이기에 때로는 몇몇 아이들, 실력이 좋은, 예의바른, 열심히 참여하는, 밝은 학생에게 더 많은 눈길과 가르침을 주었었다. 한 교실에 3, 40명 되는 아이들을 일주일에 2번 혹은 3번 수업에 들어가서 학생들을 제대로 파악하기는 어려웠던 것이다. 하지만 스포츠교육 수업은 역할별로 다양한 아이들의 모습을 찾을 수 있어서 좋다. 평소 자신을 드러내기 싫은 학생도 역할을 수행하다보면 바깥으로 그의 정체성이 드러난다. 그로 인해 학생들은 책임감과 팀 협동심을 배우게 된다. 이론적으로 교과서를 통해 책임감과 협동심이 중요하다고 하는 것과 실제 수업 속에서 무책임한 행동에 대해 그 즉시 적절한 제재를 하여 본인의 잘잘못을 일깨워주는 것의 교육 효과는 분명한 차이가 있다.

또 하나 흥미로웠던 점은 사회구성원들이 제 역할을 충실히 하여 사회가 톱니바퀴처럼 잘 굴러가듯, 교실에 있는 학생들도 저마다의 특성과 하고 싶은 역할이 다르다는 것이다. 어떤 학생은 리더를 즐기고 싶어 하고, 어떤 학생은 심판 혹은 장비관리자 역할을 맡고 싶어 하는 등 여러 가지 역할별로 다양한 선호도가 나타났다. 어쩌면 우리의 교육은 이렇게 다양한 꿈과 재능을 가진 아이들에게 똑같이 의사나 변호사가 되기만을 강조하지 않았는지 되물어본다.

순회교사를 하면서 2008년도에 학교를 옮기면서 수업시수 관련으로 중학교에 일주일 두 번, 두 개 학년에 걸쳐 일주일에 한 번씩 수업을 하고 있다. 그곳에서는 할 수 없이 스포츠교육 수업으로 진행하지 못하고 전통적인 방법으로 진행하고 있는데, 아이들을 모아 놓고 설명을 위한 집중을 시키는 것에 십여 분이 흘러간다. 무슨 할 이야기가 그렇게 많은지 모두 주의력결핍 과잉행동장애(ADHD)가 분명해 보인다. 흔하게 요즘 아이들 모습이다. 무엇이든지 진중한 맛을 기대하기 힘들다. 무엇이 문제일까. 간단하게 학교수업과 학원수업 그리고 밀린 과제와 인터넷 중독이 아이들을 피곤하고 지치게 만들었을 것이다. 그로 인해 아이들은 어디에도 집중하기 싫어하는 것 같다. 교단 위에 연예인이라도 출연했다면 모를까. 하여튼 이렇게 수업을 진행하기 어려운데 스포츠교육 수업은 황금알을 낳는 거위라고 해야 할까? 그 때까지 해왔던 수업과는 다른, 수업의 패턴을 확 바꾸어버린 수업 형태이며 지금까지 그 효험을 톡톡히 보고 있다. 수업의 목표달성 측면이나 집중도가 떨어지는 학생들의 효율적인 수업 운영, 혹은 스포츠종목을 지도하기에 좋은 수업방법이다.

3) 한국팀과 맞선 곰팀의 대접전 핸드볼

2004년	경쟁 활동	3월	핸드볼	중 1학년 남학생

지난 학기의 네드게임과는 달리 이번에는 1학년을 대상으로 핸드볼 종목을 스포츠교육 수업으로 진행하였다. 프리시즌은 배구수업과 마찬가지로 실시하였다. 하지만 이론수업은 일방적인 파워포인트 자료로 설명식 진행을 하지 않고 팀별로 그 시간에 읽고 단락별로 발표하는 시간을 만들어 좀 더 능동적인 자세로 수업에 참여하도록 하였다. 실외수업이 시작되고 학생들은 팀별로 드리블, 패스 연습을 하였다. 경기를 위한 변형게임카드가 다양하게 제시되었다. 제자리에서 2인패스, 1명의 술래를 정한 2, 3인 패스, 이동 패스, 드리블을 활용한 패스, 드리블 뺏기 게임, 드리블 릴레이, 패스와 드리블을 혼합하여 슛까지 시도하기 등 팀별로 등위

를 매기어 잘 한 팀은 가산점을 부여하였다.

그런데 운동장이 좁은 대부분의 학교에서는 핸드볼 골대를 한쪽으로 치워놓는 경우가 많은데 우리 학교도 예외는 아니었다. 핸드볼 골대가 넘어져 큰 사고가 발생하는 일이 잦자 쇠사슬로 묶어버리거나 주차장에 치워놓았다. 이번 핸드볼 수업을 위해 골대를 옮기고 U자 모양의 강철쇠로 바닥에 고정시켰다. 그리고 노끈을 묶은 대못을 이용하여 작은 핸드볼 코트를 만들었다. 골대와 코트가 마련된 핸드볼장은 늘 학생들로 붐비었고 쉬는 시간과 점심시간을 이용하여 축구도 하고 핸드볼도 즐겼다.

단계 1

순서	절차	절차의 내용	계획 및 실행 내용
1	내용선정	종목선정	핸드볼
		선정방법	교사의 선정
		내용수준	미니코트 경기
2	시즌의 길이	주당 수업시수	3시간
		주당 스포츠교육 가능 수업시수	3시간
		시즌기간	9주
		시즌 총 수업시수	30시간
3	모둠구성	학급인원	35명
		모둠 수	5개
		모둠당 인원	7명(선발위원회 선정)
4	모둠원 역할	주장	1학기 스포츠위원의 역할과 같음. 모둠의 대표자 역할
		코치	기술지도, 교사의 수업스케줄 전달 트레이너의 역할
		심판 1	게임의 심판 및 용기구 준비, 규칙숙지, 모둠원에게 규칙 전달
		기록 2	게임내용 및 결과기록, 게시, 보고서 작성
		홍보	게시판, 파일철 관리
		시설담당	수업도구 준비, 경기장 그리기, 유니폼 준비

단계 2

<table>
<tr><th>순서</th><th>절차</th><th colspan="3">절차의 내용</th><th>계획 및 실행 내용</th></tr>
<tr><td rowspan="3">5</td><td rowspan="3">교수 · 학습과제</td><td colspan="3">기능연습</td><td>Pass-쇼울더, 푸시, 바운드, 레터럴, 오버헤드, 점프, 언더 핸드 패스
Dribble-전체, 2인, 3인, 러닝드리블
Shoot-스텝슛, 러닝슛</td></tr>
<tr><td colspan="3">학습역할</td><td>미니게임을 통한 역할 학습</td></tr>
<tr><td colspan="3">게임카드</td><td>모둠 내: 모둠 내 패스 1인 술래공뺏기, 드리블 1인 술래 공뺏기
모둠 간: 공몰기 릴레이, 3:3, 7:7 반코트, 풀코트 게임</td></tr>
<tr><td rowspan="3">6</td><td rowspan="3">차시별 게임방법</td><td colspan="3">게임 수</td><td>4회, 본경기 제외 연습게임 다수</td></tr>
<tr><td colspan="3">게임시간</td><td>6분(공격, 수비 각각 3분)</td></tr>
<tr><td colspan="3">진행 모둠 역할</td><td>심판, 경기기록, 게임보조, 게임전략, 응원</td></tr>
<tr><td rowspan="14">7</td><td rowspan="14">시즌수업 계획 · 실행</td><td>절차의 내용</td><td colspan="2">차시</td><td>수업 및 게임진행 내용</td></tr>
<tr><td rowspan="13">계획 및 실행 내용</td><td rowspan="2">프리</td><td>1</td><td>SEPEP VTR시청, 시즌안내, 수업설계, 종목안내</td></tr>
<tr><td>2</td><td>스포츠 위원겸 주장선정(Quiz, 투표)</td></tr>
<tr><td colspan="2">3</td><td>팀선발(스포츠위원)</td></tr>
<tr><td colspan="2">4</td><td>역할숙지, 팀 역할 정하기, 팀별 케릭터 만들기(팀명, 구호, 노래, 일기장)</td></tr>
<tr><td colspan="2">5</td><td>파일철 꾸미기, 게시판 꾸미기</td></tr>
<tr><td colspan="2">6</td><td>패스연습-쇼율더패스, 푸시패스(전체, 팀별)</td></tr>
<tr><td colspan="2">7</td><td>바운드, 레터럴, 오버헤드, 점프, 언더핸드(전체, 팀별)</td></tr>
<tr><td colspan="2">8</td><td>팀별 패스게임(가운데 수비수 둠), 모션이용, 3초 안에 패스</td></tr>
<tr><td colspan="2">9</td><td>드리블 연습, 드리블 릴레이 게임, 드리블 뺏기 게임</td></tr>
<tr><td colspan="2">10</td><td>슛(러닝, 스텝슛) 러닝 드리블 후 슛, 제자리에서 슛(키퍼 활용)</td></tr>
<tr><td colspan="2">11~20</td><td>팀별 리그(본게임)</td></tr>
<tr><td colspan="2">20~22</td><td>팀간 AB조(능력그룹), 리그연습게임</td></tr>
<tr><td colspan="2">23~25</td><td>결승행사 토너먼트 시상식(우승, 준우승, 3위 모둠, 개인별 시상)
경기장면 비디오 시청, 소감발표, 다과회</td></tr>
</table>

단계 3

<table>
<tr><th>순서</th><th>절차</th><th>절차의 내용</th><th colspan="5">계획 및 실행 내용</th></tr>
<tr><td rowspan="3">8</td><td rowspan="3">공간/
기구</td><td>체육장의 규모</td><td colspan="5">미니 핸드볼경기장</td></tr>
<tr><td>체육장의 환경</td><td colspan="5">먼지가 많이 나는 편임.</td></tr>
<tr><td>교구 종류와
수량</td><td colspan="5">핸드볼 공 25, 골대 1조, 미니축구골대 1조, 라인기1, 초시계2, 팀조끼 5set, 휘슬준비(각자), 책걸상(기록판), 화이트보드</td></tr>
<tr><td rowspan="3">9</td><td rowspan="3">차시별
게임방법</td><td>대진방식</td><td colspan="5">리그전(각 모둠당 4번의 게임), 준결승전, 결승전</td></tr>
<tr><td>대진순서</td><td colspan="5">A모둠(진행모둠): B×C, D×E　B모둠(진행모둠): A×E, C×D
C모둠(진행모둠): B×D, A×C　D모둠(진행모둠): A×B, C×E
E모둠(진행모둠): B×C, A×D</td></tr>
<tr><td>역할방법</td><td colspan="5">
2004 수곡 핸드볼 리그 진행순서
1학년 1반
<table>
<tr><th>경기순서</th><th>팀</th><th>심판(배정팀)</th></tr>
<tr><td>1st</td><td>한국 : 레알마드리드</td><td>A+</td></tr>
<tr><td>2nd</td><td>A+ : 곰</td><td>마시마로</td></tr>
<tr><td>3rd</td><td>한국 : 마시마로</td><td>레알마드리드</td></tr>
<tr><td>4th</td><td>레알마드리드 : A+</td><td>한국</td></tr>
<tr><td>5th</td><td>곰 : 마시마로</td><td>레알마드리드</td></tr>
<tr><td>6th</td><td>한국 : A+</td><td>곰</td></tr>
<tr><td>7th</td><td>레알마드리드 : 곰</td><td>A+</td></tr>
<tr><td>8th</td><td>A+ : 마시마로</td><td>한국</td></tr>
<tr><td>9th</td><td>한국 : 곰</td><td>마시마로</td></tr>
<tr><td>10th</td><td>레알마드리드 : 마시마로</td><td>곰</td></tr>
</table>
수곡중학교 HANDBALL IOVE ASSOCIATION</td></tr>
<tr><td rowspan="9">10</td><td rowspan="9">변형게임</td><td>변형게임 방법
및 규칙</td><td colspan="5">기본기능을 즐겁게 익힐 수 있도록, 모두가 참여할 수 있도록 변형</td></tr>
<tr><td rowspan="6">변형게임
경기계획</td><td>1</td><td></td><td>7</td><td></td><td rowspan="6">결승 토너먼트</td></tr>
<tr><td>2</td><td></td><td>8</td><td>팀별패스게임</td></tr>
<tr><td>3</td><td></td><td>9</td><td>드리블릴레이게임</td></tr>
<tr><td>4</td><td></td><td>10</td><td></td></tr>
<tr><td>5</td><td></td><td>11~20</td><td>게임 & 연습게임</td></tr>
<tr><td>6</td><td></td><td>20~22</td><td>AB조 토너먼트</td></tr>
<tr><td>사용장비</td><td colspan="5">핸드볼공, 간이코트, 간이골대</td></tr>
<tr><td>안전수칙</td><td colspan="5">장갑, 무릎보호대, 팔꿈치 보호대 착용, 골키퍼는 마스크와 프로텍터 착용</td></tr>
</table>

단계 4

순서	절차	절차의 내용	계획 및 실행 내용
11	결승행사	방법	결승전 형식으로 진행 승점이 가장 높은 2개 모둠이 경기를 하며, 승점이 가장 낮은 1개 팀이 진행, 나머지는 응원 소감문 작성
		장소	운동장
		시상	시상식을 하지 않음
		축제	이벤트화 하지 않음
12	평가계획	평가내용 선정	운동기능, 지식, 태도를 고루 평가
		평가방법	게임경기승팀, 경기내용, 포트폴리오, 게시판 자기평가, 동료평가, 협력평가지 활용, 교사의 관찰
		평가절차	평가안내→교사관찰 평가, 자기평가, 상호평가
13	실제평가	성취목표 도달확인	드리블, 패스, 슛, 게임능력, 전략구상, 인지적, 정의적 영역
		평가도구	경기기록지, 포트폴리오, 동료평가, 자기평가, 협력평가
		평가시기	수시
		평가횟수	경기기록지-경기(11~20차시), 포트폴리오 주1회, 자기평가, 동료평가, 협력평가 1회
14	시즌반성	성공사례	스포츠 핸드볼을 다함께 즐기고 참여하게 됨, 체육교육의 목표에 근접됨. 경기뿐 아니라 핸드볼경기의 다양한 지식과 철학, 스포츠정신을 배움
		실패사례	역할인식 부족, 책임감 회피로 팀의 혼란
		기타	체육수업을 교사와 학생이 모두 즐겁고 유익하게 운영할 수 있는 프로그램

동료 평가 체크리스트

나는: ____________팀 ______학년_____반_____번 이름__________

평가할 친구 ____학년____반____번 임무 ________이름 _________

* 다음을 읽고 체크하세요.

자기평가 내용	1	2	3	4	5
기술의 진보 정도, 개인능력					
팀 내 역할(주장, 코치, 시설, 심판, 홍보, 기록)을 성실히 수행했는가?					
팀 동료와의 친화와 협력					
다른 사람의 도움과 충고를 받아들인다.					
수업참여도와 성실성					

나의 생각 :
(위에 표시한 내용을 바탕으로 내가 한 행동의 구체적인 내용을 적으세요.)

코치와 심판이 알고 있어야 할 핸드볼 규칙

1. 핸드볼은 실제로 12명으로 구성되어 있고 그중 7명만 경기에 참여한다. 그렇다면 나머지 키퍼 1명과 교체선수 4명은 선수교대를 몇 회 할 수 있는가?
   1) 2회　2) 3회　3) 횟수 관계 없이 수시로

2. 핸드볼은 손으로 볼을 취급해야 하는데 발이 허용되는 player는? (　)

*(　)안에 알맞은 말은?

3. 키퍼가 볼을 가지고 골 에어리어(GA)를 떠나면 (　)

4. GA 밖에 볼을 GA안으로 끌어들이거나 가지고 들어가면 (　)

5. 경기 중 상대편이 볼이 없는 데도 몸으로 상대선수를 막는 행위는 허용된다. (O), (X)

6. 상대팀 선수의 손에서 공을 끌어내거나 처내는 행위는 허용된다. (O), (X)

7. 두 팔이나 손, 다리로 상대선수를 막거나 밀어내는 행위는 허용된다. (O), (X)

8. 볼을 다루다가 반칙을 범하는 경우 상대팀에게 (　)를 준다.

9. 7m 드로를 심판이 휘슬을 불면 다른 심판은 타임아웃을 선언하게 되는데 다음 중 7m 드로를 주는 경우에 모두 체크하세요.
   1) 경기장 어디서나 분명히 득점할 기회일 때의 반칙 (　)
   2) 키퍼가 공을 가지고 GA 안으로 들어가거나 GA안으로 들여갈 때 (　)
   3) 선수가 GA 안에 있는 자기편 골키퍼에게 공을 보냈을때 (　)
   4) 7m 드로는 심판 휘슬 후 4초 이내에 던져야 한다. (O), (X)
   5) 라인을 밟거나 넘어서는 안 된다. (O), (X)
   6) 7m 드로를 행하는 경기자 이외의 선수는 프리드로 라인 밖에 있지 않아도 된다. (O), (X)

10. 패스의 종류를 3가지 이상 나열하세요. (　), (　), (　)

그림 6-5 핸드볼 게임

1학기 때 역할학습이 제대로 안 되었던 것을 회상하며 이번에는 코치교육과 심판교육을, 점심시간에 퀴즈를 풀고 핸드볼 규칙을 설명하는 것으로 대신하였다. 4개 반 각 반에 5팀씩인데 코치와 심판소집을 위해 40명이 모였다. 모인 아이들 중에는 진지한 표정도 엿볼 수 있었고 무엇인가 대표로 소집된 것에 대해 자부심을 갖는 것 같기도 하였다. 그러나 지금 생각해 보면 그러한 교육방법이 좀 번거롭지 않았나 싶다. 왜냐하면 교사는 다른 잡무에도 많은 시간을 빼앗기기 때문에 좀 더 융통성 있는 교육방법으로 해결하는 것이 좋겠다.

팀 리그전을 실시하였다. 배구 경기와는 달리 몸싸움이 치열하였다. 또한 반칙의 제왕들이었다. 심판의 판정은 점차 세련되어 갔다. 그런데 경기가 과열되면서 강한 승부욕을 억누르지 못하는 몇몇 아이들의 돌발행동에 경기가 중단되기도 하였다. 학생들은 거친 욕을 일삼고 강한 반발을 하는가 하면 심판 판정을 불신하기도 하였다. 이러한 행동은 미성숙한 중학교 1학년에게서 많이 나타나며, 쉬는 시간이나 교실에서 흔하게 볼 수 있는 행태다.

인간 내면의 본능이기도 한 이러한 감정은 바로 핸드볼과 같은 스포츠의 장에서 즉각적인 지도가 있을 때 조금씩 변화하며 성숙해진다.

교실 현장에서 곪아 터지고 은폐하여 숨죽이는 일들이 쉬지 않고 언론에서 보도되고 있다. 내 자식이 교실에서 반 아이들을 괴롭히는 주인공인지 괴롭힘을 당하는 어린 양인지 살펴볼 일이다.

다음 표는 차시별 간단한 수업계획 메모내용이다.

월	주 차시	1차시	2차시	3차시	4차시	5차시
9	주	수업 계획	SEPEP VTR (스포츠 교육모형)	스포츠위원 겸 주장선정 (Quiz, 투표)	팀 구성	팀명, 구호, 팀가 역할, Character 팀별로 만들기, 파일철, 일기장

월	주	실기 수업 내용	평가	비고
9	6차시	Pass - 쇼울더패스, 푸시패스		팀별 조끼
		전체연습, 팀별로 모여 연습 코치 활용-문제점 지적 및 보완		시설, 홍보, 기록, 주장의 임무
	7차시	Pass- 바운드, 레터럴, 오버해드, 점프, 언더핸드 패스		팀별 조끼
	Handball 8차시	* 가운데 한 명 수비수를 두고 패스연습 * 코치활용 - 3초 이상 볼을 가지고 있지 않도록 → 볼을 놓치거나 잘못 던지면 안으로 → 모션과 페인트를 눈, 몸, 팔로 하면서 패스연습		팀별 구호 및 노래, 구성원 소개, 각오평가
9 ~ 11월	9~10 차시	Dribble		팀별 조끼
		전체연습, 팀별로 모여 연습 코치 활용-문제점 지적 및 보완 드리블 릴레이게임, 드리블 뺏기 게임		시설, 홍보, 기록, 주장의 임무
	11~12 차시	슛(스텝, 점프) 러닝 드리블, 2인, 3인 러닝패스		팀별 조끼 기록원의 임무, 미니골대 변형코트 그리기 (몸의 움직임 형태)
	13~20 차시	팀별 리그	팀, 개인, 동료 평가	
	21~25 차시	팀 간 A, B그룹 리그대항		
	26~30 차시	결승행사 토너먼트		

차시수업은 반드시 계획되어 있어야 하며 내용의 수정은 언제든지 가능하다. 그러나 전체적인 틀의 형식은 지켜져야 한다.

핸드볼 경기를 마치고 교사는 반드시 게임의 내용과 반칙을 한 아이, 적극적 플레이를 하거나 페어플레이를 한 선수를 칭찬하고 어떤 행동이 잘못된 행동이며 국제심판도 실수할 수 있음을 설명해 주었다. 그리고 다 같이 박수를 치게 하여 좋은 플레이를 보인 친구에게 교사의 개인 가산점을 추가해 주기도 하였다. 중 1학년 학생들이어서일까? 자신의 역할이 무엇인가 있다는 것에 책임감을 더 많이 느끼는 것 같았다. 수업 전에 일찍 나와서 기록원들을 위한 책상과 의자를 나르고 몇 명은 브러시로 운동장을 다듬은 후 라인기로 라인을 그렸다. 스스로 무엇인가 할 수 있다는 것은 즐거운 일이었다. 스포츠교육 수업을 만나기 전에는 모든 것을 교사 혼자 다 준비하려고 했다. 어쩌면 아이들을 믿지 못했고 뭐든지 내 손으로 해야만 직성이 풀렸기 때문에 그랬는지도 모른다. 처음엔 그렇게 혼자 수업준비를 하였지만 점차 귀찮아지기 시작하면서 그 다음엔 수업준비가 소홀해지기 시작했다. 더구나 먼지 풀풀 날리는 열악한 운동장에서 스물 한 시간의 수업을 지속적으로 열정적인 수업을 하기란 쉽지 않았다.

스포츠교육 수업으로 진행하면서 아이들의 생각과 의견을 물어볼 때가 많다. 그러나 그것은 수업에 대한 준비된 계획이 없는 상태에서 '오늘은 무엇을 할까'와 같은 식의 질문이 아니다. 결승행사에 대한 아이들의 생각을 묻거나 수업과제에 대한 의견 혹은 수업 진행방법에 대한 의견을 묻는 것이다.

핸드볼 시즌을 마치고 아이들은 조금 더 성숙해졌으리라. 드리블과 패스, 슛으로만 진행했던 수업과는 다른 수업이었다. 학생들은 경기를 진행할 수 있으며 게임에 참여하고 관전할 수 있는 커다란 눈이 생긴 것이다. 그들은 몇 명의 인원과 핸드볼 공이 있다면 바로 경기를 할 수 있다.

4) 처음으로 파트너 친구와 출전한 배드민턴

2004년	경쟁 활동	9월	배드민턴	중 2학년 남학생

1학기에 배구를 배웠기에 수업방식은 이미 학생들이 알고 있었다. 그러나 1학년 핸드볼 시즌과 겹치면서 2학년들은 약식으로 수업을 진행하게 되었다. 다양한 기술을 선보이고 몇 가지 스트로크를 지도한 후 팀별 단체경기를 시작하였다. 경기는 복복단복으로 3게임을 선취한 팀이 그 경기를 이기게 된다. 팀 주장은 미리 오더용지를 제출하여야 한다. 학생들은 배드민턴의 매력에 점점 빠져들게 되었다. 점심시간이나 방과 후에 배드민턴장은 늘 북적였다. 평소에 생각해왔던 배드민턴은 공원에서 셔틀콕 맞추기 운동에 불과했지만 막상 네트와 코트가 있는 경기를 제대로 배우고 나니 굉장히 재미있어 했다. 또한 교사는 경기 중의 매너를 가르치고 셔틀콕을 상대방에게 넘기는 방법과 잘했을 때, 잘못했을 때의 상황, 파트너에 대한 예절을 강조하였다. 교사는 가끔 방과 후에 아이스크림을 내걸고 학생들과 경기를 하기도 하였다. 팀별 경기는 방과 후에 조추첨을 통한 토너먼트 대진표를 작성하여 배드민턴 스포츠에 관심을 집중시키기도 하였다.

학년말이 되어 나는 배드민턴 페스티벌을 개최하기로 결심하였다. 시기는 크리스마스 전 기말시험이 끝난 후였고 격주 휴무 토요일이었다. 학생들에게 미리 공지를 하였고 경기방식은 개인전으로 하였다. 반을 초월하여 자신이 원하는 학생과 개인복식경기에 참여하도록 하였다. 경기 상품은 도 엘리트협회에 후원을 받고 주변 지인들의 도움을 받아 라켓, 양말, 장갑, 헤어밴드, 주변상가의 음식 상품권 등 푸짐하게 준비하였다. 그런데 날씨가 문제였다. 학교와 떨어진 곳에 시민체육관이 있었으나 관리자의 반대에 부딪쳐 결국 운동장에 노끈을 정으로 고정시켜 6코트를

그림 6-6 배드민턴 시즌

만들어야 했다. 이것은 동료교사의 도움이 없었다면 어려웠을 것이다. 이 사실을 학교어머니회에 알렸고 쉬는 날에도 학생들을 위해 고생한다는 것을 학부모 몇몇이 알게 되어 도움의 손길을 보내주었다. 텐트를 치고 바닥에 은박지를 깔았으며 드럼통을 준비하여 이동식 난로를 만들어 주었다. 어머니들은 큰 솥을 준비하여 어묵국물을 준비하였고 사발면과 김밥도 준비해주었다. 몇몇 아이들은 참가신청서를 제출하고도 잠을 자느라 못 나오는 학생들도 있었지만 대다수의 아이들이 휴일날 운동장에 나와 배드민턴을 즐기고 따뜻한 국물과 간식을 들며 진정한 스포츠문화인이 되었다.

이번 대회 중간에는 생활체육 배드민턴장에서 레슨을 하고 있는 선수코치들을 초대하여 직접 시범경기를 보여주기도 하였다. 자신들의 플레이가 최고인줄 알았던 학생들은 선수들의 화려한 플레이를 직접 두 눈으로 보면서 감탄과 탄성을 자아냈다. 그뿐만 아니라 간식을 준비해 주신 어머니들과 파트너를 정하여 경기를 함께 할 수 있도록 만들어 축제의 분위기를 한껏 고조시켰다. 대회를 마치고 시상식과 함께 경품추첨도 하였다.

학생들은 성인 생활스포츠문화를 체험하였다. 그들은 어른이 되었을 때 중학교 때의 배드민턴 페스티벌을 잊을 수 없을 것이다. 무엇보다도 이것을 계기로 평생 스포츠 활동을 즐기게 된다면 체육교육자로서 더없이 보람을 느끼게 될 것이다.

그림 6-7 축제 이모저모

5) 나를 극복한 장애물 경기

2005년	도전 활동	3월	허들	중 3학년 남/여

이번 학기에는 3학년 남학생과 여학생을 모두 담당하게 되었다. 이 학교에는 육상 허들선수가 있었는데 대학과정에서 허들을 제대로 배우지 못한 탓에 선수지도에 어려움이 많았다. 그러나 체육수업 정도는 배우면서 시도해 볼 만 했다. 더구나 허들은 누가 보아도 어렵고 넘어지면 아플 것 같은 종목이고 또 3학년 과정에 있었지만 실기보다 늘 이론으로 스쳐 지나갔기에 더욱 시도해보고 싶었다. 학생들은 허들을 수행평가 항목으로 넣은 것에 내해 강한 반발을 하였지만 프리시즌에 허들 동영상과 사진을 보여주면서 장애물 경기에 대한 거리를 좁혀 이해를 도왔다. 또한 내 인생의 장애물은 무엇인가를 적어보고 이겨낼 수 있는 방안을 생각해 보는 색다른 시간을 가졌다. 이번에는 종목특성상 응급구조원의 역할을 두었다. 그들은 간단한 약품을 준비한 구급약품 상자를 준비해야만 했고 혹시 팀원이 다치는 일이 있으면 보건실로 직행하기 전 간단한 구급처치를 할 수 있도록 하였다. 또한 2004년부터 함께 진행해 온 스포츠교육연구팀이 스포츠교육카페를 운영하였는데 그곳에 학생방을 만들어 자료를 올리고 다른 학교의 프로그램을 보고 참고할 수 있도록 웹링커(web linker)의 역할지기를 두었다.

그림 6-8 개인 및 팀별 연습

실기수업 첫 시간이 되었다. 육상경기종목에 알맞은 스텝 뛰기, 백스텝, 사이드스텝, 무릎 올리기, 엉덩이 차기 등 리듬훈련을 시켰다. 학생들은 기본적인 움직임에도 리듬이 안 맞는 아이들이 대다수였다. 그런 후에 미니허들을 일정한 간격 배치하여 팀별 차례로 뛰어넘기를 시켰다. 학생들은 의외로 낮은 허들을 넘는 것을 좋아하였다. 간혹 미니허들이 넘어지기라도 하면 소리를 지르며 즐거움의 야유도 보내며 허들을 즐기기 시작했다. 교사는 팀별로 반환점을 돌아오는 기록을 측정하여 보다 민첩성 있게 허들을 넘어 더 높은 허들을 넘을 수 있는 다리 근육을 보강하도록 유도하였다.

다음 차시는 고무줄 허들 넘기 지도를 하였다. 적당한 무게의 깃대를 양쪽에 세워두고 높이를 조정하여 고무줄 허들을 만들었다. 처음에는 10개의 고무줄 허들을 놓고 팀별 리그전을 실시하여 순발력 릴레이경기를 시도하였다.

다음 차시에서는 정식 허들을 좁은 간격으로 배치해 놓고 허들링 훈련과 자세훈련을 지도하였다. 또한 바닥에 긴 은박매트를 깔고 한쪽 다리를 접고 반대편 다리를 펴 허들 공중자세를 지도하였다. 유연하지 못한 학생들은 고통을 호소하며 쩔쩔매기도 했지만 많은 학생들은 교사의 열정에 순순히 따라올 수밖에 없었다.

이제는 팀별로 한 개의 고무줄 허들을 가지고 가서 허들공중자세로 넘는 연습을 하였다. 처음에는 가까이서 발구름을 하였지만 라인기를 이용하여 점차 발구름 지점을 멀게 그려 놓았더니 체공시간이 줄어들면서

SEPEP Quiz 15문

1. 보기에서 장애물 경기를 통해 얻을 수 있는 효과로 가장 알맞은 3가지를 모두 고르시오. (   )

보기
대담성, 근지구력, 판단력, 용기, 배려심, 심폐지구력

2. 장애물 달리기의 출발법은? (   )

* 맞으면 O, 틀리면 X를 체크하세요.(3번~13번까지)

3. 중학생 장애물 높이는 남자 84.cm, 여자 76.2cm 이다. (○, ×)
4. 장애물 달리기는 빠르게 달리는 것이 아니라 천천히 발을 맞추어 달려야 한다. (○, ×)
5. 발구르기는 두발로 동시에 한다. (○, ×)
6. 장애물 경기는 허들을 높이 타넘는 것이 매우 중요하다. (○, ×)
7. 남자와 여자의 장애물 개수가 같다. (○, ×)
8. 남자와 여자의 장애물달리기 거리가 110mH이다. (○, ×)
9. 장애물을 넘어뜨리면 실격이다. (○, ×)
10. 다른 코스의 장애물로 발, 또는 다리가 통과하면 실격이 아니다. (○, ×)
11. 3,000m S.C 장애물 경기는 장애물 28회 물웅덩이 7회를 뛰어넘는 경기로 심폐지구력과 근 지구력, 강인한 정신력이 요구된다. (○, ×)
12. 허들경기는 장애물 개수가 남자 (   )개, 여자 (   )개이다.
13. 장애물 사이의 보폭 수를 일정하게 하는 것보다 때에 따라서 다르게 보폭을 뛰는 것이 기록에 더 좋은 영향을 미친다. (○, ×)
14. 장애물 경기인 400mH에서 H는 무엇의 약자일까? spelling을 쓰세요. (   )
15. 나는 스포츠맨십(sports-man-ship)이 있다. (○, ×)

• Hurdle race season 종합 평가표 (2005. 6.29)

반	팀명	1과제	2과제	3과제	4과제	5과제	6과제	합계	점수	반영점수
1반	Red devil	12	5	2	2	2	1	24	A	6
	Soul	10.5	2	2	2	2	1	19.5	A	6
	Best of Best	12	5	2	2	2	1	24	A	6
	Jump	12	5	2	2	2	1	24	A	6
	STF	2	2.5	0.5	1	1	1	8	D	2
2반	호이자	7.5	5	2	1	1	1	17.5	B	4.5
	SENCE	11	5	2	2	2	1	23	A	6
	허들연가	11		2	2	2	1	18	B	4.5
	Valance	11.5	4	2	2	2	1	22.5	A	6
	0%	8	3.5	2	2	2	1	18.5	B	4.5
3반	Ciel	7.5	5	2	2	2	1	19.5	A	6
	AbbarRe	7.5	3.5	2	1	0	1	15	B	4.5
	팀킬조	9.5	5	2	2	2	1	21.5	A	6
	[illegible]	8.3	3	1	1	1	1	[illegible]	B	4.5
	Crazy Friends	9	4	2	2	2	0	19	A	6
4반	zero	10.5	1	0	0	0	0	11.5	C	3
	똥칼라파워	2	0.5	0	0	0	0	2.5	D	2
	수곡젠틀	11	3.5	1	1	2	1	19.5	A	6
	G.T	10.5	0.5	0	0	0	1	12	C	3
	Free Style	10.5	0	0	1	0	1	12.5	C	3
5반	아찌	6.5	0	1	0	0	0	7.5	C	3
	말달리자	1	0	2	0	0	0	3	D	2
	토끼특공대	5	0	0	0	2	0	7	D	2
	Angel	12	2	2	1	2	0	19	A	6
	몽키	2	0	0	0	0	0	2	D	2
6반	원피스	12	5	2	2	2	1	24	A	6
	화상들	11.5	5	2	2	1	1	22.5	A	6
	Top star	11.5	3.5	1	2	1	1	20	A	6
	Mini 마루	12	5	2	2	2	1	24	A	6
	박카스	11	3	2	2	1	1	20	A	6

자세를 멋있게 잡을 수 있었다. 팀별로 연습을 할 때는 팀 주장이 리틀티처가 되어 자세를 성의 있게 교정해 주어 교사의 수고로움을 덜어주고 자부심까지 가질 수 있어 일석이조가 되었다. 이제는 처음보다 두려움이 없어졌기 때문에 정식 허들을 하나씩 두고 넘으며 자신감과 성취감을 느낄 수 있었다. 가끔 넘어지는 일이 있었지만 그동안의 충분한 연습으로 크게 다치지는 않았다.

학생들에게 내준 과제 중에서 기발한 아이디어로 교사를 행복하게 했던 기억이 있는데 그것은 '내가 만든 최고의 장애물 경기'였다. 학생들의 창의적인 생각은 교사의 고정된 생각을 곧잘 뛰어넘는다. 예를 들어 허들을 잘 넘기 위해 천정을 낮추기, 장애물 아래에 큼직한 식칼을 세워두기, 무덤 뛰어넘기, 천정에 있는 종을 치고 넘기, 풍선불며 윗몸일으키기 하며 '王'자 만들기 등 각약각색의 장애물 아이디어의 총집합이었다. 아이들은 이제 장애물 경기로서 허들을 인식하였고 인간 장애물허들도

그림 6-9 장애물 달리기 체험

넘게 해 봄으로써 앞으로 닥치게 될 자신의 장애물을 어떻게 헤쳐나갈 것인가에 대한 고민을 해보았다.

지역신문에 난 마라톤 대회

활기찬 생활을 위한 학교 스포츠 문화 만들기

이른 아침 일요일 깊은 잠에 빠져 있을 아이들이 멀리서 하나 둘씩 모이기 시작했다. 가슴엔 저마다 붉은 색이나 검은색의 번호표를 하나씩 달고 손에는 풍선을 들고, 이마엔 각오의 표어를 질끈 묶은 아이들, 또 유니폼까지 맞춰 입은 팀, 종이로 플래카드를 만들어 친구들을 응원하기 위해 모인 아이들이 무심천의 빨강고 파란 달리기 거리에 구물구물 어느새 가득 찼다. 다섯, 넷, 셋, 둘, 하나 출발! 교장 선생님의 징소리와 함께 여학생들이 반환점을 향해 달려 나갔고 그 뒤를 이어 남학생들도 힘차게 출발하였다. 3학년 전체 아이들 중 각 반 5개의 팀에서 3명의 선수가 선발되었고 각 팀 1명의 심판이 경기진행과 보조를 하고 3명의 아이들은 응원전을 펼치며 무심천이 들썩들썩 하였다. 몇 명의 학생들은 둑방길을 따라 함께 뛰고 소리소리 지르며 팀워크를 발휘하였고, 반환점에서 반환띠를 나누어 주며 친구들을 응원하기도 하였다. 남학생은 2km, 여학생은 1.5km의 다소 짧은 거리로 여겼던 아이들이 평소에 부족한 체력이 여실이 드러나, 걷기도 하고 친구들이 주는 물도 마셔가며 모두가 마지막 완주에 기쁨을 만끽하였다. 선생님들도 마라톤 축제를 돕기 위해 아롱아롱 한데 모여 반 아이들을 격려하며 축하해주었다.

수곡중학교가 이렇게 특별한 스포츠축제를 한 것은 바로 '신나는 Sports for All' 이라는 학교특색사업의 일환으로 평소 수업시간에 '체육문화' 를 지도하기 위해 기획된 학교체육 프로그램이었다. 학생들은 자기를 극복해야만 완주할 수 있는 마라톤을 통해 사회스포츠를 경험하며 환호성과 기쁨, 안타까움, 짜릿함을 느끼며 스포츠축제를 몸소 체험하게 되었다.

그것은 다양한 체육교육 수업방법 중에 〈스포츠교육모형〉을 적용한 것인데, 한 종목의 운동기술뿐만 아니라 팀원으로서의 다양한 역할-주장, 코치, 응급구조원, 시설매니저, 홍보요원, 기록원, 심판 등-을 경험하며 주어진 과제를 수행하면서 책임감과 팀의 협동심을 배우면서 동시에 팀 간의 변형된 게임을 통해 배구, 축구, 핸드볼, 육상 등 다양한 종목에서 '스포츠문화' 를 배우도록 지도한 것이었다.

30도가 웃도는 뜨거운 불볕더위가 한꺼번에 내리쬐는 듯한 운동장에 오늘도 비지땀을 흘리며 아이들과 함께 해야 하지만 아이들이 행복할 수 있고 살면서 꼭 필요한 것을 '체육교육' 을 통해 배울 수 있다면 나는 행복하다.

마지막 아이들의 마라톤 체험후기로 글을 마무리할까 한다.

'이번 마라톤 경기를 통해서 많은 것들을 배우고 느낀 것 같다. 다음에는 어떤 경기를 하게 되고 또 뭘 배우게 될지 벌써부터 설렌다.' , '말아톤! 너무 재밌는 하루였다' , '1능은 못했어도 즐거웠고 다음 기회에 시민마라톤 대회에 나가보고 싶다' , '힘들었지만 잊을 수 없는 좋은 추억이 될 것 같다' , '완주하였다는 것에 내 자신이 자랑스럽고 뿌듯했다'

………… 〈마라톤 체험후기 중에서〉 ………

마지막으로 교사는 자기 극복 마라톤 축제를 추진하였다. 마라톤을 뛰어본다는 것은 자기 자신을 이겨야 하는 것임으로 무엇보다 용기와 자신감, 그리고 강한 투지가 필요하다. 이번에도 일요일을 택하여 남녀각각 5개 반 중 5개의 팀에서 3명씩 선수로 선발하여 팀 대항으로 추진하였고 나머지 팀원들은 응원을 하도록 하였다. 남녀 각각 75명씩 총 150명이 참가하여 남학생 2km, 여학생 1.2km를 완주하는 경기였다. 경기에 참여하는 학생 외에 몇몇은 심판을 보고 응원을 하였다. 들어오는 순서대로 남녀별 1위는 75점, 꼴찌는 1점으로 기록되어 팀별로 팀 등위를 매기었다. 이와 같은 방식은 실제로 시도별 혹은 국가별 엘리트 마라톤 경기에 사용되는 등위기록방법이다.

학생들은 일요일 늦잠을 자고 싶었지만 자기극복 마라톤을 체험하면서 해내었다는 큰 자부심과 성취감, 자신감, 뿌듯함의 소감을 마라톤 체험기를 통해 밝혔다. 학생들은 이런 기회가 또 주어진다면 다시 한 번 시도해 보고 싶다는 학생들도 있었다. 이 소식은 지방신문사에 알려져 주변의 지인들로부터 적지 않은 찬사를 받기도 하였다.

그림 6-10 지역사회와 함께한 마라톤

6) 한화 이글스 프로팀을 초대했던 소프트볼 경기

2005년	경쟁 활동	9월	소프트볼	중 3학년 남/여

소프트볼 수업은 종목의 위험수준을 고려하여 3개의 빅사이즈 팀으로 구성하였다. 따라서 팀 구성원은 10명에서 12명이 되어 역할도 다양하게 제시되었다.

통계원, 스포츠비평가, 역사가, 명상가, 동작분석가, 그라운드 피처, 안무가, 리포터 등 스포츠 관련 직종을 대거 투입시켰다. 남학생들은 야구에 대한 관심이 있어서 룰에 대한 개념이해가 수월했지만 여학생들은 도무지 경기방식을 이해하지 못하였다. 그러나 첫술에 배부를 수 없는 법, 스포츠교육 수업을 통해 교사는 서두르는듯 하면서 느긋해져야 함을, 그리고 기다려야 하는 것을 배우게 되었다.

프리 시즌 기간에는 팀 활동을 하고 간단한 이론수업과 팀별로 공격 타순과 내야수, 외야수 등 적절한 포지션을 정하게 하였다.

감독	켑틴의 역할과 같음. 시즌운영 제반사항을 교사와 협의, 대외업무, 총괄, 책임을 다하며 팀을 대표하는 역할
리틀티처	운동기술, 지식, 기능이 남다르고 전략구상, 관대한 마음, 교사의 지시 사항을 학생들에게 전달하고 가르쳐 주는 학생교사의 역할, 코치와 트레이너의 역할
심판	규칙숙지 및 핸드시그널, 냉철한 판단력, 모둠원에게 규칙전달
통계원	게임내용 및 결과기록 및 통계, 게시, 보고서 작성
웹링커	카페관리, 숙제 홍보, 수시로 on-line
스포츠비평가	스포츠에 관한 광고, 신문, 방송, 인터넷 조사, 동향파악
스포츠역사가	스포츠경기의 변천사, 시합규칙, 용기구, 유니폼 등에 대한 역사적 변화 조사
명상가	자신이 좋아하는 긍정적인 구절, 시, 기도, 선서내용을 준비하여 암송
동작분석가	카메라를 준비하여 동작을 분석하고 실패요인 코멘트, 수집 및 자료정리
그라운드 피처	수업 전 물뿌리개로 필드를 적셔 먼지 없는 경기장 준비
안무가	소프트볼과 관련하여 재미있고 유익한 준비, 정리 체조 만들고 지도하기
SEPEP 리포터	카페를 통해 다른 학교에서의 SEPEP교육 실태조사 및 수집

그림 6-11 소프트볼 알아가기

〈과제 1〉

* 과제는 매주 월요일 카페에 게재됩니다.
* 과제 제출의 기한은 역시 매주 월요일 1교시 마친 후까지입니다.
* 이번주 과제는? 파일철에 넣어서 제출

1. 파일철 준비, 파일철 Cover , 일기 수업시간별 2명씩 일기 쓴 것
2. 팀별 구성원, 역할 및 팀 구호, 팀명, 엠블램, 각오, 팀가 등 팀의 특징을 나타낼 수 있는 케릭터(특성) 한 장
3. 안무가 : 준비체조 그려오고 다음주 실외수업 준비체조 익혀서 팀원에게 미리 알리기
4. 스포츠 비평가 : 현재에 가장 이슈되는 야구 이야기, 소프트볼 이야기 수집 → 팀원에게 알리기
5. 스포츠 역사가 : 소프트볼 역사 수집
6. 리틀티처 , 감독, 심판 : 소프트볼 관한 규칙조사
7. 명상가 : 좋은 메시지 준비

몇 명을 제외한 모두의 숙제입니다.
혼자 하려면 힘이 들 숙제이지만 각자 맡은 역할에서 한 장 정도만 조사한다면 그다지 힘들지 않을 거라 생각합니다.
웹링커는 프린트해서 꼭 모든 팀원에게 나누어주고 알리세요.
이때 감독의 역할은 배당된 과제뿐 아니라 모두가 잘 할 수 있도록 도와주고 협력하는 일입니다.
숙제라 하여 귀찮다 생각하지 말고 즐거운 마음으로 각자 스스로 맡은 역할이니 능력을 발휘해 보기 바랍니다.

〈과제 2〉

1. 명상가는 팀원이 멋진 플래이를 할 수 있는 좋은 암송꺼리 준비
2. 소프트볼 경기장면 그림으로 표현하기(모두 한 장씩)-나의 위치(공격, 수비, 포수, 심판 등) 반드시 표시

〈과제 3〉

1. 리틀티처는 A4한 장(선생님)에 롤링페이퍼를 만들어오세요.(친구들에게 하고 싶은 말 돌려가면서 쓰기)
2. 동작분석가는 시즌이 끝나기 전 10회 이상의 자료를 수집(사진 찍고 동작에 대한 문제점 코맨트 적기), 이번 제출은 1장

28일까지

3. 스포츠비평가는 실기 소프트볼 수업 중 재미있는 에피소드 수집하여 글 혹은 그림 첨부하여 제출
4. 스포츠역사가는 재미있는 스포츠 역사 조사해 오기(예: 고대로마 검투사 이야기 등)
5. 심판 수신호(스트라이크, 아웃, 세이프, 파울, 볼) 그려오고 연습해오기 큰 목소리와 함께
6. 그라운드 피처(소프트볼 경기장 그려서 제출)
7. 통계원-소프트볼(야구와 흡사) 각종 통계 계산법 조사해오기
8. 감독-지금까지 동료들과의 문제해결, 나만의 비법, 나는 어떤 리더인지 한 장 써서 제출하기

남학생 경기는 투수 포지션을 두고, 여학생은 투수 없는 경기방식을 택했다. 따라서 포수와 심판을 위한 가슴 프로텍터, 마스크, 렉가드, 글러브를 구입하였고 나머지는 남학생들에게 집에서 쓰던 글러브를 가져오게 하여 부족한 장비를 보충하였다. 남학생 경기에서는 투수의 송구가 일정하지 않고 또한 포수의 캐치가 잘 되지 않아 뒤쪽에 그물망으로 펜스를 준비했다. 그리고 여학생들은 연구진의 조언대로 페트병 여러 개를 연결하여 티를 만들어 오게 하여 그 위에 공을 올려놓고 타격하도록 하였다.

기록원들은 경기내용을 빠짐없이 기록해야 하는데 이번에는 그 내용이 만만치 않았다. 안타, 타점, 득점, 내야아웃, 외야아웃, 삼진아웃, 실책 등 경기를 정확히 이해하지 않으면 안 되었다. 다음의 표는 경기기록지에 기록되는 내용이다.

소프트볼 경기기록 내용	
안타	타자(공을 치는 사람)가 공을 쳐서, 파울이 되지 않으면서, 자신이 루상에 세이프가 되면 타자에게 기록
득점	타자가 안타를 쳐서 루상의 주자(1루 혹은 2,3루)가 홈으로 달려와 점수를 올린 경우 주자에게 기록
타점	타자가 안타를 쳐서 루상의 주자(1루 혹은 2,3루)가 홈으로 달려와 점수를 올린 경우 타자에게도 기록
내야아웃	타자가 친 공이 내야(1루, 2루, 3루, 유격수, 투수까지)에서 잡히면 타자에게 기록
외야아웃	타자가 친 공이 외야에서 잡히면 타자에게 기록
삼진아웃	타자가 3 스트라이크로 아웃되었을 때 타자에게 기록
공중볼 잡기	수비가 공중으로 뜬 공을 한번에 잡았을 때 잡은 수비에게 기록
땅볼아웃	굴러온 볼을 재빨리 잡아 공격수를 아웃 시켰을 때 던진 수비에게 기록
실책	수비가 충분히 받을 수 있는 볼을 놓친 경우나 잘 던졌는데 루에 있는 수비가 못받은 경우를 판단해서 그 수비수에게 실책에 기록

이 때 교사는 처음 기록을 맡은 학생에게 하나하나씩 설명해 주어야 한다. 그 다음 경기에는 스스로 할 수 있도록 도와주고 수정해 준다. 그러면 세 번째 경기부터는 혼자 처리할 수 있는 능력이 생긴다. 이러한 일들이 팀별로, 반별로 다 거쳐야 하는 과정이므로 처음에는 답답하거나 귀찮기도 하지만 시간이 갈수록 스스로 해내는 아이들의 변화된 모습을 보고 있노라면 처음 투자한 시간이 결코 헛되지 않다. 또한 그들의 체험 속에 녹아드는 수업임으로 기록원으로서의 경험은 쉽게 잊혀 지지 않을 것이다.

남녀 학생 모두 패스와 케치능력이 점점 좋아지기 시작했다. 그러면서 학생들의 수업 참여태도는 더욱 진지해졌다. 이제는 주루코치까지 할 정도이다. 주심은 볼, 스트라이크 판정을 더욱 멋있게 콜하며 친구들에게 즐거움을 선사했다. 교사는 학생들이 방과 후에 남아서 경기할 수 있도록 프로그램을 만들어, 평소 같으면 대부분 귀가하고 학원에 갔을 아이들이

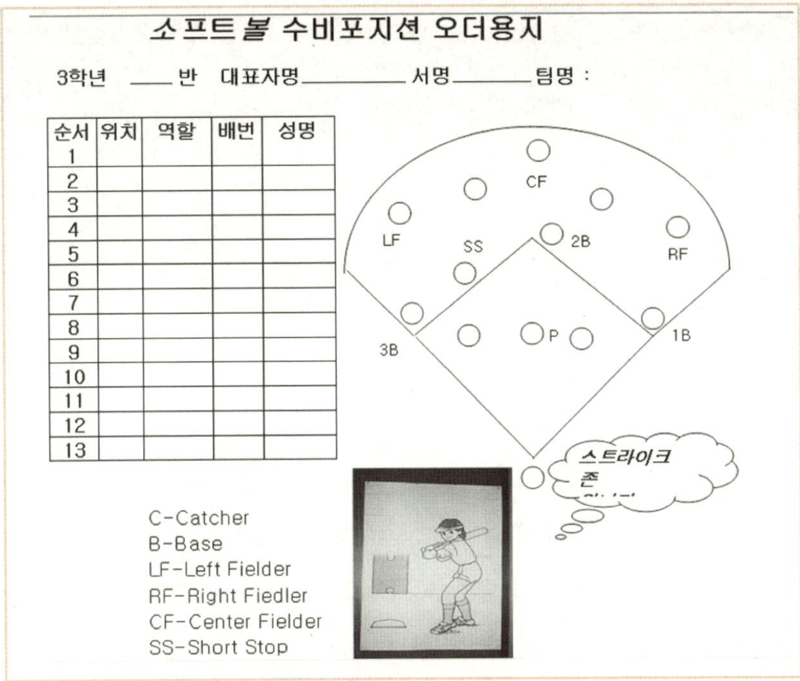

소프트볼 수비포지션 오더용지

3학년 ____반 대표자명________ 서명______ 팀명 :

순서	위치	역할	배번	성명
1				
2				
3				
4				
5				
6				
7				
8				
9				
10				
11				
12				
13				

C-Catcher
B-Base
LF-Left Fielder
RF-Right Fiedler
CF-Center Fielder
SS-Short Stop

월	주 차시	1차시	2차시	3차시	4차시	5차시	6차시
9	주	시즌 계획 팀선발	역할 정하기 게시판 만들기	소프트볼 PPT 이론 수업	실기1 소프트볼 기본 받기, 던지기	실기2 소프트볼 기본 받기, 던지기	실기3 소프트볼 기본 받기, 던지기

월	주	실기 수업 내용	평가	비고
9 ~ 10	7차시	연습게임		팀별 조끼, 천막치기 장비 꺼내기, 코트 그리기 파울깃발 세우기
		우천 시 포지션 짜기(수비, 공격 오더순서 짜기)		각 위치의 특성
	7차시	팀별로 수비포지션에서 볼받기 타임 재기(정확성, 신속성, 판단력)		팀별 조끼
	8차시	연습게임(수비, 공격, 심판보기-기록연습)		팀별 구호 및 노래, 구성원 소개, 각오평가, 명상가 리틀티처의 역할
10 ~ 11	9~15 차시	정식게임	개인별, 팀별 기록 동작분석가, 안무가 등의 역할 체크하기 안전유의	

* 소프트볼 게임 개인평가 기준			
		합계(안타+득점+타점+공중+땅볼아웃 -(내야아+외야아+삼진아+실책))	반영 점수
구분	A	3 이상	10
	B	1~2	7
	C	0 이하	5

* 포트폴리오			
		제출 개수	점수
구분	A	16 이상	7.5
	B	15-10	6
	C	9.5-7	4.5
	D	6.5 이하	3.5

운동장에 남아서 소프트볼을 즐길 수 있도록 하였다. 학생들에게 방과 후 프로그램은 성적과 무관하지만 청소년기 팀 스포츠에 대한 관심과 영향력이 참여동기에 무엇보다 크게 작용한다는 것을 느끼게 해 주었다.

지금까지 소프트볼 수업을 3번 경험하게 되었다. 첫 번째는 야구와 비슷한 소프트볼에 대한 규칙을 공부하면서 시작하게 되었고 점차 수업에 대한 준비와 대비가 정돈되어 갔다. 첫 번째 소프트볼 시즌을 마치고 사회인 야구선수단을 초대하여 시범경기를 보였다. 기말시험을 마치고 토요일 4시간 동안 모든 담당 선생님들에게 양해를 구한 후 경기를 치렀다. 남학생과 여학생이 번갈아 가면서 경기를 하였고 반 대표로 선출되지 않은 학생은 천막에서 응원을 하도록 하였다. 처음에는 경기에 참여하지 않은 학생들에 대한 관리 소홀로 발생되는 문제를 어떻게 할 것인가로 담임과 교과 선생님 그리고 관리자와 첨예하게 대립하였다. 학교에서는 늘 일어나서는 안 될 사고를 미연에 방지하는 교육에 집중한다. 그래서 수학여행이나 야영, 체육대회 등 각종 행사는 잘 끝내는 것과 동시에 무사히

그림 6-12 소프트볼 연습

소프트볼 경기 기록표

(학년 반 월 일 요일 교시)

팀이름	1회	2회	3회	득점

* 심판진 구성원

홈 ( ), 1루( ), 2루( ), 3루( )

파울 좌( ), 파울 우( )

* 기록심판1 : ( ), 기록심판2( ) 도우미1 ( ),

도우미 2( ), 도우미3 ( ), 도우미4( ), 도우미5( )

팀명	선 수		안타 (공격)	득점 (공격)	타점 (공격)	공중볼받기 (수비)	땅볼아웃 (수비)	내야아웃 (공격)	외야아웃 (공격)	삼진아웃 (공격)	실책 (수비)	계(?-?)
	번호	이 름										

마치는 것에 무게를 더 두기도 한다. 그러나 고통 없이 이루어 진 것은 없지 않은가? 결국은 교사의 열정이 꽁꽁 언 운동장을 녹이며 소프트볼 축제를 마무리 했다. 아이들은 한 번도 경험해 보지 못한 사회인 야구선수들의 타격과 포구를 보고 잊지 못할 추억을 가슴에 새겼다.

더 나아가 두 번째 소프트볼 시즌을 운영할 때는 지역 연고의 프로야구 한화이글스 팀을 초대하였다. 쉽지 않았지만 비 시즌기간이었기 때문에 7명의 프로선수들이 방문해 주었다. 학생들과 교사는 몹시 흥분되었

그림 6-13 프로선수 초청

고 초정장과 함께 게시판을 만들어 선수들을 맞이하였다. 교장 선생님은 꽃다발을 증정하고 팀으로부터 대형 사인볼을 선물로, 학생들은 야구 퀴즈행사를 통해 사인볼을 받았다. 선수들도 오랜만에 학창시절로 돌아와 남녀 학생들의 경기를 보며 놀라워했다. 이번 행사는 학교의 체육수업이 학교에서 끝나지 않고 직접 선수들과 만나 대화도 나누고 경기를 하여 평생 스포츠 활동에 참여할 수 있는 계기를 마련하였다는 것에 큰 의의가 있다.

Sports for All 소프트볼 축제 시범선수들에게 하고 싶은 말

1. 팀 이름
2. 야구/소프트볼 배운 것, 내용
3. 우리 팀의 소중한 추억
4. 한화 구단에 관하여
5. 야구, 소프트볼 규칙인 등 궁금한 것
6. 한화에 특정한 팬이 있다면 적고 팬에게 하고 싶은 말
7. 유머
8. 소프트볼 수업을 하면서 잊을 수 없는 우리 팀의 에피소드
9. 소프트볼 시
10. 소프트볼 야구, 등 그림으로 표현하기
11. 선수에게 나도 한마디
12. 내가 프로야구 선수로 만약 발탁된다면?
13. KBO(한국야구위원회)에 바라는 점이 있다면?
14. 훗날 내 자식이 야구에 재능을 보인다면? 그 다음 나의 액션은?
15. 우리 팀만 알고 있는 재미있는 이야기
16. 우리 PET(Physical Education Teacher-체육선생님)를 한마디로 표현하면?
17. 앞으로 더 배우고 싶은 운동종목은?
18. 내가 생각하는 훌륭한 스포츠 정신이란?

PMI

• 이번 소프트볼 스포츠교육시즌을 토요일로 마무리 합니다. 내가 맡았던 역할이 무엇이었으며 그것에 대한 역할을 통해 느꼈던 것, 수업에 대한 소감, 생각 등을 3항목에 대하여 솔직하고 정직하게 아래의 박스에 기입하세요.

성명:

반 번

Plus(좋았던 점) ☺	Minus(싫었던 점) ☹	Interesting(재미있었던 점) ☺

소프트볼 수업은 교실 내 말썽꾸러기들을 체육수업에 집중하게 함으로써 학교생활에 적지 않은 변화를 일으켰다. 대부분의 선생님들로부터 인정받지 못하는 학생들에게 체육시간의 소프트볼 경기는 최고의 선물이었다. 그런데 그들은 평상시 힘으로 군림하듯 제멋대로의 행동과 룰을 어기며 몇 차례씩 순번을 지키지 않고 타자를 하려고 하였다. 그래서 스포츠에서의 규칙은 사회의 법과 다르지 않으며 룰을 지키지 않고 경기에 임하는 것은 진정한 스포츠가 아님을 강조하였다. 이러한 스포츠 예절교육은 매시간 이루어졌고 많은 학생들이 스포츠에서 무엇이 옳고 잘못된 행동인지를 학습하는 데 커다란 역할을 하였다. 이로 인한 행동제어는 학생들을 올바른 방향으로 성장하는 데 큰 역할을 해 주었다.

학생들은 수업후기란에 어렵고, 덥고, 춥고, 귀찮은 체육이 이제는 재미있고 신나는 과목으로 바뀌었음을 회고하였다. 그리고 이제는 스포츠가 친구처럼 가깝게 느껴지기도 하고 팀 활동수업으로 자신의 책임감

그림 6-14 소프트볼 축제

과 협동심 그리고 배려하는 마음이 중요하다는 것을 알게 하였다. 이렇듯 스포츠교육 체육수업을 통해 학생들이 배우는 것이 무궁무진하여 교사는 수업을 준비하는 것이 더 이상 힘들게 느껴지지 않는다.

7) 뉴스포츠 플라잉디스크 수업에 도전하다.

2008년	경쟁 활동	3월	플라잉디스크	고 2학년 여학생

그동안 중학교에서 근무경험이 있었던 나는 처음으로 인문계 여자고등학교로 내신을 내어 새로운 환경에 노크를 하였다. 나에게 할당된 수업은 고등학교 2학년 중에 체육을 선택한 5개 반이었다. 처음 교실에 입실하여 나의 수업스타일과 스포츠 교육수업, 그리고 플라잉디스크 수업에 대해 장황하게 늘어놓았다. 학생들의 반응은 별로 무관심했다. 한국의 인문계 고등학교의 현실에서 아이들의 표정이 어쩌면 당연한 것인지도 모른다. 그러나 언제나 그렇듯이 나는 결코 서두르거나 실망하지는 않는다. 다만 나의 수업계획을 더욱 충실히 준비해 나갈 뿐이다.

프리즈비를 이용한 얼티밋 경기가 이번 수업 과제인데 인터넷에서 북미 대학생들의 얼티밋 동영상을 구해 시청하였는데 그때 학생들은 상낭한 호기심을 보였다.

교실에서 프리 시즌 수업을 마치고 운동장으로 나왔다. 이 학교는 강당이 있기 때문에 1학년 때 대부분 강당수업을 해서 운동장 수업을 꺼려했다. 하지만 나는 늘 책걸상에 가두어 놓은 신체를 넓은 운동장에서 마음껏 펼치길 원했고 얼티밋 경기 또한 일정한 크기의 경기장이 필요했다.

처음 차시에는 배구공을 이용하여 제자리 혹은 이동하면서 패스, 가로채기, 던지기 연습을 하였다. 2, 3인이 그리고 팀원 전체가 술래를 정하여 던지고 뺏기게임을 시도하였다. 그런 후 플라잉디스크를 근거리, 원거리, 이동하면서 패스 캐치 연습을 집중적으로 실시하였다. 처음에는 손목

의 스냅을 이용하지 못하여 프리즈비가 바닥으로 내동댕이쳐졌다.

얼마간의 연습을 마치고 바로 연습게임에 들어갔다. 두 팀은 정중히 인사를 마치고 양 끝의 엔드 존에 나란히 서 있다가 심판의 호루라기 소리에 수비 팀이 먼저 프리즈비를 던져준다. 공격 팀은 바닥에 떨어지거나 날아오는 프리즈비를 받아서 터치다운을 위한 패스 캐치가 시작된다. 처음에는 공간을 충분히 활용하지 못하고 프리즈비를 가지고 있는 선수를 향해 공격 팀과 수비 팀이 구름 떼처럼 몰려다니기만 하여 터치다운은 멀기만 해 보였다. 그동안의 수업경험에서 여학생들이었기 때문에 이러한 공간지각능력을 활용하는 게임을 해 본 적이 거의 없었다.

그림 6-15 플라잉디스크 정보 박람회

학생들은 경기기록지에 패스미스, 스틸, 어시스트, 터치다운, 반칙이 기록된다는 사실을 알고 어떻게 기록원과 심판을 믿을 수가 있는지에 대해, 또 그것이 성적에 반영된다는 것에 대한 신뢰성에 강하게 항의를 하였다. 역시 인문계 고등학생답게 성적에 대한 과잉반응 모습이었다.

교사는 그럴수록 침착하게 적절한 답변을 제시하며 흥분을 가라앉혔다. 아래의 표는 경기를 관람하는 두 팀이 작성해야 하는 얼티밋 게임보고서이다. 이러한 경기관람록은 경기의 내용을 파악하는 데 더 효과적이고 다음 경기를 위한 훌륭한 대비가 된다.

<table>
<tr><th colspan="3">프리즈비 얼티밋 게임 보고서</th></tr>
<tr><td colspan="3">날짜 : 2008년 월 일 __학년 __반 ______팀 성명 ______ 서명 나의 역할은______</td></tr>
<tr><td>팀</td><td colspan="2">VS</td></tr>
<tr><td>점수</td><td colspan="2">:</td></tr>
<tr><td rowspan="2">내가 생각하는
훌륭한 선수는?</td><td>Fair player 상 대상자 1명을 쓰세요.</td><td>책임(responsibility 상)역할상 대상자 1명을 쓰세요.</td></tr>
<tr><td>이름 :</td><td>이름 :</td></tr>
<tr><td>게임관람기</td><td colspan="2"></td></tr>
<tr><td colspan="3">- MVP상 : 결승 토너먼트 경기에서 팀을 우승으로 이끌도록 결정적인 역할을 한 선수에게 주는 상
- Fair player 상 : 리그, 토너먼트 전 경기에서 규칙을 잘 준수하며 경기상황에서 우기지 않으며 정정당당히(to be fair), 상대팀을 존중(to respect), 최선을 다하는(to do best) 선수에게 부여하는 상

- 책임(responsibility 상)역할상: 얼티밋 시즌기간 동안에 특히 자신의 역할에 책임을 다하며 팀을 위해 끝까지 헌신 봉사한 선수에게 주는 상</td></tr>
</table>

스포츠교육 수업을 하면서 체육 수행평가에 대한 항목을 다양하게 바꾸었다. 체육과의 실기평가는 70%의 비중을 차지하고 실기종목에 대한 질적, 양적평가가 교사의 주관적 판단이 지나치게 작용한다는 비판이 끊임없이 제기되었다. 그래서 나는 종목당 한두 가지의 평가 방식이 아닌 과제이행, 자기평가, 동료평가, 팀경기점수, 개인기록, 기능평가 등 여러 가지 평가항목을 넣는 방식을 택하여 지금까지 조금씩 수정해가면서 사용하고 있다.

Ultimate Frisebee 경기 기록지

오늘 날씨는? 　　　　　　　　　　　　　실전경기 (　　)

경기심판팀: 　　　　　　　　　　　　　　연습경기 (　　)

시합 일시: 　　　　　(주)기록원 : 　　　　(콜)기록원 :

2 학년 　　반 　　　　　　　　심판 :

시합 팀 : 　　　　Vs 　　　　　전후반 각 7분씩

팀 명	선수		터치다운	어시스트	스틸	패스미스	반칙	합계
	번호	이름	횟수	횟수	횟수	횟수	횟수	
	1							
	2							
	3							
	4							
	5							
	6							
	7							
	8							
	9							

팀 명	선수		터치다운	어시스트	스틸	패스미스	반칙	합계
	번호	이름	횟수	횟수	횟수	횟수	횟수	
	1							

제 체육사랑 호

상 장

종목 : Ultimate Frisebee 　　2 학년 10 반

부문 : M V P 　　　　　　성명 :

위 학생은 플라잉 디스크 경기에 참가하여 두서와 같은 성적을 거두었기에 이 상장을 드립니다.

2008년 7월 7일

평가의 결과를 놓고 학부모가 전화를 걸어온 일이 있었다. 내용은 우리 아이가 체육을 잘하는 아이인데 왜 수행평가 점수가 낮은지에 대한 항의전화였다. 나의 답변은 간단하였다. 그 학생은 운동을 잘하는 것이지 체육을 잘하는 것이 아니다. 나의 평가방식은 운동기능 하나로만 평가하지 않는다. 사회에서 필요한 것은 스킬 그 하나가 아니라 책임감과 협동심이 더 중요한 사회적 태도이기 때문이다라고 응답을 해 주었다. 이러한 스포츠교육 수업 평가방식은 평소에 체육을 싫어하고 움직임 자체를 싫어하는 아이들에게 새로운 수업동기를 마련해 주었다. 아이들의 일기장이나 수업후기 내용을 들여다보면 자주 그러한 내용을 발견할 수 있다. 지금까지의 체육수업 중에 최고였다, 체육이 즐겁다, 스포츠뉴스를 관심 있게 보게 되었다, 체육시간이 기다려진다, 체육수업이 나를 변화시켰다 등 교사의 과제가 가끔 귀찮기도 했지만 긍정적인 변화가 있었다는 내용이 지면에 채워졌다.

아래의 팀워크 점수는 교사가 줄 수 있는 보너스 점수이면서 수업의 활력소가 된다. 학생들은 팀워크를 위해 함께 행동해야 한다. 체육시간은 전체 모이고 해체하는 시간소비가 많은데, 이 시간을 효율적으로 관리할 수 있는 좋은 방안이 될 수 있다.

Team work 점수 2-7				
F신드롬	UFO2	SaSa	하마와 친구들	PB^{2+}
+	+++	++	+++++	++++

얼티밋 경기는 그동안 쌓여 있던 여고생의 스트레스를 한 번에 날려버릴 수 있는 기회였다. 운동장에서 고래고래 소리지르며 경기를 하는 모습을 보는 교사나 다른 과목의 교사들이 깜짝 놀랄 지경이었다. 그 더운

여름이 찾아오고 햇볕을 싫어하던 여학생들이 한 번 더 게임하자고 졸라대기까지 했다. 이제는 제법 롱패스가 가능하고 캐치가 능수능란해졌다. 학생들은 공간을 더 많이 활용할 줄 알았고 팀원들에게 작전과 지시를 하는 캡틴의 능력도 한층 돋보였다. 생전 처음 해보는 얼티밋 경기에 흠뻑 매료되었고 공부 하나로 평가되는 인문계 고등학교에서 그동안 꼭꼭 숨어있던 인재들이 아이들의 환호 속에 속속 들어나기 시작하였다. 그들의 팀가와 흥얼거리는 응원 속에 청소년문화가 자연스럽게 배어 있다. 중학생들보다 고등학생들은 역할에 대한 세련도가 더욱 높았다. 팀 수업의 매력은 늘 천덕꾸러기인 학생들도 팀원으로 활동을 해야 하기 때문에 반에서 소외되는 학생이 없는 것이 또 하나의 장점이기도 하다. 인간은 이 사회에서 혼자 살아갈 수 없기에 그러한 기술을 학교에서 가르치는 것이 매우 필요하다고 생각한다.

마무리 수업에서는 그동안 사진기자가 찍은 사진을 동영상으로 편집하여 관람하며 그동안의 수업 내용과 수업목표를 재확인하는 시간을 가졌다. 그리고 팀이 해체되는 마지막 날 그동안의 반성과 함께 팀원들에게 하고 싶은 말을 발표하게 하였다. 학생들은 아쉬움과 즐거움, 역할 수행에 부족한 점, 최선을 다하지 못한 점을 사과하며 시즌을 뜻깊게 마무리하였다.

8) 여고생의 열정을 점심시간 배구경기를 통해서

2008년	경쟁 활동	9월	배구	고 2, 3학년 여학생

1학기 시즌을 마치고 2학기가 되어 학생들은 어떤 종목을 배울 것인가에 대해 기대하였다. 교사의 배구종목을 소개하자 아이들의 표정은 일그러졌다. 중학교 때 이미 기능연습을 하며 배구를 배워본 경험이 있고 재미도 없는 종목을 왜 굳이 하려는가에 대해 불평도 많았다. 그러나 배구에

대한 스포츠교육 수업으로는 남학생에게 적용해보았고 중학교 여학생들은 소프트발리볼을 택하여 원바운드가 허용된 배구경기가 전부였기 때문에 나는 굳이 여고생들에게 배구경기를 경험시켜 주고 싶었다.

역시 교실에서의 프리 시즌을 마치고 이번에는 강당수업이 시작되었다. 중학교 때 배구수업경험이 있는 학생들이 있어서 기술훈련은 진도가 빨랐다. 그러나 혼자 공을 다루는 것과 함께 공을 다루는 것은 큰 차이가 있다. 나는 학생들에게 다양한 팀 게임을 제공하였다. 팀별로 공 떨어뜨리지 않고 언더, 오버핸드로 패스하기, 2인 1조로 공 던져주고 받은 개수 대항전, 스파이크 개수, 리시브 게임 등 경기 전 충분한 연습을 시켰다. 그리고 11점 3set 경기를 시작했다. 6인제 정식 코트에서 7명이 네트를 낮추어 경기를 하였다. 처음에는 움직이는 공에 대한 판단이 서지 않아 공이 땅에 떨어지고 난 후에 발 떨어지기가 대부분이었으나 점차 공을 두려워하지 않고 리시브를 성공시켰나.

그림 6-16 배구게임

Volleyball 경기 결과 기록지(2-9)

	It's Volleyball Time	SG 배구	불배 Tong	Premium Volleyball	평균키 160	승점	세트 수	득점	등위
It's Volleyball Time									
SG 배구									
불배 Tong									
Premium Volleyball									
평균키 160									

승: 3점, 무: 1점, 패: 0점

그런데 학생들의 반응이 유난스러웠다. 단 한 번 랠리가 이루어졌을 뿐인데도 함성을 지르기까지 했다. 만약에 두 번, 세 번 이루어졌을 때는 강당이 떠나가는 소리를 지르며 기뻐했다. 서비스는 서브라인보다 1.5m 정도 앞에서 넣게 하고 로테이션을 하도록 하였다. 경기운영팀은 주심, 부심, 기록원, 선심을 보고 다른 두 팀은 연습도 하고 경기 관전지를 작성하도록 하여 경기에 집중시켰다. 학생들은 점점 몸을 날리거나 끝까지 공을 쫓아가서 받아내는 선수들을 응원하기 시작했다. 처음에는 공에 반응이 늦은 팀원에게 싫은 소리를 하거나 약간의 짜증을 냈지만 점차 자신도 실수할 수 있는 상황이 발생함에 따라 그러한 플레이가 스포츠정신에 위배된다는 것을 깨닫게 되었다. 그러나 이것은 남학생들보다 훨씬 양호한 편이었다. 남학생들은 경기 중 실수에 대해 훨씬 폭력적이고 욕을 일삼는 경우가 많았다.

나는 배구의 열정을 수업시간으로 끝내지 않고 점심시간을 이용하여 5개 반 25개팀의 토너먼트 경기를 진행시켰다. 팀 캡틴은 추첨을 통하여 부전승과 예선경기 대진 번호를 받았다. 이번 경기는 비공식적이었기에 교사가 개인적으로 상금을 걸었다. 그래봐야 팀 1위는 3만 원 상금이었다.

하지만 여고생들에게 간식비로 관심을 끌기에 충분했다. 토요일을 제외하고 매일 점심시간은 다른 반 팀과 경기하는 재미로, 혹은 경기 없는 아이들도 삼삼오오 점심을 먹고 구경하러 오는 재미가 쏠쏠했다. 가끔은 담임까지 합세하여 경기에 열렬히 참여하기도 한다. 타 과목 선생님들이 여학생들의 배구실력을 보고 깜짝 놀랐다고 한다. 하긴 친목 배구를 하면

Lunch Time Volleyball 경기 안내

1. 팀 대항 경기로 진행한다.
2. 당일 경기 팀은 심판팀을 사전에 통보한다.
3. 심판은 1라운드(32강)에서는 그 다음 경기순서의 오른쪽 박스에 있는 팀
4. 2라운드(16강)에서는 왼쪽 박스
5. 3라운드(8강)에서는 오른쪽 박스
6. 4라운드(4강)에서는 왼쪽 박스
7. 5라운드 준결승에서는 오른쪽 박스
8. 결승에서는 3,4위전 할 팀이 함께
9. 심판-주심1, 부심1, 선심2 → 경기종료 즉시 승패 대진표에 그려넣을것
10. 개인 MVP는 우승팀에서 1인 선정
11. 경기는 11점 3set 경기(3set 11점)
12. 시상-단체, 개인
13. 경기시간 1 : 30~2 : 00

* 2, 3, 4, 5, 7, 8, 9반 주장은(대진추첨일 Today-청소시간 세미나실로 모여)

여교사 중에 서브를 할 줄 아는 선생님이 두셋에 불과하다. 몇몇 아이들은 오버핸드로 서브를 날리기도 한다.

2학년 Volleyball 제3과제

1. 일기(날짜, 제목, 이름과 역할을 기재할 것) → 팀원이 돌아가면서 일기에 대한 리플 달기

2. 북아트 준비하기(배구수업 관련 내용 전체)
우리 팀 자랑, 최고의 카리스마 캡틴, 코치의 자랑, 배구규칙, 핸드시그널, 팀원사진, 팀 각오, 팀 케릭터, 팀 구호, 과제물, 배구사전, 프로배구선수, V-league, 배구공, 배구코트, 스파이크 장면, 리시브 장면, 슬라이딩 장면, 최고의 사진, 게임관전평, 배구 2행시, 팀명 삼행시, 스포츠뉴스, 타블로이드 신문(사이즈가 작은 그림이나 사진이 첨부된), 배구스타 엿보기, 프로배구심판 인터뷰, 아마추어 동호인들, 배구 하이라이트, 배구의 과학적 원리, 배구코트, 배구별명, 팀원소개, 잊을 수 없는 배구경기 등
창의적이고 독창적인 아이디어의 BOOK ART

산남고 배구러브 2009-1
Volleyball Book Art당선을 축하합니다.
산남동 파리바케트 빵 교환권 20,000원
산남고등학교 체육사랑 남기엽

개인 수행평가는 정식 엔드라인에서 서브시험을 테스트했는데, 대다수가 A를 맞을 정도로 배구에 대한 관심과 실력이 매우 향상되었다. 처음에 재미없을 거라던 배구가 이제는 가장 재미있는 종목으로 떠올랐다. 학생들은 팡팡 소리 내며 공중에 떠 있는 배구경기가 가슴을 졸이게 하는 즐거움이 있다고 한다. 초기에 아프다며 호소하던 아이들이 쉬는 시간 강당

에만 오면 배구를 하고 있다. 배구를 배운 사람이라면 많은 사람이 손가락을 삐어본 경험이 있어 오버핸드 패스는 꺼리는 경우가 많은데 이번 수행평가 중에는 오버핸드 20개 성공시키기 항목이 있어 아이들을 당황하게 했다. 그런데 시험을 보자 많은 아이들이 소화해내는 것을 보고 교사가 결코 아이들을 저평가해서는 안 된다는 생각이 들었다.

교사는 끊임없이 아이들에게 연습할 수 있는 동기를 부여하여야 한다. 아이들은 다음 주가 시험이라고 해도 연습하지 않는 것이 특징이다. 물론 몇 명의 우수 집단을 제외하고 말이다. 학생들은 시험이 목전에 와서야 약간은 연습을 시도하고 쉽게 포기해버리는 경향이 있다. 이때 교사는 그 다음 목표로 전진할 수 있는 동기를 부여해야 한다. 아이들은 서브 시험이나 오버핸드 패스가 별로 중요하지 않다. 그것이 시험이라 해도 말이다. 그래서 교사는 그것을 하지 않으면 안 되도록 다양한 방법으로 자극해야한다. 그러면 많은 학생들이 그제서야 남들 다 하는데 내가 왜 못하지 하면서 연습을 하게 되고 목표에 달성하면 처음으로 성취감을 느끼게 된다. 학생이 목표에 도달할 수 있는데 연습을 게을리 하여 도달하지 못했다면 그것은 학생책임으로만 돌릴 수 없다고 본다.

초임시절 수행평균점수가 50~60점대를 밑돌았다. 나는 그것을 학생의 책임으로 돌렸다. 왜냐하면 열심히 하지 않은 학생들이 문제였다고 생각했기 때문이다. 그러나 잘못 가르쳐서 점수가 낮게 나왔을 가능성도 있다는 것을 깨달았다. 그래서 이제는 학생들을 가만 놔두지 않는다. 팀평가는 팀원이 가만두지 않고, 개인평가는 교사가 그냥두지 않는다. 학생들은 체육을 열심히 할 수밖에 없는 결론이 된다.

8) 재미있게 즐기는 새천년건강체조가 준 매력

2010년	표현 활동	3월	새천년건강체조	고 1학년 여학생

고등학교에 처음 입학한 여고생 1학년의 눈빛을 보라. 한국의 입시 전쟁터에 자원하여 들어온 용기 있는 여전사들이다. 그들은 이 사회에 나아가 장대한 꿈을 펼쳐나갈 인재들이다. 이번 시즌은 중학교 때 각자 다양한 체조를 배운 것을 한 가지로 통일할 수 있도록 새천년 건강체조로 종목을 정하였다. 첫 시간에는 얼마 전에 방영된 생활체육특집 〈미녀들의 반란〉 프로그램을 시청하였다. 우리나라에서뿐만 아니라 신진국에서 여학생들의 운동참여율이 얼마나 높고 또 운동을 하고 난 후 학교생활 전반에 나타나는 긍정적 요인들에 대해 알아 볼 수 있는 내용이었다. 2차시에는 팀을 선발하였다. 이 시간은 가장 관심 있는 시간이기도 하다. 이것은 남녀 혹은 중 · 고등학교를 불문하고 학생들의 최대관심사이다. 3차시에는 팀별로 팀을 이루기 위한 컨셉을 정한다. 팀명과 팀가, 팀 구호, 팀 시, 로고, 각오 등 얼마든지 다양한 팀 캐릭터를 구체화시킨다. 4차시는 포스터를 만들고 발표까지 마쳐야 한다. 3차시에 미리 준비물을 예고하고 정해진 시간 내에 제작과 발표를 마칠 수 있도록 유도한다. 자칫 시간이 길어지고 다음 시간으로 이어지면 자습시간이나 다른 시간까지 이어져 여기저기서 잡음이 들려온다. 특히 포스터를 팀별로 제작할 때에는 새천년건강체조와 팀캐릭터 그리고 한 가지의 주제를 정해주는 것이 좋다. 주제가 없으면 모든 팀의 포스터 내용이 비슷하여 식상해진다. 이번 주제는 시기에 걸맞게 소치올림픽, 벤쿠버 동계올림픽, 남아공 월드컵, 스포츠 일탈, 스포츠리더 등 다양하게 주어졌다. 5차시에는 3차시와 4차시에 만든 팀 컨셉을 팀원 모두 하나가 되어 발표를 하고 팀가나 팀구호에 율동이 더해지면 가산점을 부여하게 되는데 이것은 팀워크를 높여주는 효과가 있다. 또한 개인별로 맡은 역할과 왜 그 역할을 맡게 되었는가의 이

유, 앞으로 어떻게 과제를 수행할지 각오를 발표하게 된다. 학생들은 이 과정을 통해 자신의 각오를 모든 학생들 앞에서 발표했기 때문에 약속을 지키려고 애쓰게 된다. 아래의 표는 학생들이 제출해야 하는 과제이다. 역할별로 주어지기 때문에 그리 많지는 않다.

1학년 새천년건강체조 시즌 제1과제

1. 일기 4차시(포스터제작,발표)부터 체육수업 들은 날 한 팀에서 2명씩 돌아가면서 쓰기(일기에 이름과 역할을 기재할 것) → 팀원이 돌아가면서 일기에 대한 자율 리플
2. 파일철 제출하기(팀명 라벨부착) 학년반 라벨 부착
   - 과제내용: 파일철에 끼우기
   1) 팀 케릭터(팀가, 구호, 각오, 팀 로고, 팀시, 역할 등)- A4 1장
   2) 새천년건강체조 칠행시 지어서 제출(팀원 각자 1개씩)
   3) 새천년건강체조 그려오기(팀원 1명당 2-3동작=완성 1작품) A4
   4) 새천년건강체조 순서 명칭 들어간 글짓기 A4
   5) 홍보매니저-최근 스포츠관련 소식 5~6가지 사진글 첨부 A4 2장
   6) 안무가 변경할 안무 5~6가지 구상안 제출(첨가 혹은 변경)
   7) 패션디자이너-옷 구상 아이디어 제출
   8) 뮤직엔지니어-리믹스 할 음악 선곡 제목 제출
   9) 심판관, 점수기록원, 통계원-새천년건경체조 순서 암기 및 제출
   10) 주장-전체적인 과제 정확한 숙지 및 전달, 제출 완료

모든 과제를 파일철에 끼워서 제출할 것

기한 : 4월 15일 5층 교무실

그림 6-17 건강체조 만들기

새천년건강체조 팀 평가지

20○○년 ___월 ___일 1학년 ___반 팀명 __________ 주장 __________

① Subject

____

② Music

____________________뮤직엔지니어 성명____________

③ 복장 concept

____________________패션디자이너 성명____________

④ 주제에 맞는 안무 구성

평가	Excellent	Very good	Good	Poor	Very poor
점수	10	8	6	4	2
체크					

⑤ 적절한 음악 편집

평가	Excellent	Very good	Good	Poor	Very poor
점수	10	8	6	4	2
체크					

⑥ 복장, 준비물 구성

평가	Excellent	Very good	Good	Poor	Very poor
점수	10	8	6	4	2
체크					

⑦ 대형변화, 움직임

평가	Excellent	Very good	Good	Poor	Very poor
점수	10	8	6	4	2
체크					

⑧ 동작이 크고 힘찬 정도

평가	Excellent	Very good	Good	Poor	Very poor
점수	10	8	6	4	2
체크					

⑨ 표정이 밝은가?

평가	Excellent	Very good	Good	Poor	Very poor
점수	10	8	6	4	2
체크					

⑩ 최선을 다하는 태도

평가	Excellent(전체)	Very good(2/3)	Good(절반)	Poor(1/3)	Very poor(그 이하)
점수	10	8	6	4	2
체크					

***합계점수

<table>
<tr><td>팀명</td><td></td><td>인원</td><td></td><td>비고</td><td></td></tr>
<tr><td colspan="2">합계점수</td><td colspan="4"></td></tr>
<tr><td>심판
서명</td><td>______
인</td><td>점수기록원
서명</td><td>______
인</td><td>교사확인</td><td></td></tr>
</table>

체조는 빔프로젝트를 이용하여 강당에서 큰 슬라이드를 이용하여 구분동작을 익혔다. 새천년건강체조는 국민건강체조로 명칭이 바뀌었을 정도로 이제 많은 학교에서 전교생이 배우는 체조로 채택하고 있다.

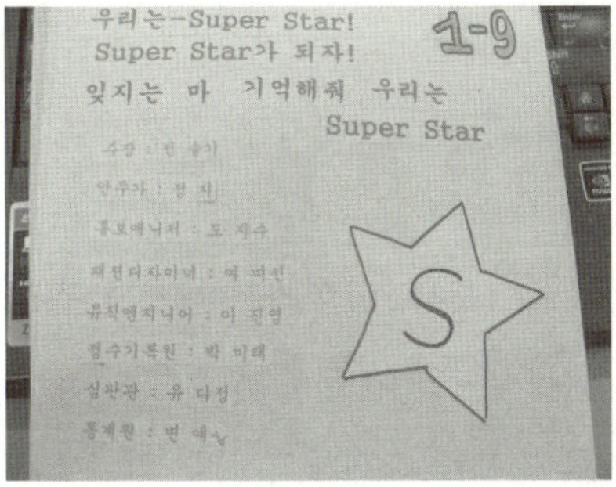

본격적인 시즌이 진행되면서 체조에 대한 구분동작을 배우고 좋은 자세를 위한 근력운동도 병행시켰다. 스포츠교육 수업의 특징 중의 하나는 미니게임이다. 순발력이 필요한 이러한 게임은 팀 단합과 팀원들의 다양한 끼가 그 자리에서 발휘된다. 이번 게임은 근력을 향상시킬 수 있는 동작 2, 3가지를 5분 동안 만들어서 발표하는 시간을 가졌다. 팀별로 모여서 다양한 의견을 제안하고 수렴하는 과정이 사뭇 진지하다. 발표하는 시간이 되어 한 팀씩 퍼포먼스를 하였는데 매우 다양한 아이디어가 나와 교사나 학생들에게 웃음과 재미를 선사하였다.

스포츠교육 수업으로 체조를 실시하기는 이번이 처음이었다. 체조를 배우고 색다른 체조의 동작을 추가로 집어넣은 팀별 퍼포먼스는 학생들에게 체조에 대한 이해를 돕고 동작을 즐겁게 배울 수 있는 기회를 제공하였다. 학생 역할 중에 안무가의 역할과 뮤직엔지니어의 음악 편집 작업, 패션디자이너의 소도구 준비는 무엇보다 돋보였고 청소년 문화가 배어 있는 작품으로 손색이 없었다.

9) TV에 출연한 넷볼 수업

2010년	경쟁 활동	9월	넷볼	고 1학년 여학생

1900년대 초 두 영국 여인이 미국 Massachusett에서 농구 경기를 보고 이를 여자에게 적용할 수 있도록 고안하여 만든 경기이다. 주로 영연방, 즉 영국, 호주, 뉴질랜드, 캐나다, 말레이시아, 인도네시아, 싱가포르 등에서 활성화된 경기이고 이들 국가의 올림픽인 Common welth game의 주 종목이다. 이러한 넷볼 경기를 학생들에게 소개하기 위해 인터넷과 넷볼 협회에 문의를 하여 각종 자료를 구하고 넷볼 골대와 강당에 넷볼경기장을 테이프로 부착하였다. 학생들은 농구공보다 작은 넷볼에 흥미 있어했고 까끌까끌한 감촉을 잘 이용하여 슛을 날려보기도 하였다.

그러나 넷볼은 농구와는 달리 백보드가 없는 것이 특징이어서 정확한 슛 입사각이 만들어 지지 않으면 골인이 되기 어렵다. 넷볼 수업을 위해 아이들은 각 팀별로 넷볼 포지션을 정해야 했다. 각자의 맡은 역할 외에 GS, GA, WA, C, WD, GD, GK로서 경기에 참가해야 한다.

학생들은 팀별로 준비해 온 넷볼 발표와 퀴즈를 함께 한 후 실기 수업에 임했다. 볼컨트롤과 함께 누가 공격과 센터 혹은 수비 및 슈터를 할 것인가에 대해 고민하기 시작했다. 한 두시간의 DUTY팀(경기운영팀)연습과 경기연습을 하고 포지션별 제한지역에 대한 학습 후에 게임이 시작되었다. 농구처럼 드리블과 트레블링 반칙이 없어 훨씬 게임이해와 적응이 쉬웠다. 그러나 처음 듀티팀은 반칙 잡아내는 것을 어려워하였다. 이렇게 시작한 넷볼 시즌은 수업시간과 점심시간 저녁시간으로 이어졌고 학년말 페스티발까지 이어져 학생들은 틈만 나면 운동장에 넷볼 골대를 옮겨놓고 넷볼게임을 즐겼다.

여자 고등학생들이 즐기는 넷볼게임에 대한 이러한 소식은 EBS 방송 〈최고의 교사〉 프로그램에 방송되어 전국적인 화제가 되기도 했다

공지사항

체육과에서 알립니다.

Sannam Netball Championship League
경기임원을 선발합니다.

* 자격 : 현재 1학년중에서 스포츠활동에 열심히 참여하는 학생중에서
* 인원 : 8명
* 선발기준
  1. 교칙위반을 하지 않고 친절하고 책임감이 있는 학생
  2. 체육에 대한 관심과 애정이 있는 건강한 산남고 학생
  3. 유박열(유능하고, 열정적이며, 박식한)이면 더욱 좋음
* 내용

1	Championship League 운영 Captain	1명
2	대진표 STAFF	2명
3	Netball 경기 홍보 매니저	1명
4	심판위원	2명
5	경기운영위원	2명

Netball Championship League 경기 안내

1. 팀 대항 경기로 진행한다.
2. 경기임원은 심판팀을 사전에 통보한다.
3. 심판은 라운드(64강, 32강, 16강)에서는 그 다음 경기순서의 위쪽 seed 팀(같은 반일 경우 아래)
4. 결승에서는 3,4위전 할 팀이 함께
5. 개인 MVP는 우승팀에서 1인 선정
6. 경기는 전 후반 7분 휴식 1분, 무승부일 경우 골든볼(먼저 골인 팀 승)
7. **모든 경기는 점심시간 1시 15분 시작, 저녁시간 6시 15분 시작(어길 시 몰수패)**
8. 심판 팀은 배구네트 철거 및 코트정비완료 5분이내
9. 시상-단체, 개인
10. 준비운동 철저, Fair play!

(2011년 1월 21일 방영). 여고생들이 스포츠 활동을 마음껏 즐기고 있다. 그들은 이제 충분하지 않은 시간조차 쪼개어 스포츠를 참여한다. 스포츠 활동이 결코 헛된 시간낭비가 아니라는 것을 충분히 지각하고 있다. 무엇인가에 이렇게 몰입하여 팀과제를 수행하는 동안 가슴 뛰는 체험과 동료와 함께 잊지 못할 추억을 간직한 아이들에게 스포츠는 소중한 인생의 스

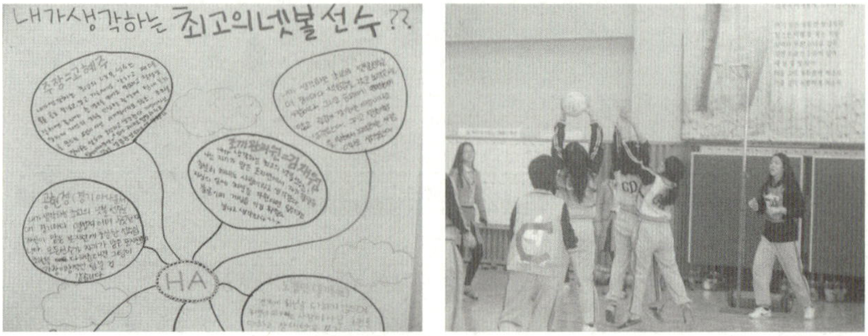

그림 6-18 넷볼 활동

승이 되었다. 그리고 함께 행복해했다. 인류의 역사와 함께 진화해 온 스포츠가 현재까지 인간의 삶 속에서 유희와 교육, 직업, 문화가 되어 사라지지 않는 것은 그 만큼 가치가 있어 사람들이 찾기 때문일 것이다. 하지만 이러한 스포츠를 학교에서 제대로 가르치지 않는 것은 체육인으로서 그 책임을 다하지 못하는 것이다. 이제 학교에서 체육을 가르칠 때 더 이상 기능과 기술, 기록만으로 체육에 한계를 짓지 말고 스포츠교육을 한번 해 보도록 제안하고 싶다.

NETBALL 심판 평가지

1학년 반

DUTY TEAM :

MATCH TEAM : vs

		A	B	C	D	E
1	경기운영팀장					
2	주심					
3	부심					
4	주기록원					
5	골기록원					
6	볼리트리버					
7	아나운서					

최고의 교사_46편 "행복한 체육을 만드는 교사"
- 산남고 남기엽 선생님

연출: 윤석모

글. 구성: 정순애

평범해 보이는 여고 안. 체육관이 언제나 시끄러운 이유는? 그건 바로 산남고 남기엽 선생님의 특별한 체육수업이 있기 때문이다. 단순히 교과서에 나오는 내용대로 각 종목의 정의나 기본 자세만을 배우는 것이 아니라 종목 자체를 통째로 몸으로 익히는 진정한 체육수업이 바로 남기엽 선생님식 체육수업이다. 여고에서 기피대상 1호인 체육시간 속으로 아이들을 빠져들게 만든 산남고 남기엽 선생님의 체육시간 속으로 함께 가보자.

▶너희는 체육시간에 패스 배우니? 우리는 스포츠한다.

남기엽 선생님의 체육시간이 특별한 이유. 그것은 바로 한 학기에 한 종목만 공부하는 집중력에서부터 시작한다. 한 학기에 이것저것 수박 겉기 식으로 여러 종목을 하기보다 한 종목이라도 제대로 배우는 것이 좋다는 게 선생님의 생각이다. 때문에 선생님은 한 학기에 한 종목을 정해 아이들에게 집중적으로 가르친다. 이번 주제는 바로 넷볼. 팀 구성으로 시작한 수업은 넷볼에 관한 기본가 규칙은 물론 경기를 진행하는 등 종목 자체를 아예 통째로 배우기 된다.

수업 자체가 팀플레이로 진행되기 때문에 모든 팀원은 경기 운영의 역할을 한 가지씩 맡아 한 학기 동안 그 역할을 익혀나간다. 선수로 뛰기도 하고, 심판을 보기도 하고, 장내 아나운서를 맡아 진행을 하기도 하는 등의 활동으로 매 시간 체육 수업이 더해갈수록 아이들은 자신의 역할을 배워나가게 되고 그러면서 스스로 그 경기의 주인이 되는 것이다.

아이들에게 다양한 역할을 주고 그 역할을 잘 소화해내는가. 그리고 마지막에 아이들이 스스로 경기를 운영했을 때 아이들이 받아들이는 것이 굉장히 교과서에서는 배울 수 없는 것들을 배울 수가 있거든요. 아이들이 함께 모여서 팀 포스터도 만들고 선수로 뛰어보기도 하고 심판을 보기도 하면서 각자 다양하게 자기 흥미나 적성에 맞는 그런 역할을 찾아가는 거죠. 그런 것들을 맡으면서 아이들은 스스로 굉장히 보람도 느끼고 자부심도 느끼게 되니까 아이들이 체육에 대해 더 흥미를 느끼게 되는 것 같아요.

6. 체육교사의 방해물

1) 선수지도

서울 지역을 제외하고 대부분의 학교에서는 체육교사라면 선수지도를 해야 한다. 학기 초 3월이면 시군별로 교육장기 육상대회에 출전해야만 하고 대회 참가 인원과 입상실적은 학교평가에 반영하게 된다. 한 학교에 많으면 4~5개 지정종목이 있어서 거의 모든 체육교사가 선수지도의 업무를 담당하게 된다. 물론 체육교사로서 운동에 소질을 보이는 학생을 키워보는 것도 보람된 일이다. 그러나 체육교사로서 선수지도업무의 스트레스가 상당하다. 학생선수들은 학업을 전폐한 운동선수로 남아있기를 원하지 않고 선수를 담당하고 있는 감독교사나 코치는 임박해 있는 대회 때문에 쉽게 수업을 빼버린다. 담임이나 교과 선생님조차도 각종행사나 조회, 종례에 자주 비어있는 운동선수들의 빈자리에 좋은 눈길을 보내지 않는다. 체육교사는 하절기 및 동절기 방학 전 2~3주 이상 선수지도 계획을 제출하고 실제로 휴가기간 동안 선수지도를 해야만 한다. 물론 서류만 제출하고 훈련지도를 하지 않는 교사도 있지만 방학 내내 불편한 마음을 감내해야 한다. 물론 이 모든 훈련지도와 계획에는 별도의 수당이 지급되지 않는다. 국영수과사 과목은 보충수업에 따른 보충수업비가 있고 휴가 중 특별보충수업에도 지급이 되지만 유독 체육교사의 선수훈련에 따른 보상은 찾아보기 힘들다. 이처럼 적절한 보상도 따르지 않은 운동부감독으로 남아있으려면 단지 희생과 봉사, 열정으로 학생선수를 키워내야만 하는데 이는 결코 쉬운 일이 아니다.

운동선수를 키우다 보면 시즌별로 대회출장이 많은데 이것 또한 문제가 된다. 며칠씩 수업을 못하게 되는데 출장으로 인한 수업을 다녀와서 모두 교체해서 해야 하니 이중삼중고이다. 남아 있는 교사가 합반수업으로 대체해 주기도 하는데 사실 이것은 적법하지 않다. 또한 수업이 제대로 될 리가 없다. 남아있는 학생들이 피해를 보는 것이 불을 보듯 뻔하다.

그렇다면 학생선수를 어떻게 키워야만 할까? 우선은 학생들에게 수업 받을 권리를 보장해주어야 한다고 본다. 학생선수도 인권이 있지 않은가. 그리고 자발적으로 선수가 될 수 있도록 다양한 스포츠프로그램을 만들어 참여하도록 해야 할 것이다. 또한 선수지도를 맡은 체육교사의 보상이 명백해야 하고 단 하루라도 대회출전으로 인한 수업결손이 일반 학생들에게 영향이 미치지 않도록 기간제교사의 풀타임인력제도로 정착되어야 할 것이다.

2) 열악한 환경

우리나라에는 체육관 보급률이 낮고, 있다하더라도 많은 학생들을 수용하기가 힘들기 때문에 체육수업은 대부분 먼지 날리는 운동장에서 이루어진다고 볼 수 있다. 여름에는 30도가 오르내리는 더위와 싸워야 하고, 추운 겨울에는 추위와 한파를 이겨내야 한다. 물론 방위체력을 높이는 좋은 방법일 수도 있겠으나 사기마저 꺾는 수업환경이 체육교사의 열정을 무너뜨린다. 강당이 있는 학교는 두세 반이 비좁은 강당에 들어가서 수업을 하니 이것은 수업이 아니라 시장바닥처럼 보인다. 수업 집중도도 높을 리가 없다. 수업안내와 설명을 하려면 조용해야 하는데 다른 반이 강당에 함께 있으니 설명조차 힘이 든다.

수업 교구관리에도 허점이 많다. 매년 구입하지만 너무 쉽게 망가지고 분실된다. 또한 공인제품의 기자재는 굉장히 비싸다. 한 교사가 학교를 옮길 때마다 대부분 새로 사야하는 것이 태반이다. 운동부를 관리해야 한다면 수업교구비용에 대한 할당비율은 현저히 줄어든다. 예전처럼 공 하나로 한 학기를 보낼 정도로 열악하지는 않지만 수업교구에 대한 확보와 관리체제의식이 부족해 보인다. 이러한 교구구비사항을 학교별로 교사재량사항으로 두지 말고 국가적인 학교체육교육기준의 의무사항으로 규정해 놓기를 바란다. 그러면 학교별로 체육교사가 행정실 직원과 부딪히는 일도 줄어들고 관리로 인한 스트레스도 줄어들 것이다. 따라서 교사는 수업에 더욱 집중할 수가 있게 된다.

7. 스포츠교육 작품

산국 타임즈

학업 성취도 평가 상처뿐인 기억

우왕좌왕 교원 평가제도

함께하는 산국축제

우리의 눈물을 닦아주세요

〈학교신문에 실린 스포츠교육〉

〈사례 1〉

초보감독 홍명보에게서 배우는 리더십

2학년 3반
팅구팀 주장 강 슬 기

홍명보 감독은 소통의 리더십을 근간으로 하고 있다. 소통의 리더십에서 핵심은 듣기와 말하기다. 많은 사람들이 말하기 공부에는 많은 시간과 비용을 지불하지만, 듣기 공부는 소홀히 하는데, 듣는 것이 소통의 시작이고 말하는 것이 소통의 끝임을 알아야 한다. …〈중략〉… 이유 있는 성과를 거둔 홍명보 감독은 첫째, 감독의 권위와 기강을 앞세우지 않고 젊은 선수들에게 여러분이라는 존댓말을 사용했다. 둘째, 경기내용이 부족한 부분은 선수 개인이 아니라 팀 전체를 지적했다. …〈중략〉… 홍명보 리더십에서 볼 수 있는 것처럼 리더십의 핵심은 듣기와 말하기라고 한다. 애들의 말을 주의 깊게 듣지 않고 내가 말하는 데만 너무 치우쳤던 것 같다. 팀의 리더로서 상대방의 말을 잘 들어야겠다. 저번에 첫 실전경기 때 우리 팀이었던 팅구가 졌었다. 그때 경기하면서 애들한테 "집중 안 한다", "정신 차려라"와 같이 애들한테 뭐라 했던 적이 있다. 이처럼 상대의 입장에서 한 번 더 생각해보고 상대의 감정을 상하지 않게 했어야 했는데 이런 점은 한 번 더 생각해야겠다는 생각이 들었다. "ㅇㅇ 뭐하는 거야" 같이 애들 이름을 부르면서 지적한 적이 있었다. 그러다 보니 그 애는 오히려 위축 들어서 제대로 자신의 실력을 발휘하지 못한 것 같다. 홍명보 같은 경우는 선수 개인이 아니라 팀 전체를 지적했다. 그러다 보니 한 번의 실수를 했던 선수도 위축되지 않고 자신의 플레이를 할 수 있었을 것이다. 가나 경기에서 졌을 때도 책임은 자신에게 있다면서 선수들에게 책임을 돌리지 않았다. 게임에 졌을 때 선수를 탓하지 않고 오히려 잘했다고 힘을 넣어주는 것이 리더인 것 같다. 홍명보의 리더십을 보면서 내가 보충해야 할 점을 많이 알아간 것 같다.

* **도움말**: 팅구 팀의 주장 슬기는 매우 열정적입니다. 따라서 승부욕심에 팀원들에게 좋지 않은 질책을 한 적이 있지요. 홍명보 감독처럼 개개인을 지적하기보다는 팀 전체의 책임을 물어 선수들이 위축되지 않도록 하는 것이 리더로서 갖추어야 할 중요한 태도입니다.

〈사례 2〉

세계 최고의 부자이기 전에 최고의 리더 빌 게이츠

2학년 9반
Special Girls팀 코치 오 주 향

빌 게이츠로부터 배울 수 있는 리더십 포인트는 핵심인재 확보, 그리고 그들로부터 무한대의 헌신과 몰입을 이끌어 내는 능력에 있다. 그는 "우리 회사의 최고 인재 30명만 다른 팀으로 이적시키면, 그 팀은 곧바로 또 하나의 MS로 비상할 것이다. 유능한 인력이 빠지고 나면 모든 상품은 순식간에 퇴물이 되고 말 것이다. 남은 사람들도 의욕을 잃어버리고 함께 일한다는 즐거움도 어디론가 사라져 버린다. 이 모든 것을 포기하는 것은 정말 쉽지 않다"고 주장하면서 돈보다 사람을 중시했다.

그는 사람만이 최고의 자산임을 제대로 인식하고 있다. 그는 직원들의 열정과 자신감을 고취시키는 것이 CEO의 첫 번째 덕목임을 누구보다 잘 알았다. …〈중략〉…빌 게이츠는 "어떤 일이 얼마만큼 진전됐는지 직원 모두가 알아야 한다. 그래야 적극적으로 동참하고 싶은 마음도 생겨난다. 얼마나 시급한지, 재정여건은 어떤지 있는 그대로 털어놓는 것이 중요하다"고 강조해서 말하곤 했다. 또한 그는 성공을 극도로 경계하고 실패로부터 배우는 매우 특별한 관점을 가졌다. 그는 오래 전에 이미 "전쟁에서 승리는 반복되지 않는다"라는 전승불복의 지혜를 터득하고 있었다. 그는 "성공은 어설픈 교사다. 현명한 사람들도 자신에게는 실패란 없다고 확신하게 만든다"고 말한다. …〈중략〉…빌 게이츠는 주변 사람까지 전염시키는 용암처럼 솟구치는 열정, 그리고 끝없는 학습열을 우리에게 배우게 한다.

SG 배구의 코치로서, 한 팀의 리더로서 내가 갖추어야 할 리더의 모습을 빌 게이츠를 통해 볼 수 있다.

첫째, 우승보다는 팀원이 우선시하겠다. 빌 게이츠도 돈보다는 직원을 우선시했고, 직원을 우선시했고, 직원들을 위한 환경마련과 헌신, 몰입을 당연시하는 모습에서 느낀 것이다. 나 또한 우리 팀원 한 명 한 명을 격려하고 이끌면서 우승을 위해 바쁘게 달려가는 것이 아닌 손잡고 한발 한발 함께 떼는 코치가 되겠다.

둘째, 배구를 즐기는 팀으로 만들겠다. 빌 게이츠는 직원들의 열정과 자신감을 고취시키는 데에 심혈을 기울였다. 우리 팀은 절대로 기죽지 않고 "괜찮아!", "잘했어!" 하며 웃으면서 연습하고 경기할 수 있도록 나부터 먼저 웃고 먼저 다독여 줄 것이다.

셋째, 진 경기에서 배움을 얻겠다. 이기는 것도 당연히 중요하다. 하지만 지는 것에서 더 많은 것을 얻을 수 있기 때문에 나는 진 경기에 더욱 초점을 가할 것이다. 빌 게이츠는 성공에 경계를 두고 실패로부터 배우는 자세를 지녔다. 그러면서 더욱 보안하고 아니면 새로운 것을 창조해 내어 끝내 성공에 성공을 더해 갔다. 이처럼 나도 경기 중 우리가 다른 팀에게 왜 점수를 내주었는지 하나하나 관찰하면서 체크해주고, 부족한 부분을 보충하고 더 나아가 새로운 기술을 익히도록 이끌 것이다. 나부터 먼저라는 생각을 가지고 즐거운 배구경기를 할 수 있도록 이끄는 코치가 되겠다. SG 배구 파이팅!

* **도움말**: 주장 이슬기와 함께 코치 오주향은 팀의 승리에 앞서 팀원을 우선시하겠다는 다짐이 빌 게이츠와 닮아가기의 핵심입니다. 진정한 승리자는 즐기는 것입니다. 승리와 패배에 연연하기보다는 배구 경기를 즐기는 팀으로 만든다는 각오가 돋보입니다.

〈사례 3〉

역사상 가장 큰 부자 존 록펠러의 리더십

2학년 7반
Mademoiselle팀 주장 이 수 정

존 록펠러의 인생은 거침이 없었다. 30세에 1백만 달러를 모았고 43세에는 미국 최대의 정유회사를 세웠다. 53세에는 세계에서 가장 많은 돈을 가진 대부호가 됐다. 그때 그는 알로페시아라는 병에 걸렸다. 음식을 전혀 소화해내지 못했으며, 눈썹과 머리카락이 빠져 몰골이 흉측했다. "주는 자가 받는 자보다 복이 있다"라는 글을 보는 순간, 그의 마음속에 짜릿한 전율이 흘렀다. 그는 지그시 눈을 감고 생각에 잠겼다. 짧은 한 마디 문구가 그의 마음을 사로잡고 있었다. 그렇게 병원 로비에 서서 생각에 잠겨 있는데 어디선가 소란스러운 소리가 들려왔다. 정신을 차리고 보니 병원비 문제로 환자의 가족과 병원 측이 다투는 소리였다. 환자의 가족은 너무나 가난해서 병원비를 낼 수 있는 형편이 되질 않았고, 그런 환자를 입원시킬 수 없다는 병원 직원의 목소리가 들려왔던 것이다. 이 광경을 목격한 록펠러는 비서를 시켜 그 환자의 병원비를 대신 지급하도록 지시하였다. 물론 누가 지불했는지에 대한 것은 비밀에 부치기로 했다. 얼마가 지난 뒤, 록펠러는 병원에 다시 찾아갔을 때 소녀의 회복된 모습을 볼 수 있었다. 이를 본 록펠러는 나중에 자신의 자서전에 이 순간을 그의 생에서 가장 행복했던 순간이었다고 회고하고 있다. 이후 록펠러의 삶은 완전히 바뀌었다. 그리고 정말 뜻밖에도 암 투병에 시달렸던 건강이 점차 회복되기 시작했다. 결국 그는 98세까지 행복한 삶을 살며 록펠러 재단을 통해 나눔을 베푸는 삶을 살았다. "살면서 이처럼 행복한 삶이 있다는 것을 미처 몰랐습니다. 내 인생의 55년은 항상 쫓기듯 살았지만, 나머지 43년은 정말 행복한 시간이었습니다."

…〈중략〉… 그는 자신의 자녀와 손자들에게 금전교육을 엄격히 시킨 것으로 유명했다. 맨해튼 은행장이었던 데이비드 할아버지인 록펠러가 어떻게 돈 쓰는 방법을 가르쳤는지 사람들에게 자주 들려주었다. …〈중략〉…록펠러는 "네가 사용하는 용돈은 결코 거저 주어지는 것이 아니란다. 여러 사람들의 숨은 노력이 있었기 때문에 작은 돈이지만 너에게 주어진 것이지. 그러니 늘 돈이 생기면 그 중에 일부를 다른 사람들을 위해 써야 한다." 록펠러는 이렇게 작은 돈도 제대로 바르게 쓰도록 했고 수입의 일부분을 자선단체에 기부하도록 가르쳤다. 결국 오늘날 록펠러 재단과 연구소는 이러한 록펠러 가문의 엄격한 금전교육 덕분에 사회를 위해 더 많은 공헌을 할 수 있었던 것이다.

존 록펠러의 성공요인은 크게 네 가지로 압축할 수 있다. 첫째, 그는 돈을 따라 기웃거리지 않고, 있는 자리에서 최선을 다했다. 둘째, 한 분야를 파고들어 일인자가 되었다. 셋째, 사람관리에 뛰어난 자질이 있었다. …〈중략〉… 이번에 체육숙제 조사를 하면서 존 록펠러라는 인물을 처음 알게 됐다. 우리가 많이 알고 있는 인물들 말고 이렇게 또 다른 이면에서 훈훈한 리더십을 발휘한 인물이 바로 존 록펠러이다. 우선 가장 중요한 것은 뭐든지 최선을 다하자는 것이다. 요즘 배구연습을 할 때도 정말 필요한 요소 중의 하나이다. 결과에 승복하지 않고 어느 시합을 하던 항상 최선을 다하는 모습을 보이는 게 가장 중요한 요소 중 하나인 것 같다. 또한 우리 팀에게 최선을 다하게끔 힘을 불어 넣어주는 역할을 함으로써 존 록펠러의 리더십에 감탄할 따름이다. 또 다른 점은 도전정신이다. 기회가 왔을 때 주저하지 않고 도전적으로 뛰어드는 정신을 갖는 것이다. 배구를 할 때도 공을 끝가지 보면서 놓치지 않겠다는 도전정신이야말로 배구시합에서 꼭 필요한 요소 중의 하나인 듯하다. 짧은 시간 동안 존 록펠러에 대해 조금이나마 알 수 있어서 내심 뿌듯함을 느낀다. 존 록펠러의 이러한 리더십이야말로 배구경기에서나 혹은 사회에 나가 사회생활을 하면서 꼭 필요한 리더십이 아닌가 한다.

* **도움말**: 존 록펠러는 대부호이면서 삶에서 무엇이 가장 중요한 것인가에 대한 남다른 철학이 있었습니다. 한 사람이 성공에 이르기까지 최선을 다하는 마음과 도전정신은 반드시 필요하겠지요. 팀을 이끌면서 최선을 다하여 경기에 임하는 자세는 무엇보다도 중요합니다.

〈사례 4〉

맨체스터유나이티드 박지성 그는 …

2학년 3반

문성민과 꼴뚜기팀 코치 배 해 리

박지성이 주장을 맡은 후 한국대표팀이 무패행진을 이어가고 있는데 그 원인을 뜨거운 심장과 차가운 두뇌를 가진 "캡틴" 박지성이 있음에 가능한 일임을 의심할 여지가 없다. 그의 존재와 일거수일투족이 후배들에게 본보기가 되고 있기 때문이다. 그 점이 바로 박지성 특유의 리더십이라 하겠다. 그의 리더십은 은근하되 오래간다. 홍명보, 이운재, 김남일 등이 보여준 리더십과는 색깔이 분명 다르다. 우수한 실력으로 무장한 것은 같지만 따라오게 만든 불같은 카리스마라기보다는 솔선수범으로 저절로 따라오게 만드는 은근함이라는 점에서 대조를 이룬다. 이러한 그의 자세가 팬들은 물론 어린 후배들의 마음마저 사로잡고 있다. 강요하지 않아도 그를 따르게 되는 이유인 것이다. 후배들로서는 세계 최고의 몸값으로 뛰고 있는 박지성이 부럽지 않을 수 없다. 그러나 질투의 대상이 아니라 따라하기의 역할 모델인 것이다. 끝까지 포기하지 않는 끈기, 냉철한 두뇌로 펼쳐내는 뛰어난 플레이 하나하나가 팀 멤버들의 능력마저도 상승시키는 촉매가 되고 있는 것이다. 은근하며 오래가는 박지성표 리더십의 모습이 한국인의 은근과 끈기와 잘 어울리는 것이라면 어쩌면 전형적인 한국형 리더십이 아닐까 생각해 본다.

박지성은 자신을 드러내지 않고서도 팀을 장악할 수 있는 '수평적 리더십'을 발휘했다. 이것을 보고 나도 내 실력만 믿고 내 맘대로 하는 것이 아니라 팀원의 특성을 파악해서 모두 어우러져 완벽한 팀워크를 발휘할 수 있도록 노력해야겠다. 또 박지성은 권위에 의지하지 않고 먼저 행동으로 보여주고 소통과 대화로 후배들을 이끄는 성실한 모습으로 눈길을 끌었다. 이런 모습을 본 받아서 경기가 잘 되지 않을 때는 화부터 내지 않고, 차근차근 문제를 설명할 수 있도록 해야겠다. 배구경기는 팀 경기인 만큼 나만 튀어서는 안 된다. 스타의식이 드러날 경우 팀 분위기를 흐린다고 한다. 그러므로 나 혼자만의 경기가 아닌 우리팀 모두 구성원들의 즐거운 경기가 되도록 이끌어야겠다.

* **도움말**: 박지성은 운동선수로시 적합하지 않은 평발을 가지고 있었지만 남들보다 수백 배의 노력으로 지금의 자리에 서게 되었습니다. 그러한 피땀 어린 훈련의 과정은 타인을 배려하도록 하게 하였고 모든 것은 말보다는 행동이 먼저 솔선수범하게 만드는 원동력이 되었을 것입니다. 팀 리더로 최고의 미덕은 성실함입니다.

〈사례 5〉

히딩크의 슈퍼리더십

2학년 2반
Hello Volley 주장 조 혜 진

2002년 한일 월드컵이 개최되었을 때, 거스 히딩크 감독이 이끈 한국 국가대표팀은 4강신화를 이루어냈다. 이 기적은 히딩크 감독이 아닌

슈퍼리더십이 만들어낸 결과이다. 슈퍼리더십이란 “구성원 스스로가 자신을 리드(lead)하도록 역량과 기술을 갖추게 하는 리더십, 관리(management)와 통제(control)를 하지 않고 구성원에게 최대한 자율권을 부여함으로써 스스로 학습하고 성장해 가도록 도와주는 리더십” 을 말한다. 따라서 슈퍼리더십을 갖춘 리더는 무조건 ‘나를 따르라’ 는 식으로 구성원들을 억지로 끌고 가지 않고 구성원 스스로가 문제를 파악하고 해결하는 능력을 기르도록 하는 리더라고 할 수 있다. 히딩크는 자신의 선수들을 끝까지 믿었다. 이길 수 있다는 믿음도 버리지 않았다. 그는 16강 진출이라는 다소 무리해 보이는 목표치를 설정함으로써 선수 개개인의 잠재 역량을 한 단계 높은 수준으로 발휘될 수 있도록 유도했다. …〈중략〉… 사실 한국축구는 군대를 방불케 한다. 선배와 고참을 깍듯이 살피는 전형적인 ‘수직적 인간관계’ 이다. 이렇게 창의성과 직접적 의사소통이 단절된 ‘수직적 관계’ 를 유연한 ‘수평적 인간관계’ 로 바꾼 것이 히딩크다. 그는 능력을 가장 우선시하는 네덜란드의 민족적 특성 때문에 특히 ‘그라운드의 민주화’ 를 주장했다. 권위와 질서가 잘 잡힌 ‘민주주의는 선진축구의 초석’ 이라는 신념은 정치인이 히딩크로부터 배울 리더십의 요체다. ‘히딩크 신드롬’ 의 실체는 놀랄만한 성공 신화에서 비롯된다. 브레이크가 파열된 폭주기관차처럼 달리는 한국축구의 지도사로서의 그에 대한 환호성은 눈에 보이는 ‘분명한 결과’ 때문이다. ‘용병은 전쟁의 상흔으로써, 프로는 결과로 말한다’ 라는 것이 그의 리더십의 가장 중요한 덕목이기도 하다. 그는 자율적인 분위기를 강조하는 가운데서도 엄격한 원칙을 고수했다. 또한 그의 제1강령은 ‘즐겨라’ 다. 그의 첫마디는 “즐기는 축구를 해야 한다”였고 월드컵 개막을 앞두고 던진 메시지 역시 ‘축제를 즐겨라’ 였다. 히딩크 만큼 헌법을 꿰뚫는 최상위 가치인 ‘행복 추구권’ 을 강조하고 멋지게 보장한 리더가 몇이나 될까. 또한 그는 유머와 낙천주의적인 리더이다. “지금은 16강 진출 가능성이 절반이지만 하루에 1%씩 높여 가겠다.” 이렇게 히딩크는 축구계에서 매우 뛰어난 지도자다. 그는 선수들을 믿고 진심으로 존중하고 배려함으로써 선수들 스스로가 그를 믿고 따를 수 있게 만드는 '슈퍼 리더십'이 있었던 것이다! 히딩크가 전 세계에서 '최고의 감독'으로 통하는 비밀이었던 것이다. 난 물론 히딩크가 훌륭한 리더인 줄은 알고 있었지만 이번에 과제를 하면서 더더욱 느낄 수 있었다. 우리 배구팀에서도 비록 8명뿐이지만 내가 주장이니까 책임감을 가지고 실력도 많이 키우고 우리 팀 친구들과 멋진 배구팀을 만들어 가야겠다고 생각했다.

* **도움말**: 히딩크는 얼굴에서 뿜어져 나오는 자신감, 전략과 전술에 대한 해박함, 선수에 대한 존중, 배려 그리고 무엇보다도 선수들에 대한 끝없는 믿음이 팀을 우승으로 이끌 수 있는 커다란 힘이 되었다고 생각합니다. 배구 기술에 대한 기초를 충실히 연습하고 뚜렷한 목표를 제시한다면 Hello Volley도 결과로 말해 줄 것입니다.

〈사례 6〉

삼국지의 영웅들

2학년 9반
불배통 주장 김 유 선

조조의 용인술은 난세에 적합한 유형이다. 상황과 인물 그리고 문제의 핵심과 본질을 꿰뚫어 보는 남다른 통찰력과 결단력, 그리고 실천력을 겸비한 난세의 영웅이었다. 또한 그는 자신이 보는 확실한 세계관이 있었고 자신만이 볼 수 있는 안목과 해법을 가지고 있었다. …〈중략〉…조조는 아주 냉철하고 차가운 인물로 알려져 있지만 감성적인 면도 풍부하다. 사람을 심복시키고 감동을 주는 데는 감성적 요소가 꼭 있어야 한다. 위대한 경영자는 엄격한 신상필벌과 이성적 판단이 바탕이지만 그 위에 따뜻한 인간애가 있어야 한다. 이른바 인간적 매력이다. 기록에 의하면 조조는 당시 일급의 지식인이고 또 시인이었다. 조조는 시심(詩心)을 지녔다고 볼 수 있는데 그것은 심약(心弱)하고는 다른 것이다. 조조는 원칙과 줏대를 세우면서도 인간에 대한 따뜻한 마음씨를 자주 나타낸다. 조조가 유비를 정벌하러 나가 조조의 근거지인 허창이 텅 빌 때가 있었다. 이때 원소의 참모가 좋은 기회이니 허창을 기습하자는 건의를 한다. 원소는 반응이 없었다. 거듭 재촉을 한 즉 원소는 "사실 내가 가장 귀여워 하는 다섯째 아들이 병이 나 지금 군사를 낼 정신이 없소. 다음 기회를 봅시다." 하고 안으로 들어가 버린다. 그 참모는 "하늘이 준 이런 기회를 어린애 병 때문에 놓치다니"라고 땅을 치면 탄식한다. 이런 원소의 심약함 때문에 막강한 군사력에도 천하의 주인 자리를 조조에 뺏기게 되는 것이다. 조조는 진정한 인재를 볼 줄 아는 통찰력의 소유자였다. 철저한 재능 지상주의자여서 재능만 인정되면 기꺼이 채용했으며 설령 적 진영에 있던 자라도 머리만 숙이고 들어온다면 파격적인 조건으로 영입했다. 때문에 위나라에는 뛰어난 무예가, 정략가, 학자들이 구름같이 몰려들었다. 인재의 양과 질에서 월등하게 뛰어났다는 것이야말로 위가 천하를 차지한 원인이었다.

나는 삼국지의 영웅들의 리더십을 조사하였는데 삼국지의 영웅들에게는 냉철함, 빠른 판단력, 인재를 알아볼 줄 아는 능력, 남다른 통찰력 등을 갖추고 있었다. 나는 비록 우리 팀원들이 이미 뽑혔지만 앞으로는 더욱 다른 팀의 약점이나 강점 등을 빠르게 판단하여 우리 팀에 유리한 작전을 짜도록 노력하겠다. 또한 아무리 게임에 지고 있더라도 흥분하지 않고 동요하지 않으며 우리 팀원들을 내가 먼저 다독이고 용기를 줄 수 있는 그런 냉철함도 갖추어야 한다고 생각했다. 그리고 조조는 실력을 가장 우선시하는 리더였는데 나도 우리 팀원들과 열심히 연습을 하여 좋은 팀워크는 물론 좋은 실력까지 갖춘 불배통 팀이 되도록 노력할 것이다. 하지만 조조는 자기중심적으로 자신의 팀을 이끌었으며 배반하는 것을 참지 못했는데, 나는 자기중심적이 아닌 우리 팀 모두가 화합하고 의견을 공유할 수 있는 팀이 되도록 노력하고, 내가 팀원들보다 더 많이, 더 먼저 연습해서 우리 팀원들에게 솔선수범할 수 있는 주장이 되어야겠다. 앞으로는 지시만 하는 주장이 아니라 팀원들을 다독이고 또한 냉철하게 판단할 수 있는 그런 주장이 되도록 노력할 것이다.

* **도움말**: 김유선 주장은 팀원을 잘 이끌어 구성원들의 실력을 향상시켜 3승을 올린 훌륭한 리더십을 소유하고 있습니다. 삼국지의 영웅들에게 찾을 수 있는 지혜와 전술을 팀을 이끌면서 적재적소에 활용한다면 최고의 리더로 손색이 없을 것입니다.

〈사례 7〉

이순신의 삶에서 본 그의 리더십

2학년 5반
Volley Flu 주장 양 지 선 코치 하 수 경

이순신은 임진왜란 때 나라를 구한 명장일 뿐만 아니라 청렴결백한 생활과 죽는 순간까지 나라의 앞날을 걱정한 애국심, 백성들과 부하를 내 몸과 같이 아끼는 마음, 자신의 일은 자신이 끝까지 책임지는 책임감, 이루 말할 수 없을 만큼 위대한 삶을 살았다. 무과 시험을 치를 때 다리에 큰 부상을 입고도 시험에 임했던 모습은 늠름하고 용기 있는 행동이었다. 전라 좌수사가 되었을 때부터 쓰기 시작한 『난중일기』는 이순신의 치밀하고 세심한 준비성이 잘 나타난다. …〈중략〉… 노량해전에서 적의 총알을 맞고 쓰러졌을 때 자신의 죽은 모습을 보이지 말라던 이순신의 말은 유언이 되었다. 이순신이 죽은 것을 모르는 왜군은 사기를 잃고, 우리의 군사들은 용기백배하여 싸움에 승리할 수 있었다. 수많은 해전을 승리로 이끌었던 이순신 그 분의 삶을 살펴보면 팀을 이끌어나가는 주장과 코치로서의 역할을 돌아보게 한다. 우선, 시간에 따른 남해의 조수차 등 엄청난 난조건을 가지고 있음에도 불구하고 그것을 장점으로 이끌어 적의 허를 찌르는 모습을 보면서 지금의 각각 우리 팀 선수들의 부족한 면을 보고 '못한다' 하기보다는 격려하고, 그 단점을 실력으로 채워 나갈 수 있도록 도와주어야겠단 생각을 했다. 또 그 분의 명언인 "죽고자 하면 살 것이고 살고자 하면 죽을 것이다"라는 말에서 보듯이 승리로 이끌어 나갈 강한 자신감과 투철 의식을 엿볼 수 있다. 물론, 모든 게임에서 독기를 품고 경기를 하라는 의미는 아니다. 즉, 내 역할인 코치로서 적어도 우리팀을 승리로 이끌어가야겠다는 사명감을 가지고 주장을 도와 열심히 노력하겠다는 다짐이다. 그리고 이순신은 비록 낮은 지위에 있었으나 그런 자신의 위치에 불평불만하지 않으시고 부하들을 이끌어 신임을 얻은 그의 삶 또한 놀라지 않을 수 없다. 또한 서인인 원균의 모함으로 옥에 갇혔다가 겨우 풀려나셨으나 임금에 대한 한 치의 원망도 하지 않으셨다고 한다. 팀의 이기고 지는 것, 그것에 목적을 두어서 질 때마다 실망하고 화를 내기보다는 오늘도 함께 뛰어준 우리 팀원들에게 고마워하면서 지고 이김에 관계없이 모든 상황 속에서 보듬어 나갈 줄 아는 그런 코치가 되도록 노력해야 겠다.

* **도움말:** 이순신 장군의 애국심은 역사에 남아 현재를 살아가는 우리에게 던지는 메시지는 감동을 줍니다. 적군을 맞이하는 이순신 장군의 각오는 코치 하수경과 주장 양지선이 본받을 수 있는 훌륭한 본보기입니다. 적을 알고 나를 알면 백전백승이라는 말이 있듯이 이순신 장군처럼 우리군사를 지휘통솔하고 적을 꿰뚫어 보는 통찰력이 있다면 어떤 경기라도 최고의 경기를 치를 수 있을 것입니다.

〈사례 8〉

엄마형 리더십 테레사수녀님

2학년 5반
배구왕 통뼈 주장 신 영 인 코치 김 유 나

세례명 아그네스, 유고슬라비아 마케도니아공화국의 스코예프의 알바니아인 집에서 태어난 테레사 수녀, 그녀는 1928년 아일랜드 로레토수

녀원에 들어간 뒤, 인도 켈커타의 빈민가에 살면서 센트메리고등학교의 교사, 교장 등을 역임하였다. 1950년 10월 '사랑의 선교수녀회'를 설립하여 빈민, 고아, 나병환자, 죽음만을 기다리는 사람들을 구원하는 데 몸 바쳐 일해 왔다. 이 무렵부터 '마더 테레사'로 불렸는데 지금도 각국의 가난에 허덕이는 사람들에게 사랑의 손길을 뻗치고 있다. …〈중략〉… 1971년 요한 23세 평화상, 1979년 노벨평화상을 수상하였다. 1981년에는 한국을 방문하였다. 1995년 10월 워싱턴에 입양센터(아동을 위한 테레사의 집)를 세워 사생아, 미혼모 문제 등을 입양운동을 통해 해결하고자 했으며, 1997년 9월 5일 세상을 떠났다. 평생 켄커타에서 가난하고 병든 사람을 위한 구호, 일생동안 봉사와 희생의 삶을 살아와 '빈자와 성녀'로 추앙받아 왔다. 마더 테레사에게 거룩함이나 성스러움에 대해 질문을 하면 "거룩함은 필수품입니다. 그것은 수도자 등 소수에게 맡겨진 사치품이 아니라 모든 사람에게 해당하는 의부입니다. 거룩함은 모든 사람을 위한 것입니다." 라고 일상적으로 설명했다. 마더 테레사를 "살아있는 성녀"라고 부르는 사람이 많은데, 이는 현대에서 점점 더 높이 평가받고 있는 개념, 즉 균형과 관계있는 것 같다. 인도의 스승 크리슈나무트는 거룩함이〈온전성〉에서 유래되었다고 해석했는데, 그것은 우리의 모든 갈라진 지체들이 하나의 인간을 고르게 결합된다는 의미이다. …〈중략〉… 테레사 수녀는 자기의 몸을 희생해 가면서 손길이 필요한 사람들을 위해 적극적으로 나서 그들을 위해 평생을 힘써 왔다. 리더십의 본질은 행동이다. 외부의 인상이나 말보다는 행동이나 그 사람의 선택이 좀 더 그 사람을 보여주는 것이라고 할 수 있다. 테레사 수녀가 그러하다. 다른 그냥 누군가를 이끌어 가기 위해 권력과 힘으로 말로만 다스리는 것과 달리 테레사 수녀는 꼭 필요하고 다정한 엄마처럼 사람들에게 다가가 그들을 먼저 생각해서 행동으로 이끄는 엄마형 리더십을 가지고 있다. 테레사 수녀는 몸을 가만두지 않고 사람들을 위해 열심히 힘써

왔다. 테레사 수녀는 희생적이지만 나는(코치 김유나) 희생적이지 못해 반성한다. 내가 다칠까, 누군가 볼을 처리하겠지, 이런 마음이 한구석에 조금이라도 있다면 나는 누굴 위해 희생적이지 못한 것이다. 테레사 수녀는 사람들의 마음을 알고 적극적으로 다가가 도와주는데, 나는 나 하기 바쁘고 친구들에게 적극적으로 다가가 알려주지 못한다. 나는(주장 신영인) 카리스마 있고 아이들을 잘 통솔할 수 있는 리더십을 가진 주장도 좋지만 무엇보다 희생정신과 팀원들을 다독여주는 인간적인 리더십을 가진 주장이 되고 싶다. 인간적인 리더십을 가진 대표적인 인물인 '마더 테레사 수녀' 처럼 부드러우면서 강한 정신을 가장 본받고 싶다. 팀원 모두가 적극적으로 참여할 수 있게끔 분위기를 조성하는 재치와 센스, 그리고 실수하더라도 다 함께 용기를 줄 수 있는 넓은 협동심, 또한 모든 공을 처리하겠다는 책임과 의무를 주장인 '나' 신영인이 앞으로 새겨야 할 것이다. 앞으로 주장으로서 배워야 할 점도 많지만 희생정신과 리더십을 십분 발휘해서 팀을 이끌어가야 겠다.

* **도움말**: 마더 테레사 수녀님의 희생정신과 인류애는 전 세계인들의 가슴을 훈훈하게 만들었습니다. 배구왕 통뼈 주장 신영인은 이미 따뜻한 엄마형 리더십을 가지고 있습니다. 팀원 동료를 하나하나 챙겨 향상된 기술을 발휘하여 팀원이 하나가 되는 모습은 무척 훌륭해 보였습니다.

〈사례 9〉

WBC 감독 김인식의 리더십

2학년 5반
The Leaders 주장 경 민 기

한번 보낸 신뢰는 웬만해선 버리지 않은 '믿음의 리더십'이 김 감독의 트레이드 마크다. 이번 대회에서 부진했던 추신수 선수를 통해 그의 믿음의 리더십은 잘 드러났다. 추 선수에게 꾸준하게 믿음과 신뢰를 보낸

결과는 준결승과 결승 두 경기 연속 홈런으로 꽃을 피웠다. 소속팀(한화)에서도 그의 믿음 덕분에 부상에서 회복된 선수가 많아 '재활 공장장'이란 별명까지 얻었다. 김 감독은 또 음지까지 배려하는 선수 경영학으로도 유명하다. 부진한 선수에게 결코 화를 내지 않는다. "결국 사람이 던지는 건데 왜 못 치겠어? 한번 잘해 봐"라는 식으로 격려한다. 이번 대회 직후인 지난 26일 박찬호 선수가 자신의 공식 홈페이지에 올린 글에서도 김 감독의 그런 면모가 잘 나타났다. 박 선수는 '야구가 나라를 지킨다' 라는 제목의 글을 통해 "나는 1회 WBC 대회에 출전했을 때 부상과 슬럼프에서 확실하게 빠져 나오지 못한 상태였다. 그런 나를 당연한 것처럼 뽑아 주고 믿음을 주셨다" 며 김 감독에게 재삼 감사의 뜻을 표했다. …〈중략〉…뇌경색을 앓으면서도 국가대표팀을 맡아 "국가가 있고 야구가 있다" 며 애국심과 도전 의지로 최고의 결과를 낳은 데 내해 내통령이 치하했나. 그는 이번에 퓨선식 한국 야구의 상점을 최대한 구사했다. 그에게는 미국식이든 일본식이든 좋으면 받아들이는 개방적 야구관이 깔려 있다. 휴일엔 체력 비축을 위해 아예 쉬었다. 이길 경기와 질 경기를 확실하게 나눠 운영했다. 그는 동기부여만 확실하게 해주면 잠재력을 극대화 할 줄 아는 한민족의 '신명' 을 활용했다. WBC의 기형적 대진 일정과 긴장감 높은 한일전을 오히려 호재로 전환시켰다. 역발상이 성공한 것이다. 이처럼 김인식 야구는 실용주의에 기반을 둔다. 복귀한 어느 해외파 선수가 한국 라운드가 메이저리그에 비해 좋지 않다고 하자 "그럼 거기 가서 야구해"라며 버럭 역정을 낸 일과는 유명하다. …〈중략〉…김 감독은 포기에 능숙하다. 1라운드 첫 한일전 14대 2 콜드게임 패배가 그 좋은 예다. 그 대신에 이길 경기에 에너지를 집중해 준우승이라는 뜻깊은 결과를 얻었다. 김인식 감독은 WBC 시즌 때 선수들에게 호통을 치며 지도를 해왔다고 한다. 하지만 그를 따르는 선수들 중 단 한 명도 그에게 이의를 제기하거나 불만을 표시한 적이 없다고 한다. 그것은 김인식 감독의 믿음과 자기 선수들을 생각하는 마음, 열악한 환경에서도 꿋꿋이 팀을 WBC 준우승으로 이끈 지도력에서 비롯된다고 생각한다. 김인식 감독은 그의 선수를 믿고, 때로는 호통을 치고 때로는 푸근한 아버지의 이미지로 선수들이 못할 때는 다그치고, 잘할 때는 끝없는 칭찬으로 선수들의 사기를 북돋아 주었다고 한다.

…〈중략〉… 김인식 감독의 지도방식을 보니 내가 정말 부끄럽다. 배구는 혼자만 하는 경기가 아니라 모두가 같이 하는 경기이다. 이 경기에서 팀이 졌다는 것은 나를 비롯해 모두가 못했다는 것이고, 그 누구의 잘못도 아니라는 걸 뒤늦게 알았다. 잘할 때나 못할 때나 한결같은 마음으로 친구들에게 대했어야하는 아쉬운 마음이 든다. 지금까지의 경기에선 많이 졌지만, 앞으로는 팀을 이끌어가는 방식을 바꾸어 팀원들에게 창피하지 않은 주장이 되겠다.

* **도움말**: 김인식 감독의 선수에 대한 신뢰를 바탕으로 치른 WBC 경기는 국민들의 환호 속에 멋지게 치러졌지요. 더욱이 김 감독은 뇌경색 후유증으로 거동이 불편하여 개인적으로 어려운 과제였지만 그의 특별한 책임감과 강한 자신감이 선수들을 움직였고 경기를 훌륭하게 해 냈습니다. The Leaders의 주장 경민기도 팀명답게 최고의 팀이 되는 것은 멀지 않았습니다. 화이팅!

〈**사례 10**〉

교육방송(EBS) 최고의 교사_46편
"행복한 체육을 만드는 교사"

– 산남고 남기엽 선생님 (2011년 1월 21일 방영)

연출: 윤석모 글 구성: 정순애

평범해 보이는 여고 안, 체육관이 언제나 시끄러운 이유는? 그건 바로 산남고 남기엽 선생님의 특별한 체육수업이 있기 때문이다. 단순히 교과서에 나오는 내용대로 각 종목의 정의나 기본 자세만을 배우는 것이 아니라 종목 자체를 통째로 몸으로 익히는 진정한 체육수업이 바로 남기엽 선생님식 체육수업이다. 여고에서 기피대상 1호인 체육시간 속으로 아이들을 빠져들게 만든 산남고 남기엽 선생님의 체육시간 속으로 함께 가보자.

▶너희는 체육시간에 패스 배우니? 우리는 스포츠한다.

남기엽 선생님의 체육시간이 특별한 이유. 그것은 바로 한 학기에 한 종목만 공부하는 집중력에서부터 시작한다. 한 학기에 이것저것 수박 겉핥기 식으로 여러 종목을 하기보다 한 종목이라도 제대로 배우는 것이 좋다는 게 선생님의 생각이다. 이 때문에 선생님은 한 학기에 한 종목을 정해 아이들에게 집중적으로 가르친다. 이번 주제는 바로 넷볼. 팀 구성으로 시작한 수업은 넷볼에 관한 기본가 규칙은 물론 경기를 진행하는 등 종목 자체를 아예 통째로 배우게 된다.

수업 자체가 팀플레이로 진행되기 때문에 모든 팀원은 경기 운영의 역할을 한 가지씩 맡아 한 학기 동안 그 역할을 익혀나간다. 선수로 뛰기도 하고, 심판을 보기도 하고, 장내 아나운서를 맡아 진행을 하기도 하는 등의 활동으로 매 시간 체육수업이 더해갈수록 아이들은 자신의 역할을 배워나가게 되고 그러면서 스스로 그 경기의 주인이 되는 것이다.

> "아이들에게 다양한 역할을 주고 그 역할을 잘 소화해내는가, 그리고 마지막에 아이들이 스스로 경기를 운영했을 때 아이들이 받아들이는 것이 교과서에서는 배울 수 없는 것들을 배울 수가 있거든요. 아이들이 함께 모여서 팀 포스터도 만들고 선수로 뛰어보기도 하고 심판을 보기도 하면서 각자 다양하게 자기 흥미나 적성에 맞는 그런 역할을 찾아가는 거죠. 그런 것들을 맡으면서 아이들은 스스로 굉장히 보람도 느끼고 자부심도 느끼게 되니까 체육에 대해 더 흥미를 느끼게 되는 것 같아요."
>
> – 남기엽 / 산남고 교사

▶스포츠맨십을 가르치는 교사

물론 아이들 스스로가 만들어가는 경기가 처음부터 술술 풀리는 건 아니다. 그럴 때마다 나오는 선생님의 '타임' 요청. 모든 과정이 넷볼 경기에 익숙해지는 것이기 때문에 선생님은 늘 인내를 가지고 경기 중간 중간 아이들을 위한 설명을 잊지 않으신다. 체육시간마다 계속되는 넷볼 경기에 익숙해질 무렵, 별도로 토너먼트가 진행되는데 팀별 토너먼트는 점심시간뿐 아니라 방과 후에도 계속된다. 토너먼트가 거듭될수록 뜨거워지는 경기장의 열기 때문에 경기 중간 중간 격렬한 몸싸움이 일어날 수 밖에 없다. 사실 경기장에서 흔히 발생할 수 있는 상황이고 어느 누구 한 사람의 잘못은 아니지만 이런 일이 생길 때마다 선생님은 더욱 날카롭게 짚고 넘어가신다. 그 이유는 바로 스포츠정신에 관한 것이기 때문이다. 경기 중 자신의 잘못된 행동을 반성하고 서로 사과하고 위로하는 아이들. 남기엽 선생님이 넷볼 경기를 통해서 아이들에게 가르치고 싶은 건 바로 이 아름다운 장면인 것이다. 수업도 아니고, 성적과도 무관한 경기에 개인 시간을 투자하고 열정적으로 몰두하는 산남고 아이들. 그것은 이미 아이들 스스로가 체육 수업을 통해 스포츠를 즐길 수 있게 되었다는 것을 보여주는 것이다.

> "아이들이 좋은 스포츠 행동이 어떤 것이 있는가 이런 것에 대해서 항상 배워 왔고, 잘 알고는 있지만 실천하기 어렵거든요. 그런데 이렇게 아이들이 열정적으로 정말 가장 그 극적인 상황까지 올라간 상황에서 자신의 감정을 억누르는 것 정말 중요한 것 같아요. 스포츠교육 수업에서 가장 하이라이트가 아이들이 그 순간에 자신을 절제하고 자신의 어떤 화난 행동을 참아야 된다는 사실, 그런 것들이 앞으로 사회에 나가서도 얼마든지 많이 겪게 되는데 그런 상황에서도 다 드러날 수 있는 거잖아요. 참아야 되는 것. 그런 것들을 가르치는 게 정말 중요한 것 같아요."
>
> – 남기엽 / 산남고 교사

1월 21일 최고의 교사에서는 진정한 스포츠를 즐기는 법을 가르치는 산남고등학교 남기엽 선생님을 만나본다. 행복한 체육을 가르치는 교사, 남기엽 선생님의 학교생활 속으로 함께 가보자.

마치며…

체육교사가 된 지 11년을 훌쩍 넘겼다. 고등학교에서 근무한 기간을 제외하고는 나머지 8년여를 중학교에서 운동부 감독과 체육교사 두 가지를 수행하느라 정신없이 달려 왔다. 방학이나 방과 후에 늘 운동부 지도에 열정을 쏟았다.

수업에도 남다른 관심을 가지고 열심히 지도해 왔기 때문에 학년이 바뀌고 새 학기가 되어도 그동안의 노하우로 수업준비를 자신있게 할 수 있게 되었다. 수업에 대한 준비와 열정은 학생들의 관심을 불러일으켰고 내가 맡은 학생들은 그 전보다 체육을 확연히 좋아하게 되었음을 느낄 수가 있었다. 심지어는 나를 본보기 삼아 체육교사의 진로를 희망하는 학생들도 생기기 시작했으니 말이다.

체육교사에게 가장 중요한 일은 무엇인가? 바로 체육수업을 잘 하는 것이라고 생각한다. 수업이 첫 번째, 두 번째가 운동부 등 제반 관련 일들이다. 학생들은 매일 새롭게 성장하고 발전해 나간다. 교사도 항상 그 자리에 머물러 있지 말고 정진해 나가야 할 것이다.

수업을 계획하고 실행하라. 아이들은 반드시 가치 있는 체육교육을 받아야 한다. 스포츠활동은 자라나는 청소년들의 정신과 신체를 가다듬고 나아가 자신의 삶의 주인공으로서 자신감과 책임감을 배우게 한다. 다양한 역할수행과 최고의 결승행사 무대에 설 수 있도록 노력하는 과정을 경험하게 하는 스포츠교육 수업에 대한 가치는 국내를 뛰어넘어 세계적인 화두가 되고 있다. 기회가 된다면 스포츠교육을 반드시 체험해 보길 권한다. 많은 학술지와 연구 이론들에 적혀져 있는 좋은 이점은 허상일

뿐이다. 이것을 직접 차근차근 시도해 보는 것이 가장 용기 있는 자이며 제일 앞서가는 교사가 될 것이다. 또한 스포츠교육을 받은 학생은 스포츠를 사랑하며 체육을 좋아하고 자신의 신체를 아끼고 가꾸며 삶을 계획적으로 이끌어가는 보다 나은 사람이 될 수 있다.

Chapter 07

변형 스포츠교육 수업 여행

긴 시간동안 스포츠교육으로 수업을 진행하는 것이 부담스럽거나 처음 시도하는 교사에게는 변형이 필요하다. 7장에서는 스포츠교육모형을 처음 시도한 중학교 스포츠강사의 경험을 담았다. 강사에게 주어진 수업환경을 스포츠교육으로의 계획, 스포츠 선정, 학생역할 축소, 게임 운영 및 직 · 간접활동의 변형이 포함되어 있다. 초임강사, 풋내기 선생으로 살아남기 위해 선택한 변형 스포츠교육 수업전략은 학교의 적응, 학생의 사회화, 수업의 문화적 학습 등 다양한 배움을 가르쳐 준 내용이다. 변형 스포츠교육의 구체적인 기록을 통해 교사 일상에서의 수업경험이 전문성을 갖춘 교사로 성장할 수 있음을 확인할 수 있을 것이다.

불안정한 위치, 재고용, 낮은 대우와 보수, 환경적 제한, 아이들을 가르치지만 교육자로 불리기는 힘든 상태. 이 모든 것이 대한민국 스포츠강사의 자화상이며 제도가 만들어놓은 현실이다. 이런 상황에서 스포츠강사들은 어떻게 해야 할 것인가? 교사보다 무겁지 않고 학생보다 가볍지 않은 모습으로 아이들에게 다가가 소통하고, 아이디어를 짜내 새로운 수업을 만들어가고, 행정업무가 거의 없는 강점을 활용해 오로지 수업에만 집중하여 결국 자신만의 수업을 만들어 나가는 게 필요하다. 이 장은 그런 마음을 가지고 교육자로서 성장해가는 스포츠강사의 첫걸음을 담은 글이다. 스포츠교육의 경험과 아이디어를 공유하고 바람직한 체육수업을 위해 함께 걸을 수 있기를 바라며 두 학기의 수업 경험과 아이디어를 제시하였다.

중등 스포츠 강사 장정민

교사 사명 선언문

나는 아이들을 편견 없이 사랑으로 대하면서 하나의 인격체로서 존중하며, 내가 말을 하기보다는 아이들이 말을 할 수 있도록 잘 들어주겠다.

아이들을 배움이 있는 체육수업으로 안내하여 스포츠를 즐길 줄 알고 안목을 가진, 스포츠와 삶이 연결된 전인으로 성장할 수 있도록 노력하겠다.

그래서 이 아이들이 성장하여 체육수업과 나를 회상할 때, 의미 있고 가치 있는 기억으로 남을 수 있도록 헌신하겠다.

그러기 위해 나는 고여 있는 물 같이 기존의 지식과 경험에 안주하지 않고, 흐르는 물처럼 항상 깨어있고 유연한 모습을 가진 교육자가 되기 위해 노력할 것이다.

강점 Strength	약점 Weakness
- 스포츠교육모형을 알고 난 후 바로 운영하는 추진력이 있다 - 좋은 체육수업을 하기 위해 수고를 감내하고자 하는 의지가 있다 - 다년간의 청소년 수련활동 지도 경력이 있다	- 스포츠교육모형의 시즌 운영경험이 적다 - 일주일에 한 번이라는 수업시수로 인해 수업의 흐름이 잘 이어지지 못한다 - 체육 성적에 대한 평가의 권한이 없어 동기 유발의 취약한 부분이 있다 - 스포츠교육모형 수업을 운영하기 위한 예산편성이나 도구 구입이 제한되어 있다
기회 Opportunity	**위협 Threat**
- 수업 운영에 대해서 다른 교사들이나 학교의 간섭이 전혀 없다 - 행정 업무가 거의 없어 수업에만 집중할 수 있다	- 강사의 신분으로 불안정한 위치에 있다 - 많은 아이들이 체육수업을 노는 시간이라고 생각한다.

학창시절 나의 체육수업은 어렴풋한 기억으로만 남아 있다. 대부분의 체육수업은 무엇을 했는지조차 가물가물한 '노는' 시간이었기에 나는 축구를 하거나, 자리에 앉아서 놀거나, 가끔은 학교 안을 이리저리 돌아다니다 시간에 맞추어 모이곤 했다. 그나마 수업을 하던 시간들이 있지만 그 시간들은 대부분 실기평가를 준비하는 수업이었다. 농구에서 자유투 열 개를 던져 들어가는 개수로 평가를 하거나, 배구의 리시브를 몇 번이나 할 수 있는가, 매트에서 연속 3회 앞구르기를 얼마나 정확하고 빠르게 할 수 있는지 등이 평가 항목이었다. 하지만 반복연습에는 관심이 없었기에 연습을 게을리 하던 나는 안타깝게도 실기평가에서 그리 좋은 점수를 받지 못했다. 그러나 더 안타까운 것은 12년 동안 체육수업을 하면서 어느 종목이라도 스포츠를 즐기는 것을 배운 적이 단 한 번도 없었다는 것이다. 그리고 이런 기억은 나만의 것은 아닌 듯하다. 학창시절의 체육수업에 대한 질문을 하면 소수를 제외하고는 학교와 지역을 가리지 않고 나와 비슷한 경험을 가지고 있었다. 심지어 체육선생님에 대한 이미지까지도.

스포츠교육을 공부한 후 중학교에서 수업을 하고 있는 현재의 나로서는 학창시절의 체육수업을 생각하면 아쉬움이 남는다. 그 시절 단 한 번이라도 제대로 된 체육수업을 통해 스포츠를 즐기는 법을 배웠더라면 어땠을까? 학창시절이 더 즐겁고 의미 있지 않았을까. 적어도 지금 체육수업을 회상할 때 느껴지는 것보다 훨씬 더 의미 있었던 시간들로 채워져 있었을 것 같다. 이러한 아쉬움은 힘이 더 들더라도 스포츠교육모형으로 수업을 해야겠다는 동기로 나에게 다가온다. 스포츠교육모형 수업은 아이들을 배움이 있는 수업으로 자연스럽게 이끌어 줄 뿐만 아니라, 스포츠를 즐길 줄 알고 안목이 있는, 적극적인 참여를 하는 스포츠人으로 성장시킬 수 있기 때문이다.

하지만 처음부터 스포츠교육모형 수업을 한 것은 아니었다. 다년간의 청소년 수련활동 지도경력과 대학에서 배운 지식을 바탕으로 소위 '내 멋대로' 수업을 하고 있었던 것이다. 하지만 그나마도 시간이 지날수록 내 학창시절의 체육선생님들과 다를 바 없이 '아나~공'을 하고 있었다.

다만 공을 주고 어디론가 사라지던 선생님들과 달리, 나는 아이들과 함께 공을 차면서 놀고 있었다는 점이 그나마 달랐지만.

그 이후 대안을 찾기 위해 고심하다가 만난 것이 스포츠교육모형이다. 그 속에는 스포츠를 대상에 맞게 변형하여 즐길 수 있도록 되어 있었고, 다양한 역할을 통해 스포츠를 이해할 수 있을 뿐만 아니라 운동기능이 낮은 아이라도 소외받지 않고 수업에 참여할 수 있었다. 그리고 모둠 안에서는 협동하고, 모둠끼리는 경쟁하는 것이 자연스럽게 이루어지며, 시즌을 통해 장기적인 플랜과 연습으로 스포츠의 가치를 느낄 수 있도록 되어 있었다. 좋은 수업을 통해 아이들에게 도움이 되고, 내가 교육자로서 부끄럽지 않기 위한 마음이 간절했기에 환경에 맞도록 직접 구상한 뉴스포츠를 만들있다. 그리고 스포츠교육모형을 현장과 상황에 맞도록 변형하여 실천하게 되었다.

1. 스포츠교육모형으로 수업하는 스포츠 강사

스포츠 강사들은 갑자기 생겨난 제도에 별다른 설명도 듣지 못한채 중학교에 배정받았다. 그런 스포츠 강사들의 고민은 뭘까?

'오늘은 어떻게 수업을 하지?'
'학교폭력 해결을 위한 나의 역할은 뭐야?!'

체육수업을 대신 맡아주기에 환영을 받았던 초등학교 스포츠 강사와는 달리, 중학교 스포츠 강사들은 처음부터 환영을 받지는 못했다. 갑자기 제도가 생겨나는 바람에 수업시수를 다시 조정해야 했던 학교의 담당자들은 곱지 않은 눈길을 보냈고, 몇몇 교사들은 부정적인 입장을 보였다. 하지만 가장 힘들었던 것은 스포츠 강사들이었을 것이다. 수업을 어떻게 해야 하는지, 업무의 범위와 학교 안에서의 위치 등을 아무도 명확하게 이야기해 주지 않았다. 그렇기에 누군가는 수업시간만 담당하고, 누군가는 학교의 행정 업무까지 담당하는 등 역할범위가 천차만별이었다. 2년차로 접어든 지금은 어느 정도 정리가 되었지만, 아직 위의 두 가지에 대해서는 고민하는 강사들이 있을 것이다. 수업을 어떻게 해야 하는지에 대한 고민과 학교폭력이란 문제 앞에서 자신의 역할을…

나는 그 두 가지 고민을 해결해줄 수 있는 대안으로 스포츠교육모형을 추천하고 싶다. 스포츠교육모형 수업을 통해 끊어지는 수업이 아닌 연속되고 일관성 있는 수업을 할 수 있으며, 그 안에서 학교폭력의 근본적인 문제인 아이들의 인성적인 부분도 성장시켜줄 수 있다.

하지만 나도 처음부터 스포츠교육모형 수업을 한 것은 아니었다. 처음 스포츠 강사로 배정을 받았을 때 나는 교육자로서 준비가 되어 있지 않았기에 좋은 수업을 위한 해답을 찾을 수가 없었다. 그래서 알고 있는 종목과 방법으로 그 시간들을 때우기에 급급했다. 아이들과 함께 하는 수업을 위해 여러 가지 시도를 하였으나, 그 주의 수업으로 끝나는 경우가 많았다. 그러다보니 1학기 중반 무렵에는 주로 아나공 수업을 하고 있는 나를 발견하게 되었다. 나는 대학에서 체육을 전공하며 스포츠교육에 관심을 가졌고, 아나공 수업을 비판하였다. 그러나 어느 순간 아나공 수업을 하고 있는 나 자신을 보면서 충격을 받았다. 하지만 초임에게는 부담스러운 21시간이라는 수업 시수와 준비되지 않은 초임강사로서의 어려움은 나의 고민을 더욱 깊게 했다. 시간이 갈수록 고민은 자괴감이 되어 내가 이 운동장에서 무엇을 하고 있는지에 대한 회의가 들었다. 또 지금의 나의 역할을 체육을 전공하지 않은 일반인도 할 수 있지는 않을까 하는 생각에 괴로움을 느꼈다.

스포츠교육모형을 알게 된 것은 한창 고민이 깊어갈 무렵이었다. 그 안에는 스포츠의 다양한 역할이 있었고 그 역할을 통해 운동기능이 낮은 아이라도 소외받지 않을 수 있었다. 그리고 모둠 안에서는 협동하고, 모둠끼리는 경쟁하는 것이 자연스럽게 이루어지며, 시즌을 통해 장기적인 계획과 연습으로 스포츠의 가치를 느낄 수 있도록 되어 있었다. 스포츠교육모형을 알게 된 후 이것이 내 고민의 해답이 될 수 있음을 느꼈고, 곧바로 자료를 모아 시즌의 계획을 만들기 시작했다. 좋은 수업을 통해 아이들에게 도움이 되고, 내가 교육자로서 부끄럽지 않기 위한 마음이 간절했다. 그 간절한 마음은 스포츠교육모형을 변형하여 수업을 실천할 수 있는 동기부여가 되었고, 남은 학기의 수업을 힘들지만 보람 있는 시간으로 만들어주었다.

물론 실천과정 중에 어려운 부분은 항상 있었다. 특히 스포츠교육모형을 통해 수업을 하다 보면 때로는 아이들이 불만을 제기할 때가 많았다. 가장 많은 불만은 축구하고 싶은 자신들의 마음을 알아달라는 것이다. 하지만 시즌이 끝나고 한 학기 수업이 끝날 때 아이들의 소감문을 읽어 보면, 축구 안 시켜줘서 내가 싫다는 말은 찾아보기 힘들다. 그런 아이가 간혹 있긴 하지만, 대부분은 체육수업을 통해 많이 배웠고, 즐거웠다는 반응을 보였다. 그런 것을 보면서 결코 노력이 헛되지 않았음을 느낀다. 그리고 이런 것은 다른 사람들, 다른 학교의 학생들에게 나의 수업을 말할 때도 마찬가지다.

"쌤, 학교에서 수업 어떻게 해요?"

"난 스포츠교육모형을 적용해서 수업을 하는데, 단순하게 아이들이 경기만 하는 것이 아니라 심판, 기록원, 기자 같은 다양한 역할을 가지고 있어. 그리고 승리하면 승점이 올라가는 방식으로 5차시에 걸쳐서 리그도 운영하고 있고."

"아, 진짜요?"

"어, 마지막에는 승점 높은 모둠끼리 야구의 한국시리즈처럼 결승전도 하고. 잘한 모둠이나 개인에게는 상도 주고."

"오, 좀 뭔가 다르네요."

"그래, 넌 체육수업 때 뭘 배우니?"

"저희요? 체육시간이 3시간인데요, 두 시간은 거의 이론만 하고 한 시간은 축구도 하고 그래요."

2012년 5월 말, 야구경기를 관람하고 돌아오는 길에 평소 알고 지내던 고등학교 1학년 학생과 나눈 대화의 일부분이다. 그 학생은 스포츠교육모형을 적용한 수업 이야기를 듣고 긍정적인 반응을 보였다. 그리고 이런 반응은 그 아이뿐만 아니라 주변 사람들에게서도 볼 수 있었다. 모두 하나같이 지금까지 해왔거나, 알고 있었던 체육수업이 아닌 다른 수업의 풍경을 신기해하면서 재미있을 것 같다는 반응을 보였다. 그리고 이런 수업이 아이들에게 도움이 될 수 있는 교육적인 모습의 가능성을 가지고 있다는 것에 공감하였다.

이런 긍정적인 반응과 수업의 실천을 통해 나는 스포츠교육모형을 통해 배움이 있는 수업의 가능성을 확인할 수 있었다. 또한 '어떻게 수업을 해야 할 것인가?'라는 질문에 대한 나만의 해답을 찾을 수 있었다.

나는 아직 초임 스포츠 강사이다. 신분과 직위만 그런 것이 아니라 실제로 수업을 하는 수준이 아직 걸음마 단계에 불과하다. 하지만 스포츠교육모형 수업을 통해 아이들이 스포츠의 다양한 역할과 가치를 이해할 수 있게 되고, 그 안에서 배움이 일어날 수 있음을 믿는다. 그리고 수업을 하는 나는 가르치기만 하는 것이 아니라 그 안에서 배워가고 있다. 그러다보면 언젠가는 아이들을 더 이해하고 도울 수 있는 배움의 조력자가 될 수 있다는 희망을 가지고. 가끔은 힘도 들고 천방지축 아이들을 보면 끓어오르는 마음이(!)생기지만, 아이들에게 배우며 좋은 수업을 하기 위해 오늘도 노력하고 있다.

2. 변형 스포츠교육모형

나는 체육수업에서 스포츠교육모형을 변형한 수업을 하였다. 변형 스포츠교육모형이라고 하면 뭔가 확실한 변화가 있을 것 같지만, 일반적인 스포츠교육모형을 현장과 상황에 맞게 바꾼 것뿐이다. 다른 것이 있다면 스포츠교육모형의 핵심적인 요소라도 나의 현장과 상황에 맞지 않는

다면 삭제하거나 줄였다는 점이다. 또 기존의 목적을 완전히 달성하기보다 부분적으로 달성하는 것으로 하고, 교사와 학생의 스포츠교육모형 사전경험과 체육수업에 대한 인식변화 등에 목적을 둔 것이 다르다.

이러한 변형 스포츠교육모형을 적용하게 된 이유는 내가 중학교 스포츠 강사이기 때문이다. 아이들과 수업하는 시간이 일주일에 한 시간씩이기 때문에 수업의 흐름이 쉽게 끊어져 버린다. 중간에 행사가 있거나 시험기간이 있으면 더 문제가 된다. 아이들이 지난 수업에서 했던 내용은 물론이고 자신들의 역할도 잘 기억하지 못하는 상황이 생기기 때문이다. 이런 상황에서 일반적인 스포츠교육모형을 적용하려고만 한다면 아무것도 못하는 상황이 될 수 있기에 변형된 스포츠교육모형을 적용하게 된 것이다.

변형된 스포츠교육모형은 일정한 틀이 있는 것이 아니라 기존의 것을 현장과 상황에 맞게 변형하는 것이 중요하다. 그러기 위해서는 교사가 스포츠교육모형에 대해 선행학습이 되어 있어야겠지만, 전문적인 지식이 부족하더라도 수업을 실천하면서 배워간다는 전제 안에서 준비할 수 있다. 전문적인 지식이 많다면 수업 내용은 풍성해질 수 있지만, 그보다 중요한 것은 스포츠교육모형을 통한 수업을 하고자 하는 교사의 열정과 실천과정에서의 반성 및 성찰이기 때문이다.

변형 스포츠교육모형을 실천하기 위해서 기존의 여러 부분들을 수정하거나 삭제, 혹은 추가하였다. 우선 목적과 수업시수를 보면, 전인적인 스포츠인의 성장이라는 목표를 달성하기 위해 일반적으로 20차시 전후의 수업 시수가 확보되어야 한다는 것이 많은 실천사례를 통해 나온 결론이다. 하지만 나에게 주어진 수업시수는 한 학기에 17차시 정도였으며, 그마저도 야영, 시험, 행사, 우천 등의 이유로 그 시간을 다 활용할 수 없었다. 결정적으로 내가 스포츠교육모형 수업을 하고자 했을 때는 이미 학기 중반이었기 때문에 7차시로 수업을 계획하였다. 또한 시수를 고려했을 때 일반적인 스포츠교육모형의 목적을 완전히 달성할 수는 없기에, 기존의 목표를 부분적으로 달성하고 스포츠교육모형의 사전경험이나 교사와 학생의 체육수업 인식 변화에 중점을 두었다. 20차시 이상의 연결된 수업은 긴 호흡을 가지고 실행해야 하는 부담감이 있다. 따라서 10차시 안쪽의 수업 시수를 가지고 실천하는 것은 일반적인 스포츠교육모형을 적용할 때 나올 수 있는 문제점을 미리 경험하고, 실천과정을 통해 교사와 학생들이 사전에 준비할 수 있는 장점이 있다. 또한 수업의 준비과정은 나에 의해 이루어졌지만, 사전에 학생들에게 설문이나 질문을 통해 아이들이 원하는 것을 파악하는 과정이 있다면 좋을 것이다.

모둠정체성은 모둠소개지 만들기나 모둠깃발, 모둠구호 만들기 등 다양한 모둠별 활동에 의해 만들어진다. 하지만 수업 시수와 관련해 제한이 있었기 때문에 시즌 중에 모둠별 기록지에 구호를 작성하고, 한 모둠을 두 조로 나누어 공을 맞대고 반환점을 돌아오는 것으로 정체성활동을 축소하였다.

역할은 경기를 진행할 심판과, 경기 내용을 기록할 기록원, 경기내용을 보고 기사를 적을 기자의 역할을 두었다. 심판과 기록원은 경기진행에 있어서 필수적인 역할이나, 기자는 첫 시즌에서는 어려운 역할이다. 그러나 경기내용을 보고 기사를 작성함으로써 얻어지는 경기를 보는 안목이나 표현능력 등을 고려하여 역할을 편성하였다. 또한 아이들이 기사를 보게 되었을 때 홍보효과 또한 있을 것이다.

일반적인 스포츠교육모형에서는 한 종목을 다양하게 즐기기 위해 변형게임을 하지만, 내가 선정한 종목은 뉴스포츠이기도 하고 차시 또한 짧기 때문에 변형게임은 따로 추가하지 않았다. 강사는 성적에 들어가는 평가를 하지 않는 대신 생활기록부에 들어갈 내용에 대해 나이스에 입력하는 것이 있다. 수업을 실천할 당시에는 강사가 평가해야 하는 것에 대해 명확한 지침이 없었기에 생략했으나, 교사의 관찰, 모둠기록지에 있는 개인 및 모둠원들의 평가, 기록원이 작성한 경기 통계를 참고하여 작성할 수 있을 것이다.

수업의 마지막을 축제화 한다는 것은 보기에는 좋으나 실행하기에는 어려운 일이다. 특히 초임인 나에게는 부담스러운 일이었기에 결승전을 축제화하거나 다과회를 하지는 않았다. 하지만 지금까지의 수업 장면을 찍은 사진 등을 동영상으로 만들어 보여준다거나, 간단하게 아이스크림을 먹으며 기록 통계를 참고한 간단한 시상 등으로 대체할 수 있다.

다음의 표는 변형 스포츠교육모형의 내용과 일반적인 스포츠교육모형을 항목별로 비교한 것이다.

표 7-1 스포츠교육모형과 변형 스포츠교육모형의 비교

일반 스포츠교육모형	항목	변형 스포츠교육모형
• 스포츠를 즐길 수 있고, 안목이 있는, 열정을 가진 전인적 스포츠인으로의 성장	목적	• 아이들과 교사의 체육수업에 대한 인식 변화 • 교사와 학생의 스포츠교육모형 수업 사전경험 • 전인적 스포츠인의 부분적 달성
• 14차시~20차시	시즌 길이	• 7차시~10차시
• 교사가 기본 구조제공, 학생들로 이루어진 스포츠위원회가 구체화	시즌 조직	• 교사가 기본구조 및 구체화를 담당(사전에 학생들이 원하는 것을 파악)
• 모둠소개지, 신문 만들기 등	모둠정체성 활동	• 시즌 중 모둠별 활동시간에 모둠구호 만들기 등으로 대체
• 시즌1 : 주장/코치, 기록원, 심판 • 시즌2 : 스포츠위원, 주장/코치, 기록원, 심판, 홍보원 • 시즌3 : 스포츠위원, 주장/코치, 기록원, 심판, 기자 • 시즌4 : 스포츠위원, 주장/코치, 심판, 기록원, 장비매니저, 기자	역할	• 모둠별 역할 : 스포츠위원, 코치 • 운영별 역할 : 심판, 기록원, 기자
• 기존 스포츠에서 난이도를 쉽게, 규칙을 단순하게, 모두가 참여할 수 있도록 변형하여 시즌 중 여러 번 실시	변형게임	• 변형게임을 실행하지 않음
• 자기평가, 동료평가, 기록지에 의한 평가, 교사의 관찰에 의한 평가, 모둠수업기록지에 의한 평가 등 다양한 평가가 이루어지며, 과정의 평가가 수행평가로 이루어지기도 함	평가	• 수행평가 등 공식적인 평가는 없으나 교사의 관찰, 기록지에 의한 평가 등으로 동아리 활동 개인평가로 나이스에 입력
• 축제화된 수업이 이루어지며, 특히 결승전은 학부모를 초청하고 다과회를 준비하는 등의 행사로서 실시됨	축제화	• 축제화 및 결승행사는 수업동영상 시청, 아이스크림이나 간단한 간식, 작은 선물을 주는 시상식 등으로 진행

1) 변형 스포츠교육의 장점

- 일반적인 스포츠교육모형을 적용하기 힘든 강사에게 적합하다.
  → 일반적으로 스포츠교육모형 수업은 체육교사에 의해 실행되었고, 실천사례 또한 정규 체육수업에 맞추어져 있다. 변형된 것은 강사의 실천사례로서, 동료 강사에게도 적합할 수 있다.

- 스포츠교육모형 수업을 위한 교사와 학생의 사전 경험으로 활용할 수 있다.
  → 20차시 전후의 스포츠교육모형 수업은 서로 연결되어 있기 때문에 긴 호흡이 필요하다. 첫 실천을 짧게 운영해봄으로써 실천과정에서 나올 수 있는 문제점을 파악하고 준비할 수 있는 기회로 활용할 수 있다.

- 스포츠교육모형의 목적과 특징들을 부분적으로 유지하면서 실행할 수 있다.
  → 스포츠교육모형의 목적인 스포츠를 즐기는 것, 안목을 기르는 것, 열정을 가지는 것을 부분적으로 유지하면서 실천할 수 있다.

- 현장과 상황에 맞도록 자유롭게 변형할 수 있다.
  → 현장과 상황에 맞도록 스포츠교육모형의 요소도 추가하거나 삭제, 수정을 자유롭게 할 수 있다.

- 예산이 편성되지 않는 시상이나 축제화를 간소화하여 부담 없이 진행할 수 있다.
  → 강사에게는 예산에 대한 권한이 없으며 축제화를 시키기에는 부담스러운 부분이 있다. 특히 초임강사에게는 어려운 일이기에 이러한 부분들을 축소하여 운영할 수 있다.

- 아이들과 교사의 체육수업에 대한 인식이 새롭게 변화될 수 있다.
  → 수업 실천을 통해 단순히 놀기만 하고 신체만 단련하는 것이 체육의 전부가 아님을 이해하게 된다. 또한 교사에게도 교육자로서 성장할 수 있는 계기가 될 수 있다.

2) 변형 스포츠교육모형의 단점

- 선행학습이 되어 있지 않은 전통스포츠의 종목은 수업이 힘들다.
  → 선행학습이 되어 있지 않은 전통스포츠는 프리 시즌 기간이 많이 필요하기 때문에 적합하지 않다. 따라서 기능숙달이 복잡하지 않은 뉴스포츠의 종목을 활용하는 것이 좋다.

- 스포츠교육모형 수업의 목표를 완전히 달성하기란 힘들다.
  → 충분한 수업 시수가 주어지지 않기에 완전한 목표 달성은 어렵다. 그렇기에 부분적으로 기존의 목적을 달성하는 것과 교사와 학생의 사전경험, 체육수업에 대한 인식변화 등에 목적을 두어야 한다.

- 분절되어 있는 간단한 수업이나, 전통적인 체육수업 방식으로 종목을 가르치는 것보다 시간과 노력이 많이 든다.
  → 시즌의 계획을 세우고 매 차시마다 모둠기록지를 만들어 나누어주는 것이 처음에는 어렵고 귀찮은 일이 된다. 그렇기에 교사의 열정이 없으면 힘들다. 하지만 체육을 가르치는 사람으로서의 정체성에 대한 고민과 배움이 있는 수업에 대한 기대가 있다면 극복해야 할 문제이다.

- 프리 시즌을 소홀히 할 경우 아이들이 자신의 역할을 숙지하지 못하게 되면서 혼란이 일어난다.
  → 대부분의 실천사례에서 나오는 문제이다. 아이들에게 명확한 설명을 해주지 않고, 기록을 남겨놓지 않으면 수업 진행이 잘 되지 않게 된다. 따라서 프리 시즌은 최소한 3차시로 하며, 스포츠교육 안내, 기능연습, 역할학습, 모둠 정체성 활동 등으로 편성하여 명확하게 설명해주고 기록해야 한다.

- 아이들이 체육수업에 대해 노는 시간으로만 인식하고 있을 경우, 초기에는 아이들의 호응을 얻지 못할 수 있다.
  → 체육수업이 제대로 이루어지지 않는 곳이라면 아이들은 체육수업을 노는 시간으로만 인식하게 되고, 수업을 한다는 것에 대해 일부가 반감을 보일 수도 있다. 하지만 스포츠교육모형 수업은 진행될수록 수업에 대한 재미를 느끼도록 되어 있다. 그렇기에 잘 다독이면서 수업을 하다 보면 아이들이 자신의 역할을 수행하면서 배워가는 모습을 볼 수 있을 것이다.

- 교사나 주변 동료들의 부정적인 시각이 있을 수 있다.
  → 아나공 수업을 하는 동료교사가 주변에 있다면 혼자 수업을 하는 것도 눈치가 보일 수 있다. 이런 모형 수업에 대한 부정적인 입장을 이야기하는 경우도 볼 수 있다. 이런 경우 관계가 불편해지지 않도록 노력하면서 자기 수업을 충실하게 운영하는 것이 가장 나을 수 있다.

3. 변형 스포츠교육모형 시즌 계획

시즌 계획은 야영과 시험 등을 제외하고 남은 7차시이다. 아이들의 참여를 최대화하기 위해 각 모둠을 6명에서 7명의 소그룹으로 편성하니 반마다 5개 모둠이 나왔다. 1번의 수업에서 2개 모둠씩 총 4개 모둠이 경기를 하고, 나머지 1개 모둠은 운영 모둠으로서 심판, 기록원, 기자가 한 팀씩 두 조가 되어 각각의 경기를 운영하는 방식으로 구성하니 총 5차시가 필요하였다. 그래서 맨 뒤의 차시는 결승전으로 편성하고 나니 1차시만이 남았다. 나는 이 시간을 프리 시즌의 개념으로 모둠편성과 역할분담, 역할숙지, 모둠정체성 활동의 시간으로 하고자 하였다. 원래 수업에서는 프리 시즌에서 충분한 모둠정체성 활동과 역할숙지가 이루어져야 하지만, 시간상 프리 시즌의 비중을 축소하였다.

시즌 계획을 구체적으로 작성할 때는 2004년 호주와의 협동연구에서 결과로 나온 한국형 스포츠교육모형 수업계획의 틀을 사용하였다. 이 스포츠교육모형의 틀은 시즌설계로서 총 4단계로 이루어져 있으며, 시즌 전, 시즌, 시즌 마무리의 내용을 담고 있다. 그러나 여기에서 변형게임과 평가계획, 실제평가, 시즌반성 항목은 제외하고 작성하지 않았다. 다만 시즌반성은 시즌설계에는 없으나 학기 말에 나의 반성 및 아이들의 수업 소감문으로 대체하였다.

또한 패스볼 자체가 이미 변형게임이고, 7차시라는 시간의 제한이 있기 때문에 추가적인 변형게임 항목은 삭제하였다. 그리고 스포츠 강사는 나이스에 수업이수시간과 아이들이 각각 어떤 활동들을 했는지에 대해서만 간략하게 쓰도록 되어 있었기에 추가적인 평가항목도 삭제하였다.

역할은 운영역할과 모둠역할, 경기역할로 나누었다. 운영역할은 시즌 중 한 번 경기를 운영할 때의 역할이고, 모둠역할은 평소 모둠활동을 할 때 하는 역할, 경기역할은 경기할 때의 역할이다. 운영역할은 심판, 기자, 기록원으로 나뉘며, 심판은 경기를 진행하고 판정하는 역할을 한다. 기자는 경기를 보고 느낀 점이나 이야기들을 육하원칙에 의거한 스포츠 기사로 작성하는 역할을, 기록원은 경기 중의 득점이나 파울을 기록하는 역할을 한다.

모둠역할에서 스포츠위원은 모둠역할지를 기록하거나 모둠의 대표 역할을 하며, 코치는 준비운동이나 모둠별 연습의 지도 역할을 한다.

경기시의 역할은 일종의 포지션 개념으로, 골잡이는 원 안에 들어가 패스해주는 공을 잡는 역할을 말하며, 파수꾼은 원을 지키는 역할, 공수꾼은 공격과 수비를 하는 선수를 가리킨다.

단계 1

순서	절차	절차의 내용	계획 및 실행 내용
1	내용선정	종목선정	패스볼(직접 만든 뉴스포츠)
		선정방법	1학년의 경우 간단한 패스를 주고받는 것이나 공간을 침투하는 능력은 매우 떨어진다. 그래서 패스볼게임을 통해 패스의 기본을 배우고, 협동심과 사회성을 향상, 공간을 찾아들어갈 수 있는 능력을 기르고자 하였다. 또한 공간이 제한된 것을 고려하여 교사가 직접 종목을 선정하였다.
		내용수준	제한되어 있는 공간을 활용할 수 있도록 경기장의 크기와 장소를 조정하고, 학생들이 쉽게 할 수 있도록 내용 수준을 조절하였다.
2	시즌의 길이	주당 수업시수	1시수(45분)
		시즌기간	7주(5월 4주차 ~ 7월 3주차)
		시즌 총 수업시수	7시수(기말고사 및 휴일 등은 제외)
3	모둠구성	학급인원	32~34명
		모둠 수	5개
		모둠당 인원	6~7명: 학생들끼리 팀 편성

순서	절차	절차의 내용	계획 및 실행 내용
4	모둠원 역할	모둠) 스포츠위원	모둠의 대표자, 모둠 간의 분쟁을 중재, 시즌운영에 관한 사항들을 교사와 협의
		모둠) 코치	모둠의 게임연습 중심역할, 모둠전략 구상, 모둠원들의 기능향상을 위한 코치와 트레이너의 역할
		운영) 심판 1, 2	게임의 심판, 규칙숙지, 모둠원에게 규칙전달
		운영) 기자 1, 2	학습활동 장면 사진촬영 및 신문기사 작성
		운영) 기록원 1, 2	게임내용 및 결과기록, 게시, 보고서 작성
		운영) 기구 도우미	수업시간에 필요한 기구를 담당(모둠마다 있을 수도 있고, 없을 수도 있다.)
		경기) 골잡이	성(경기장 안에 있는 원) 안에서 공을 잡는 역할
		경기) 파수꾼	성 앞에 위치하면서 공을 잡거나 쳐내는 역할
		경기) 공수꾼	공격/수비에서 이름을 따왔으며, 패스를 하면서 마지막에 골잡이에게 공을 패스하여 득점을 하고, 상대편 공수꾼을 방어 하는 역할
		경기) 교체선수	게임 중간에 교체해서 들어갈 수 있음
5	교수 · 학습 과제	기능연습	패스
		학습역할	수업시간 활용
		게임카드	모둠 내: 스트레칭, 모둠 간: 패스볼 게임
6	차시별 게임방법	게임 수	총 10게임이며, 모둠 간 4게임
		게임시간	전반 5분, 후반 5분, 중간 휴식시간 3분
		진행모둠 역할	4개 모둠 게임, 1개 모둠진행(심판, 경기기록, 기자 역할)

단계 2

순서	분류	차시	수업 및 게임 진행 내용	주요 덕목 및 보조 활동	기능연습, 학습자 역할	학습카드 활용
7	시즌수업계획	1	〈프리 시즌〉 종목 및 시즌안내, 모둠만들기, 역할알기, 역할정하기, 역할숙지	소속감 (정체성)	역할숙지	
		2	〈시즌 1차전〉 모둠별 회의(기록지 작성), 모둠별 연습: 공과 친해지기, 협동심 키우기 경기: A-B, C-E, 진행: D 모둠별 회의(기록지 작성), 정리	운동기능 사회성	역할숙지 게임숙지 공에 친숙함 느끼기	전 기록지 후 기록지 역할카드 종목소개서 기록통계지
		3	〈시즌 2차전〉 모둠별 회의(기록지 작성), 모둠별 연습: 패스 경기: B-C, D-E, 진행: A 모둠별 회의(기록지 작성), 정리	운동기능 사회성	모둠원 간 패스능력 향상	전 기록지 후 기록지 기록통계지
		4	〈시즌 3차전〉 모둠별 회의(기록지 작성), 역할별 회의 경기: A-D, B-E, 진행: C 모둠별 회의(기록지 작성), 정리	운동기능 사회성	역할별 중간 점검하기	전 기록지 후 기록지 기록통계지 역할별 중간 기록지
		5	〈시즌 4차전〉 모둠별 회의(기록지 작성), 모둠별 연습: 공격전술 경기: A-C, B-D, 진행: E 모둠별 회의(기록지 작성), 정리	운동기능 사회성 효과적인 공격 전술구상	전술능력 향상	전 기록지 후 기록지 기록통계지
		6	〈시즌 5차전〉 모둠별 회의(기록지 작성), 모둠별 연습: 종합연습 경기: A-E, C-D, 진행: B 모둠별 회의(기록지 작성), 정리	운동기능 사회성	패스, 슛, 협동심 등 종합능력 향상	전 기록지 후 기록지 기록통계지
		7	〈결승행사〉 모둠별 연습 경기: 승점 1, 2위 경기, 진행: 승점 하위 팀 수업종료 및 반성	운동기능 사회성 성찰		기록통계지 모둠별시상 수업성찰지

단계 3

순서	절차	절차의 내용	계획 및 실행 내용
8	공간/ 기구	체육장의 규모	160m 트랙이 나오는 운동장이지만, 체육시간에 실제로 활용할 수 있는 공간은 양 축구골대 뒤편에 있는 세로 50m, 가로 10m의 직사각형 공간
		체육장의 환경	모래가 많이 깔려 있어 먼지가 많이 나며, 3~4개 반이 나오는 관계로 수업 중 축구공을 맞는 학생들이 자주 나옴
		교구 종류와 수량	역할명찰 4개, 모둠조끼 12개, 심판조끼 2개, 초시계 2개, 공 5개
9	차시별 게임 방법	대진방식	리그전(각 모둠 당 2번의 게임), 결승행사
		대진순서	1차전: 경기: A-B, C-E, 진행: D 2차전: 경기: B-C, D-E, 진행: A 3차전: 경기: A-D, B-E, 진행: C 4차전: 경기: A-C, B-D, 진행: E 5차전: 경기: A-E, C-D, 진행: B
		기록방법	패스성공 및 실패, 득점성공 및 실패, 승점기록
10	변형 게임	변형게임 방법 및 규칙	변형게임을 하지 않음
		변형게임 경기계획	
		사용장비	
		안전수칙	

단계 4

순서	절차	절차의 내용	계획 및 실행 내용
11	결승행사	방법	결승전 형식으로 진행 승점이 가장 높은 2개 모둠이 경기를 하며, 승점이 가장 낮은 1개 팀이 진행, 나머지는 응원 소감문 작성
		장소	운동장
		시상	시상식을 하지 않음
		축제	이벤트화 하지 않음

1) 시즌 준비 Tips

아래는 내가 시즌을 준비하면서 실천한 것으로 스포츠교육모형을 운영하려는 교사들에게 도움이 되는 전략이다.

• 스스로에게 질문 던지기

- 시즌 계획, 종목, 아이들의 역할, 그 안에서 내가 아이들에게 주고자 하는 것이 무엇인가 등에 대해 스스로에게 질문을 던지고 답을 달아보면 수업 준비에 필요한 것이 무엇인지 알게 된다.

• 스포츠 게시판 만들기

- 체육관이 있다면 체육관 벽면활용
- 체육관이 없다면 학생들이 많이 볼 수 있는 공간에 게시판 만들기 (이동식 화이트보드)
- 모둠소개지, 경기규칙, 대진표, 모둠기록지 게시
- 모둠별/개인별 누적 점수 게시
- 건의함 설치(학생의견 수렴)
- 게시판을 만들기 어려울 경우 게시판이름과 테두리만 붙여도 가능

• 모둠 체조 만들기

- 모둠 안에서 체조를 만들어 차시별 모둠별 준비운동으로 활용
- 준비운동이 끝나면 정해진 장소에 모이도록 코치와 약속

• 모둠정체성 활동시간 갖기(시간이 없다면 과제활동으로 제시)

- 프리 시즌 중 모둠 소개지 만들기(모둠이름, 모둠원 소개, 캐릭터, 모둠구호 등)
- 모둠사진촬영

- 수업기구 준비와 철거는 운영 모둠이 할 수 있도록 제시
  - 제대로 수행하지 않을 경우 승점이나 개인점수 감점

- 게임 시간 및 경기인원 줄이기
  - 게임은 전 · 후반으로 나누어 실시하고 중간에는 모둠별 회의시간 주기
  - 인원을 나누어 교체선수를 두고 반드시 전 · 후반 선수들을 교체

- 학생들에게 교사가 열심히 준비하고 수업한다는 느낌과 감동 주기
  - 매 차시 수업 전 기록지와 수업 시나리오를 수업 전에 미리 공개 전 수업 결과(모둠별 누적점수, 교사의 느낀 점 등)를 그날 바로 스포츠 게시판에 공개

- 차시별 모둠기록지 제시
  - 기록지는 경기를 하기 전과 후로 나누어 제시
  - 기록지에는 인지/정의적인 내용, 자기, 동료 평가적인 부분, 경기 및 운동기능 평가 부분이 제시되는 통합적인 기록지를 만들되 학생들의 수준을 생각하여 제시할 것(너무 어려울 경우 시간이 오래 걸리며, 너무 쉬울 경우 동기유발이 되지 않음)

- 시험, 우천, 행사 등의 이유로 차시를 진행하지 못했을 경우 한 시간에 두 번의 게임을 하는 것도 가능
  - 학생들이 게임 진행에 적응되면 시도

- 교사 반성일기 작성하기
  - 시즌을 계획하고, 준비하고, 실천하는 과정과 그 때의 에피소드, 교사와 학생의 감정 등이 잘 드러나도록 작성
  - 수업이 끝난 후 모둠기록지나 질문을 통해 그 날 수업에 대한 아

이들의 이야기 듣기(가끔 수업 중 내가 몰랐던 일들을 알게 되거나 아이들의 생각, 감정도 알 수 있음)

4. 변형 스포츠교육 수업: 패스볼

내가 있는 곳은 특성상 많은 공간을 사용할 수 없었다. 체육관이 없는 상황에서 수업시간만 되면 3~4개 반이 운동장으로 나오기 때문이다. 작은 운동장에 약 130명의 학생이 나오면 남는 공간은 더 비좁을 수밖에 없다. 그래서 최대한 공간을 활용할 수 있는 곳으로 운동장 동쪽 축구 골대 뒤편으로 있는 세로 50m, 가로 10m정도의 공간을 확보하였다. 그리고 그 공간에서 할 수 있는 종목을 고민하였다. 기존의 스포츠는 많은 공간을 필요로 하거나 여러 가지 장비를 필요로 하기 때문에 적합하지 않았다.

이 환경에 맞는 새로운 스포츠를 구상할 필요성이 있었다. 다행스러운 것은 내가 대학시절 뉴스포츠 수업을 수강하면서 새로운 스포츠에 대한 고민을 한 적이 있었다는 것이다. 그 결과로 학과 내에서 열린 뉴스포츠개발 공모에서도 최우수상을 받은 적이 있기에 새로 종목을 구상하는 것에 두려움은 없었다. 그래서 많은 고민 끝에 '패스볼'이라는 새로운 종목을 만들었다.

패스볼은 드리블 없이 패스로만 이루어지며, 골대 없이 상대방 진영 속 원 안에 있는 자신의 모둠원에게 공을 패스해주면 득점이 되는 게임이다. 간이농구, 핸드볼, 얼티미트 등 여러 종목에서 조금씩 변형시켰다고 볼 수 있다. 아웃라인이 없어 사방에서 공격 혹은 수비가 가능하며, 골잡이가 사방으로 손을 내밀어 공을 잡을 수 있으므로 골이 들어갈 확률이 높은 것이 특징이다. 아웃라인이 없는 것은 '해리포터' 시리즈의 '퀴디치' 경기에서 아이디어를 얻었는데, 정해진 라인 안에서만 신체활동을 한다는 고정관념을 잠시나마 내려놓게 하고 싶었기 때문이다. 또한 신체접촉이 없어 부상의 위험이 적으며, 경기장을 만드는 것이 단순하며 시간이 많이 걸리지 않는다. 공은 부상의 위험이 적은 말랑말랑한 공을 사용하고자 하였으나 수업을 할 때는 마땅한 용구가 없어 배구공을 사용하였다. 하지만 피구공이나 고무공도 용구로서 적합하다.

패스볼은 게임 진행이 대부분 패스로만 이루어지기 때문에 협동심을 향상시키기에 좋으며, 단순한 기능으로 인해 배우기가 쉬워 저학년에게 쉽게 적용할 수 있다. 던지고 받는 행위는 운동의 기초적인 기능이므로 다른 종목에서의 전이도 쉽게 일어날 수 있다. 득점은 상대편 진영 원 속에 있는 같은 팀원에게 공을 주면 되는데, 이 때 골잡이는 팔을 뻗어 360도 모든 각도에서 날아오는 공을 잡을 수 있다. 이것은 비교적 쉽게 골이 들어갈 수 있도록 하여 아이들이 골을 넣는 성취감을 느낄 수 있게 하기 위해서이다. 또한 상대편 선수의 골대에 공을 넣는 것이 아니라 자신의 팀원에게 공을 줌으로서 득점이 되기 때문에, 어느 정도 비 침략적인 성향도 가지고 있다.

패스볼의 특징은 다음과 같다.

◇ 누구나 쉽게 득점을 하면서 성취감을 느낄 수 있다.
◇ 패스로만 게임진행이 가능하기 때문에 모둠 내 협동심이 향상된다.
◇ 공간의 제약을 거의 받지 않아 좁은 공간에서도 게임이 가능하다.
◇ 아웃라인이 없어 다양한 전술 활용이 가능하다.
◇ 운동기능이 떨어지는 사람도 충분히 역할을 담당할 수 있도록 되어 있다.
◇ 규칙이 어렵지 않고 게임방법이 쉬워 누구나 쉽게 할 수 있다.
◇ 신체접촉이 없어 부상을 당할 위험이 줄어든다.
◇ 어느 정도 비 침략적인 성향을 지니고 있다.

패스볼 규칙은 다음과 같다.

◇ 공을 잡은 사람은 5초 안에 패스해야 한다. 못할 시 공은 상대편에게 넘어가고 그 자리에서 다시 진행한다.

◇ 공을 잡은 사람은 두 걸음까지 움직일 수 있다. 그 이상 발이 움직이게 되면 공은 상대팀에게 넘어간다. 공을 잡지 않은 나머지 선수들은 자유롭게 움직일 수 있다. (두 걸음까지 이동 후 피벗 풋을 허용할 수도 있고, 안할 수도 있다)

◇ 공을 빼앗기 위해 상대팀 선수의 신체를 건드리면 안 된다. 만약 접촉하게 되면 경고 1회를 주며, 그 자리에서 수비가 1m 떨어진 상태로 경기를 다시 진행한다.

◇ 모둠원끼리 공을 땅에 튀기거나 공중으로 패스를 줄 수 있다.

◇ 골잡이에게 주는 공은 공중 패스로만 득점이 가능하며 공을 받고 나서 2초간 원 안에 머물러 있어야만 득점으로 인정된다. 만약 골잡이가 공을 받으면서 선을 밟거나 이탈하면 득점으로 인정하지 않는다.

◇ 수비하는 선수가 공을 잡기 위해 움직이다가 원 안에 들어가거나 선을 밟으면 경고 1회를 주며, 그 시점에 골잡이에게 패스가 가는 상황이었다면 득점으로 간주한다.

◇ 경고를 3회 받으면 게임에서 퇴장 당하며, 시즌 중일 때는 다음게임에 참가하지 못한다.

◇ 전반에 게임을 했던 선수들 외에는 교체선수라고 하며, 후반전에는 이 교체선수들이 모두 게임에 선수로 들어가야 한다. 인원이 모자랄 때만 전반전 경기에 들어갔던 선수가 후반전에도 들어갈 수 있다. 만약 부상당한 인원이 있다면 교체할 수 있다.

◇ 새로 시작하거나 득점을 당한 후에는 원 바로 앞에 있는 선에서 파수꾼이 공을 패스하며 시작해야 한다. 이 때 골잡이는 선수들의 공을 뺏을 수 없다.

◇ 공이 무릎 아래로 맞으면 킥이 선언되며, 그 자리에서 발에 맞은 선수의 상대팀이 공을 소유하게 된다.
◇ 공을 일부러 상대편 선수를 향해 던지거나 고의적인 시간지연, 욕설 등 스포츠맨십에 어긋나는 행동은 경고를 준다.

패스볼 인원, 시설 및 용구는 다음과 같다.

◇ 패스볼의 인원은 골잡이 1명, 파수꾼 1명, 공수꾼 2~3명, 교체선수로 이루어진다. 골잡이는 원 안에서 공을 잡는 역할이며, 파수꾼은 원을 지키며 롱 볼을 잡아내는 역할을 한다. 공수꾼은 패스를 통해 공격을 하고, 방어를 하는 역할을 주로 한다. 교체선수는 후반전에 반드시 들어가야 하며, 인원이 부족할 때만 전반전에 들어갔던 인원이 다시 들어갈 수 있다.
◇ 패스볼을 하는 장소는 원이 반지름 30cm이며, 아웃라인은 없고, 원과 원의 거리는 약 10m이다.
◇ 원에서 상대팀 원이 있는 방향으로 약 80cm 앞에 길이 10cm 성

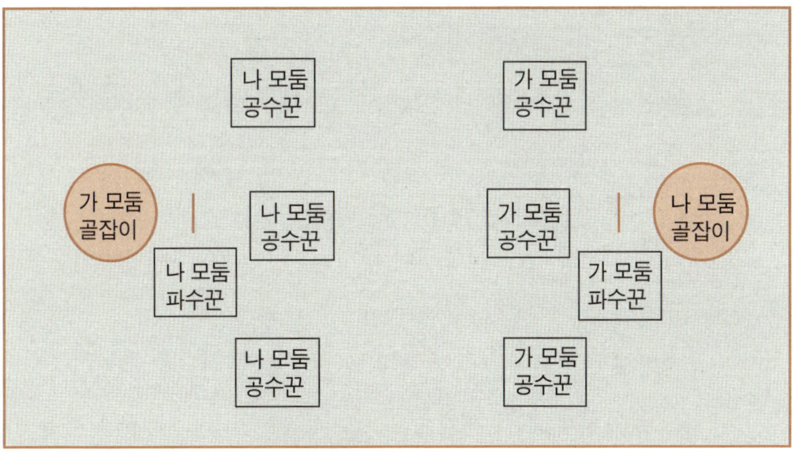

그림 7-1 진영 배치도

도인 선을 횡으로 그어 게임을 시작할 때와 득점 후 다시 시작할 때의 첫 지점으로 사용한다.

◇ 용구는 스포츠위원회에서 결정한 공으로 정한다. 예) 피구공, 플라잉디스크, 배구공 등

변형게임의 기본 원칙 Tip들은 다음과 같다.

• 거리를 줄여라

- 코트나 경기장의 크기를 보다 작게 나누어 몇 개의 경기장으로 동시 사용(침범형 스포츠 종목에 적용).
  예) 베이스는 가깝게, 표적, 골, 네트는 학생의 높이에 맞게 내리기. 배구, 배드민턴 등 서브는 코트의 중간에서 실행

• 득점의 기회를 많이 제공해라

- 2회 패스는 3~4회로, 3스트라이크 대신 4스트라이크 등

• 쉽게 과제를 수행할 수 있도록 변형된 장비를 많이 찾아라

- 치기 쉽도록 큰 배트나 크고, 가볍고, 부드러운 공을 사용
- 손으로 잡는 부분과 라켓 면 사이의 거리가 짧은 것
- 득점이 수월하도록 바스켓이나 골, 베이스를 큰 것으로 사용

• 모두가 참여할 수 있도록 규칙을 만들어라

- 남녀 혼성인 경우 여학생이 득점하면 두 배의 점수를 얻는 등의 규칙 포함
- 남학생이 오른손잡이일 경우 왼손으로 던지도록 하거나 한 손은 움직일 수 없는 제한을 둠

- 다양한 콘텐츠에서 변형 게임의 아이디어를 찾아라
  - 책, 영화, 게임, 놀이 등 다양한 콘텐츠에서 게임에 적용할 수 있는 방법 찾기

  예) 해리포터 시리즈 '퀴디치' 종목 - 4개의 공을 두고 1번 공은 1점짜리, 2번 공은 2점짜리 등 공에 따른 점수의 다양화, 아웃라인의 제한 없애기 등

* 처음 실행하는 초보교사 및 학생이라면 모둠의 전체인원이 7~10명일 때 인원을 절반으로 나누어 변형 게임을 제공하는 것이 좋다.

표 7-2 개인 스포츠 변형의 예

분류	종목	변형 방법
육상	멀리뛰기, 세단뛰기	- 딱딱한 구름판 보다는 쉽게 점프되는 스프링 달린 구름판 - 착지하는 곳에 부드러운 목표물 설치
	원반	- 원반을 가벼운 것으로 교체 - 원보다는 일직선을 그어 사용
	허들	- 낮은 허들 이용(고무줄, 스티로폼으로 높이 조절 가능) - 허들 사이 간격을 넓게(3보나 5보 정도에 맞게) - 허들 수를 줄여라
	크로스컨트리	- 체력수준에 따라 거리 조정(3~5가지) - 체력수준에 따라 장애물 수준과 개수 난이도 조정
수상	수영	- 물 바깥에서보다 물속에서 모든 활동이 시작되도록 - 낮은 기능 학생의 적응을 위해 핀사용(보조기구)
체조	평균대	- 낮고 면이 넓은 것. - 면의 재료를 다른 것(부드러운 천이나 융, 스티로폼, 색상 있는 것 등)으로 사용
	매트	- 작은 매트 - 잘 굴러갈 수 있도록 둥근 모양의 보조매트 - 움직임을 도와줄 수 있는 매트의 다양한 높이

분류	종목	변형 방법
라켓 스포츠	테니스, 배드민턴 등	- 천천히 날아오는 공으로 대체 - 테니스 라켓보다 짧은 라켓볼 라켓 - 서브라인을 짧게 할 것
구기 스포츠	야구, 소프트볼	- 투수와 타자 거리 가깝게 - 티 위에 올려놓고 치기 - 아웃과 득점의 규칙 변형
표적 스포츠	양궁	- 넓은 표적, 점수판의 선 간격 넓게 - 표적과 사수 사이의 거리조절
	볼링	- 핀 가까이에서 볼 굴리기 - 패트병이나 우유팩 등 제작 가능한 것 사용

1) 수업 실천과정

시즌을 설계하고 종목을 구상한 후 수업을 시작했다. 그동안 1학년 전담교사의 아나공 수업으로 인해 체육수업을 경험해보지 못하고 공만 차던 아이들이기에, 수업이 잘 이루어질 것이라는 기대는 하지 않았다. 그나마 다행인 것은, 아이들이 내 수업에서는 공만 차는 시간이 아니라 무언가 해야 하고, 운이 좋아야 공을 찬다는(?) 인식을 가지고 있었다는 점이다. 첫 수업에서 나는 우선 패스볼 종목 소개지와 모둠역할지를 아이들에게 나누어주고 설명하였다. 그리고 모둠편성은 반장을 앞에 불러 반 전체 토의로 방법을 정하게 하였다. 토론이 잘 되는 반도 있었고 잘 되지 않는 반도 있었는데, 그것은 반장이 얼마나 결단력이 있는가에 따라 달라졌다. 잘 되는 반은 반장의 주도하에 이루어졌고, 잘되지 않는 반은 반장이 아이들의 의견에 머뭇거리다가 떠드는 소리에 혼란스러워지는 경우였다. 의견이 잘 모아지지 않을 때는 내가 힌트를 주었다. 그래서 대부분의 모둠원 편성은 운동기능이 좋은 아이들 5명이 앞으로 나와 각자 순서대로 1명씩 자기가 원하는 친구를 부르는 식으로 정해졌다. 이 때 아이들은 거부권이 있어서 최대 두 번까지 거부권을 행사할 수 있었다. 그러다 거부권이 사라지면 그 이후에는 무조건 자신의 이름을 부른 모둠으로 들어

표 7-3 패스볼 1차시 시나리오

<table>
<tr><td>일시</td><td colspan="3">20○○년 5월 4주차</td><td>지도교사</td><td>장정민</td></tr>
<tr><td>단원</td><td colspan="3">없음</td><td>대상</td><td>중학교 1학년</td></tr>
<tr><td>차시</td><td>총 7차시 중 1차시</td><td>시간</td><td>45분</td><td>장소</td><td>교실/운동장</td></tr>
<tr><td>학습목표</td><td colspan="5">모둠 구성과 역할 편성, 자신의 역할 숙지</td></tr>
<tr><td>준비물</td><td colspan="5">펜 5개, 모둠편성지 5장, 종목소개지, 수업소개지, 역할소개지</td></tr>
<tr><td>학습주제</td><td colspan="5">모둠 구성과 역할정하기</td></tr>
<tr><td>학습단계</td><td colspan="3">교수-학습 활동</td><td>시간(분)</td><td>유의점
준비물</td></tr>
<tr><td>수업 전</td><td colspan="3">교사: 수업 주비물 적검
학생: 모둠 구성 및 역할 정하기</td><td></td><td></td></tr>
<tr><td>준비운동</td><td colspan="3">국민체조
운동장 2바퀴
팔벌려 뛰기 20회</td><td>10</td><td rowspan="6">☆ 편성지,
종목소개지,
수업소개지,
볼펜 5자루</td></tr>
<tr><td>종목소개</td><td colspan="3">패스볼 및 시즌 계획 소개</td><td>7</td></tr>
<tr><td>학습목표
제시</td><td colspan="3">모둠 구성 및 역할 정하기, 패스볼 알기, 역할 숙지</td><td>2</td></tr>
<tr><td>모둠구성</td><td colspan="3">반장이 앞에 나와 회의를 통해 모둠구성 방법 정하기
정해진 방법으로 모둠원 편성</td><td>10</td></tr>
<tr><td>역할
정하기</td><td colspan="3">정해진 모둠별로 모여 역할 정하기, 임시 모둠장이 패스볼 설명하기, 수업소개지 읽어보기</td><td>15</td></tr>
<tr><td>정리</td><td colspan="3">수업정리: 모둠별로 모둠편성지 제출, 수업 및 종목 소개지와 볼펜 반납</td><td>1</td></tr>
<tr><td>수업 후</td><td colspan="3">질문과 답변</td><td></td><td>자율적으로</td></tr>
</table>

가도록 했다. 이렇게 함으로써 아이들이 자신의 의사를 표현하게 되는 것은 물론, 모둠 편성에 너무 많은 시간이 소요되지 않도록 할 수 있었다. 뿐만 아니라 아이들은 거부권에 대해 호감을 보였고, 모둠편성하는 동안 웃음을 주는 요소가 되었다. 모둠이 편성된 다음에는 모둠의 이름을 정하고 각자의 역할을 정하도록 했다.

수업 내내 아이들은 이게 뭐지 하는 호기심 반, 이런 거 하지 말고 축구나 하러 가고 싶은 마음 반인 듯 했다. 비가 오는 날을 제외하고는 체육시간 동안 가만히 자리에 앉아 무언가를 작성한다는 것이 아이들에게는 생소한 일이었기 때문이다.

1차시 수업은 종이 치고 나서 조금 후에 끝나는 경우가 많았다. 무슨 역할을 맡을 것인지 이야기도 많이 하는 편이었지만, 중간에 장난을 치면서 분위기를 흐리는 아이들도 있었기 때문이다. 그렇게 1차시 수업을 끝냈지만 그 다음 주에 중학교 1학년들은 야영을 가게 되었다. 그리고 야영 때문에 한 주 수업을 못하고 2주 후에 다시 만났을 때는, 1차시 수업에서 무엇을 했는지, 자신이 어떤 역할을 하기로 했는지 깨끗하게 잊어버린 상태였다. 하지만 어느 정도 예상한 일이기 때문에 다시 아이들에게 역할을 알려주고 설명을 해 주었다.

2) 2차시 수업

2차시는 시즌 1차전에 들어가는 수업이었다. 1차시에는 준비운동으로 국민체조를 했는데 2차시부터는 모둠별로 준비운동을 하도록 했다. 한 가지의 체조만 하기보다는 자율적으로 하는 것이 좋으며, 많은 아이들이 어렸을 때부터 태권도나 합기도 같은 것을 배우기 때문에 스스로 어느 정도 준비운동을 할 수 있다는 판단에서였다. 그리고 소속감을 높이기 위해 모둠별로 조끼를 입은 상태에서 하도록 하였다. 간간히 국민체조를 하는 모둠도 있었지만, 대부분은 코치의 주도하에 새로운 동작으로 준비운동을 했다. 하지만 어떤 체계가 있는 것이 아니라 자신들이 알고 있는 동

그림 7-2 모둠원 협동활동

작들을 생각해 하나씩 해보는 수준이었다. 그러나 그 정도로도 충분하다고 생각했다. 중요한 것은 스스로 생각해서 무언가를 하는 것이었다. 준비운동이 끝난 후에는 협동심을 기를 수 있는 간단한 활동을 했다. 모둠원들이 두 개 조로 나누어 머리를 맞낸 상태에서 중간에 공을 하나 둔 다음, 그 공을 떨어트리지 않고 반환점을 돌아와 다음 인원들에게 전달하는 활동이었다. 프리 시즌이 부족해 정체성 활동을 하지 않았기에 이런 활동이 아이들에게 필요하다는 판단에서였다. 만약 프리 시즌에 했더라도 협동의 가치와 중요성을 알게 해주는 활동이 될 것이다.

모둠 협동활동이 끝난 후에는 모둠별 일렬로 앉도록 하였다. 그리고 아이들에게 수업 전 모둠기록지를 나누어 주었다. 스포츠교육모형 전문가의 피드백처럼 모둠정체성활동을 하지 않는 대신 수업 전 모둠기록지에는 모둠별 구호 정하기 등의 모둠 과제를 넣었다. 기록지를 작성하고 난 후 아이들은 패스연습을 하게하고, 운영모둠은 경기장을 만들고 운영 준비를 하게 하였다. 운영모둠은 스포츠교육모형에서 중요한 역할을 담당한다. 교사 대신 아이들이 직접 경기가 원활하게 진행되도록 운영하는 것이기에 그렇다. 그래서 경기장을 만드는 것은 물론이고 심판역할, 각종

그림 7-3 패스볼 경기

기록역할, 경기내용과 결과를 알리는 역할, 공을 정리하거나 시간을 체크하는 역할까지 모두 담당한다. 이것을 통해 수업은 교사가 하는 것이라기보다 아이들 스스로가 만들어가는 수업이어야 한다는 것을 알게 되고, 아이들이 지금까지처럼 선수로서의 역할뿐만 아니라 경기를 운영하는 관점에서 넓게 스포츠 경기를 볼 수 있게 되기를 기대했다. 게임이 끝난 후에는 운영모둠의 주도하에 다시 모였다. 그리고 수업 후 모둠기록지를 작성했는데, 그 안에는 오늘 수업에서 자신의 행동을 돌아볼 수 있도록 반성하기, 생각해보기의 과제를 넣었다. 대체적으로 아이들은 '앞으로 잘 하겠다', '최선을 다하겠다' 등으로만 적었는데, 이것은 아이들이 수업에서 많은 것을 느끼지 못했거나, 표현력이 약하다는 생각을 들게 했다. 아니면, 아직 반성의 의미를 잘 모를 수도 있겠다는 생각이 들었다.

본격적으로 수업을 하고 나서 나는 고민에 빠졌다. 애초에 잘할 수 있을 것이라는 기대는 하지 않았지만, 나는 물론이고 아이들도 우왕자왕했던 수업이었기 때문이다. 하지만 시작이 반이라는 생각으로 마음을 다잡고 오늘 실수한 부분과 다음에 할 것들을 고민했다. 우선 가장 아쉬웠던 부분은 프리 시즌의 부재였다. 급하게 진행하느라 확인하지는 못했지만 나중에 스포츠교육모형 수업의 가이드 책자를 살펴보니 프리 시즌의 부재가 가져오는 영향에 대해 적혀 있었다. 확실히 아이들은 자신의 역할을 제대로 알지 못하고, 수행하지 못했다. 자신의 역할을 확실하게 인지하기 위해서는 프리 시즌 동안 자신의 역할을 점검하는 시간이 필요하다.

그리고 아이들끼리 욕설이나 큰 소리로 심판에게 대드는 행위를 하지 못하도록 사전에 확실히 다짐을 받거나 서약서를 받았어야 했다. 그러지 않았더니 심판의 판정에 지나치게 항의하는 아이들도 있었고, 경기가 잘 안 풀리자 자기편은 물론 상대편에게도 욕을 하는 아이들이 있었기 때문이다. 예를 들어 욕을 하지 않겠다는 선언문을 작성해서 선서를 한다거나, 욕을 할 경우 평가에서 불이익을 받는다고 했다면 조금 달라지지 않았을까 하는 생각이 들었다. 혹은 EBS에서 제작한 〈최고의 교사〉라는 프로그램에서 본 여자고등학교에서 스포츠교육모형 수업을 실천하시는 남기엽 선생님처럼, 주변에서 후원을 받아 상품을 걸었다면 조금 더 동기부여가 되었을 거라는 생각이 들었다. 하지만 무리가 있었으나 일단 부딪히는 것을 통해 이런 경험을 하게 되었고, 또 배울 것들이 있다는 점은 고무적이었다. 또 이 수업이 전부가 아니며 더 정확하게는 시도의 성격이 강했기 때문에 다음 수업을 준비하는 과정이라고 생각하며 스스로 동기부여를 할 수 있었다.

그리고 2차시 수업을 하며 느낀 것 중 하나는 모둠기록지가 너무 소잡하다는 것이다. 나의 수업에서 모둠기록지는 중요한 부분을 자지한나.

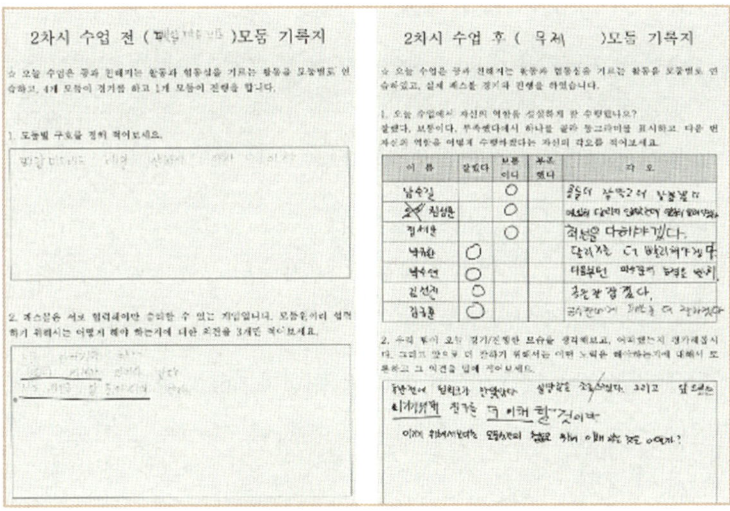

그림 7-4 2차시 모둠기록지

내가 말을 많이 하지 않기 때문에 모둠기록지는 말로 할 수 없는 내용과 의미를 아이들에게 전달해줄 수 있어야 하기 때문이다. 그렇다고 모둠기록지에 나의 생각이나 의도를 의미 없게, 혹은 길게 적어놓는다면, 그것은 말로 하는 것이나 다를 바가 없을 것이다. 그래서 모둠기록지를 통해 아이들 안에서 배움이 일어나기 위해서는 어떻게 해야 할지 고민했다. 그리고 그런 고민을 담은 메일을 스포츠교육 전문가에게 보냈고, 스포츠교육 전문가는 모둠기록지를 만드는 방법에 대해 팁을 주었다.

모둠기록지 만들기 Tips!

1. 수업 전후 모둠기록지는 모둠별로 하나만 제시할 때도 있지만 때에 따라서는 개인별로도 제시할 필요가 있음

2. 수업 후 기록지의 평가 및 토론 기록의 방법을 다양화 할 필요가 있음
   예) 시, 삼행시 쓰기, 비유적 표현으로 반성
   [오늘 게임은 (아이스크림)이다. 그 이유는 게임전략이 잘 적용되어 패스가 잘 될때 달콤함을 느꼈기 때문이다. 오늘 게임진행은 ( )이다. 그 이유는...]

3. 수업 전 기록지를 매 시간 수업시작 후 첫 활동으로 하는 것도 괜찮은 방법이지만 때로는 말 그대로 수업 시작하기 전 즉, 아침시간 혹은 그 전날에 기록지를 주고 작성하도록 하는 것도 좋음

4. 사후 활동을 다양한 방법으로 할 것
개인 반성일기, 모둠 일기장, 모둠 신문, 저널 등 모든 모둠이 동일한 활동을 하는 것이 아니라 모둠원이 원하는 대로 선택해서 활동

5. 아이들이 좋아하는 캐릭터, 만화, 웹툰 등의 자료를 활용

6. 퀴즈, 이야기, 평가 등 다양한 내용을 포함

팁을 받고 모둠기록지를 개인별로도 만들었으며, 모둠기록지의 내용도 이전의 딱딱하고 의도적인 것에서 자연스럽게 만들고자 했다. 예를 들어 시, 삼행시 쓰기, 비유적으로 표현하기, 그림으로 표현하기 등으로 다양하게 시도하였다. 그리고 나의 수업 계획, 준비, 실천과정과 에피소드, 아이들의 반응 등을 수업 중이나 수업 후에 기록하였다. 그러나 게임 시간을 줄여 한 차시에 두 번의 게임이 진행되게 하는 것은 시도하지 못했다. 가장 큰 이유는 아이들이 게임 진행에 적응이 안 되었고, 나 또한 완전히 적응하지 못했기 때문이다. 하지만 우천과 행사 등 차시 미뤄져서 제대로 수업이 되지 않을 때는 한 차시 동안 리그 경기를 두 번하는 것도 괜찮다는 생각이 들었다.

그리고 사후활동으로 스포츠신문 만들기를 계획에 넣었으나 실제로는 실행하지 못하였다. 수업만 하더라도 벅찬 감이 있었기 때문이다. 그리고 수업 전, 중, 후 모둠기록지를 모두 하고 싶었으나 수업 중 기록지는 만들지 않았다. 아이들이 작성하는 활동에서 시간이 많이 걸렸기 때문이다. 그리고 수업 전 모둠기록지를 말 그대로 아침에 나누어 주어 작성하게 하고 싶었지만, 실행과정상의 문제로 수업 시작할 때 나누어주고 작성하게 하였다. 대신 수업 후 모둠기록지는 시간이 부족할 경우 수업이 끝난 후 교실에 가서 작성하게 하였다. 이 경우 가끔 제출하지 않는 모둠이 있었지만, 대부분은 모둠별로 잘 제출하였다.

3) 3차시 수업

3차시 수업부터는 본격적으로 나 자신과 아이들의 수업을 점검하고 기록하기 시작했다. 수업을 하려고 나왔을 때 모둠별로 모이지 않고 축구공을 차고 있는 아이들을 볼 수 있었고, 모둠기록지를 작성하지 않고 자기들끼리 패스 연습을 하는 모습을 보기도 하였다. 반면에 어설프기는 하지만 조금씩 적응하고 있는 아이들의 모습도 볼 수 있었다.

그림 7-5 경기를 지켜보는 교체선수와 기록원

> 아이들이 질문을 하기 시작했다. 적극적인 모습이다.
> 게임을 할 때도 일렬로 앉아 응원하는 모습을 보여주고 있다.
> 경기장을 제대로 못 그리는 아이들, 페어플레이를 하지 않는다.
> 흙바닥이라 그런지 아이들이 공을 잡고 미끄러질 때도 있다.
> 이제야 패스볼에서 아웃라인이 없는 것을 알고 뒤쪽에서도 패스를 받아 공격하는 전술을 사용하기 시작했다.
> 운영모둠이 아직 역할을 잘 모른다. 이것은 프리 시즌이 약했기 때문이다. 프리 시즌에서 각 역할과 운영모둠이 해야 할 일을 철저하게 인지시켜야 한다.
>
> (3차시 4반 수업 중 메모)

아이들이 이런 수업을 한 적이 없고 프리 시즌을 제대로 보내지도 않았음에도 조금씩 나아지는 모습을 보니 힘이 났다. 어떤 문제가 생겼을 때도 이전에는 나에게 물으러 왔지만 이제는 자신들끼리 의논해서 해결하는 모습도 간간히 볼 수 있었다. 그리고 이전에는 무조건 게임하는 것만 좋아하던 아이들이었는데 이제는 운영하는 역할도 좋아하는 아이가

그림 7-6 심판역할 수행

생긴 것은 고무적이었다. 수업 중 한 아이가 "나는 운영이 더 재밌어!"라고 외치는 것을 들었을 때는 마음속으로 감동을 받기도 했다. 스포츠를 이루는 다양한 요소가 있음에도, 지금까지 아이들은 수업에서 선수 혹은 기능 수행자의 역할만 했을 것이다. 하지만 스포츠교육모형 수업을 통해 아이들이 스포츠라는 틀 안에서 자기에게 가장 맞는 역할을 찾고 수행하는 모습은 수업자인 나에게 커다란 동기를 부여했다.

그리고 모둠기록지도 피드백을 받고 나서 많은 부분을 수정하였다. 2차시 모둠기록지는 종목이 패스볼인 만큼 패스를 하는 방법과 유의점에 대해서 토의를 하고 작성하기를 기대했다. 그 기대에 부응이라도 하듯 아이들은 전체적으로 모둠기록지를 공들여서 작성하였다. 모둠기록지 내용의 난이도는 조금 낮을 수 있지만 조금 더 익숙해진 후에 난이도를 높일 필요성이 있다고 생각했는데, 다행스럽게도 중1 남자아이들에게는 적당한 난이도였던 것 같다.

작성한 기록지를 읽으며 일일이 피드백을 적다보니 특이한 점을 발견했다. 많은 아이들이 스포츠에서의 경쟁상대를 '적'이라고 표현했다. 그리고 자신의 모둠원들은 '아군'이라고 표현했다. 이것을 보니 아이들이 스포츠를 마치 싸움처럼 생각하고 있는 것은 아닐까 하는 의문이 들었다.

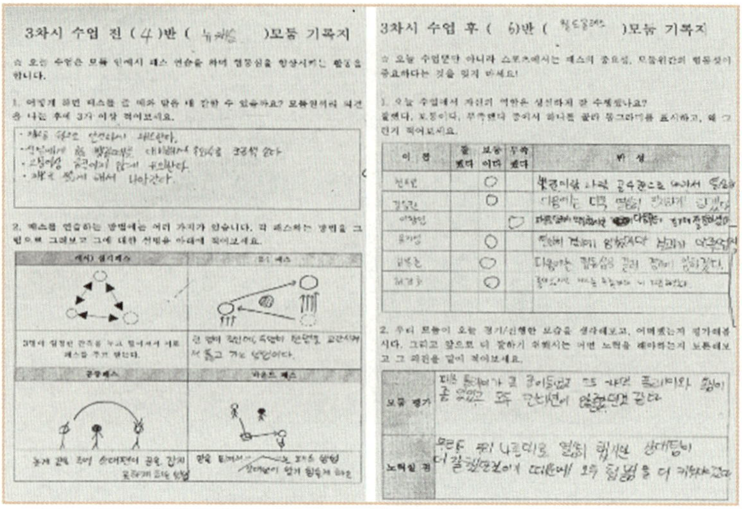

그림 7-7 3차시 모둠기록지

스포츠의 폭력성, 공격성 등을 아이들이 여과 없이 그대로 받아들이고 있는 것은 큰 문제라고 볼 수 있다. 이런 생각들은 지나친 경쟁심을 유발시킬 수 있으며, 때때로 아이들끼리 욕설과 거친 항의, 몸싸움, 반칙 등으로 이어질 수 있기 때문이다.

그래서 나는 스포츠교육모형 수업을 통해 이러한 아이들의 생각을 전환시켜 주고 싶었다. 그래서 상대 모둠이 더 이상 '적'이 아닌 선의의 경쟁상대로, 우리 모둠원이 더 이상 '아군' 대신 '협력대상'으로 아이들이 인식할 수 있는 방법들을 고민하기 시작했다. 또한 스포츠의 폭력성, 공격성 같은 부분들을 유화시켜서 아이들이 스포츠의 협동성과 선의의 경쟁성을 가질 수 있게 하는 것은, 학교에서 체육을 가르치는 사람으로서 꼭 해야 하는 역할임을 느꼈다. 그래서 수업 때마다 모둠별로 선의의 경쟁을 할 수 있어야 한다고 강조해서 이야기했고, 상대 모둠이 결코 '적'이 아니라는 것을 지속적으로 이야기했다. 아직 생각이 말랑말랑한 아이들은 그런 부분들을 조금씩 받아들이는 것을 느낄 수 있었다. 그러나 스포츠교육모형을 통해 이러한 아이들의 인식을 바꾸기에는 내가 아직 모자란 부분이 많아 한계가 있었다.

수업 후 모둠기록지에서는 아이들에게 반성해야 하는 이유와 방법들을 알려주고 작성하게 했다. 하지만 아이들은 반성을 자신이 잘못했을 때 하는 것으로만 생각하고 있었기에 제대로 된 반성은 되지 않았다. 작성 내용을 보니 대부분 이걸 잘못했다던가, 열심히 하겠다는 내용이었다. 자신을 돌아보며 자신이 했던 행동들, 보고, 듣고, 말했던 모든 것들을 곰곰이 생각하는 시간을 가진다는 것은 아직 중학생에게는 힘들 수도 있다. 그러나 이러한 과정들이 지속된다면 이전보다는 더 나아지지 않을까 하는 기대감을 가질 수 있었다.

• 가장 힘들었던 수업

4차시 수업에서 나는 가장 힘들었던 수업과 가장 즐거웠던 수업을 동시에 경험했다. 4차시에는 아이들이 어느 정도 수업진행에 대해 익숙해진 상태이기도 했지만, 1학기 초 아이들을 꽉 잡았던 나에 대한 기억이 아이들 머릿속에서 서서히 사라지던 때이기도 했다.

2반은 1학년 중 가장 문제가 있는 반이다. 이미 선생님들 사이에서 그 반의 문제점을 심각하게 이야기하고 있을 정도다. 수업진행이 잘 되지 않고, 서로 욕하고, 수업 중에 배구공을 발로 차는 아이와 다른 아이가 그 공에 얼굴을 맞아 우는 모습을 보니 수업에 대한 의지가 줄어든다. 이러다 내가 이 학생들을 포기하게 되는 건 아닌가 하는 생각에 복잡한 마음이 든다.

이런 학생들, 이런 반이야말로 더 체육수업을 통해 교육을 해야 하는 것 아닐까? 하지만 수업을 할 때마다 힘이 빠지니 내 마음은 괴롭기만 하다. 아이들을 교육하여 긍정적인 변화를 이끌어내야 하는 내가 편한 것만 찾는 것은 아닐까, 내 역할을 잘 감당하지 못하고 있는 건 아닐까, 이런 걸 생각하니 가슴이 운다…

(4차시 2반 수업반성일기)

이전과는 달리 스포츠교육모형으로 수업을 하게 되면서 아이들이 느슨하게 풀려있는 것을 볼 수 있었다. 그 중에서도 2반은 ADHD, 초등학교에서 소위 '짱'이라고 불렸던 아이 등이 모인 곳이었기 때문에 그 정도가 매우 심했다. 아이들은 수업에 집중하지 않고, 모둠별 활동에서는 소수의 아이들을 제외하고 소극적으로 참여했다. 오히려 그 시간에 장난을 치거나, 어디서 주워 온 공을 가지고 논다던가, 친구를 때려서 다툼이 일어나는 등의 일들이 수시로 일어났다. 이런 모습에서 나는 스트레스를 받았고, 수업을 포기하고 싶다는 생각까지 했다. 아이들을 혼내서 말을 듣게 하는 것은 어렵지 않지만, 단순히 혼내는 것이 교육적으로 좋은 방법이 아니라고 생각했기 때문에 꺼려졌다. 또한 아직 익숙하지 않은 수업을 아이들에게 진행하려니 나 또한 어려웠기 때문에 마냥 아이들 탓만 할 수도 없었다. 하지만 수업에는 전혀 관심이 없고, '축구해요', '놀아요', '선생님 누가 돌 던져요' 등의 이야기를 하며 모둠별 연습시간에 공으로 친구를 맞춰 울리는 모습은 그냥 넘기기가 힘들었다. 아이들의 이런 모습 때문에 선생님들이 수업을 포기하거나 대충 가르치게 되는 것이 아닐까 하는 생각마저 들었다. 하지만 최대한 아이들에게 표출하지 않고 수업을 마친 후 자리에 돌아와 마음을 가라앉혔다. 그 후에 생각해보니 아이들은 그럴 수 있다는 생각이 들었다. 떠들고 장난치는 것이 당연한 것이고, 아이는 아직 아이이다. 성인의 모습을 기대해서는 안 된다. 그리고 이런 아이들일수록 더 신경 써서 교육을 해야 된다는 생각을 하면서 마음을 잡을 수 있었다.

• 가장 즐거웠던 수업

반면에 가장 즐거웠던 수업도 4차시 수업에서 이루어졌다. 쉬는 시간 운영모둠 아이들이 체육실로 찾아와 조끼와 공 등을 받아갔다. 이때쯤 대부분의 운영모둠이 쉬는 시간을 이용해 장비를 받는 수준까지 왔기에 이번에도 좀 나아진 모습 정도로만 생각하고 수업하러 나갔다. 저 멀리서 보니 아이들이 조끼를 입고 자기들끼리 열심히 준비운동을 하고 있었다.

별별 동작들을 다 동원하면서 하는 모습을 보며 아이들이 모인 곳으로 걸어갔다. 그런데 그 이후 아이들은 내가 별다른 말을 하지 않아도 스스로 수업을 하는 모습을 보여 주었다. 다음은 내가 그 수업 후에 적은 수업반성의 내용이다.

> 내가 나오기 전 조끼를 입고 스트레칭을 하다가 내가 나온 것을 보고 얼른 모둠별로 모여 앉았다.
>
> 운영모둠 설명 시에도 심판들은 내가 말하기도 전에 "경기장을 만들자!"라고 하며 스스로 활동을 시작했다. 자신의 역할에 익숙해지는 것뿐만 아니라 스스로 자신의 일을 찾아서 하는 모습으로 성장하고 있는 것 같아 기분이 좋았다.
>
> 경기 중에 심판에게 양해를 구하고 자기들끼리 작전을 속닥거리는 모습을 보니 적극성이 보여 너무 보기 좋다. 반성일기와 아이들의 성장을 생각하며 이런 모습을 보니 몸에 살짝 전율이 일어나며 나도 모르게 감동을 받았다. 아이들이 성장하는 모습을 보면서 이런 느낌이 들 수 있구나… 수업이 하나의 작품을 보는 것 같았고, 나는 마치 예술가가 된 느낌이었다.
>
> 말을 많이 하지 않아도 물 흐르듯이 자연스럽게 수업이 이루어져 행복했다.
>
> (4차시 1반 수업반성일기)

지금까지의 모든 수업 중 가장 말을 안 했음에도 수업은 자연스럽게 이루어졌다. 내가 가장 하고 싶었던 수업이 바로 아이들 스스로가 자신의 역할을 알고 수업에 참여하는 모습이기에 이날 수업의 감동은 매우 컸다. 그것은 마치 한 폭의 그림을 보는 듯 했다. 내가 밑그림을 그렸다면 아이들은 거기에 색을 입히며 생동감 있는 그림을 완성했다. 이것은 스포츠교육모형을 통해 아이들에게 각자의 역할을 주고 스스로 수행할 수 있도록

그림 7-8 모둠별 기록지 작성과 회의

자율성을 준 것의 결과라고 생각한다. 가르치는 사람은 대략의 밑그림, 즉 수업의 틀을 제시할 뿐이며, 그 이후에는 교사의 주도가 아닌 아이들의 주도로 이루어지는 수업이 스포츠교육모형의 수업이기 때문이다.

이 수업을 통해 교사의 힘만으로는 제대로 된 스포츠교육 수업을 만들 수가 없다는 것을 알 수 있었다. 그리고 교사가 주도해서는 온전한 배움이 일어나지 않으며, 아이들 스스로가 참여했을 때 온전한 배움이 일어난다는 것을 알 수 있었다. 배움은 곧 실천할 수 있는 것이기 때문이다.

4) 4차시수업

4차시 수업에서는 아이들이 익숙해진 탓인지 질문이 많이 나왔다. 대부분의 질문은 바로 대답해줄 수 있었지만 패스볼이라는 게임이 새로 만들어진 것이기에 내가 미처 생각지도 못했던 것들을 질문하는 경우가 생기곤 했다.

골잡이가 굴러온 공을 잡은 후에는 패스가 가능한가?
실수로 발에 공이 맞으면 어떻게 되는가?
반칙을 하면 파수꾼부터 시작해야 하나?
공이 머리에 맞으면 어떻게 될까?

> 골잡이가 파수꾼의 공을 빼앗으면 득점인가?
> (4차시 수업에서 아이들이 질문한 내용)

미리 생각해보지 못했기에 바로 대답해줄 수 없었던 문제들은 내가 찾아내는 것이 아니라 아이들의 질문을 통해 찾는 경우가 대부분이었다. 애초에 패스볼 게임은 내가 만들었지만 만드는 과정 속에 아이들의 질문이 있었기에 가능했다. 이렇듯 아이들의 질문을 통해 나에게도 배움이 일어나는 것은 물론 종목과 수업의 완성도 또한 높일 수 있었다.

그리고 4차시 수업에는 아이들이 역할에 대해 조금 부족한 부분이 있나는 점을 감안해서 역할기록지를 만들어 활용하였다. 심판, 기록원, 기자의 역할지를 각각 만들어서 모둠별이 아닌 역할별로 모여 작성하고 토의하게 했다. 그리고 작성한 내용을 가지고 역할별로 모인 아이들에게 피드백을 주었다.

조금 딱딱한 내용보다는 재미있게 하기 위해서 역할별 문제도 냈다.

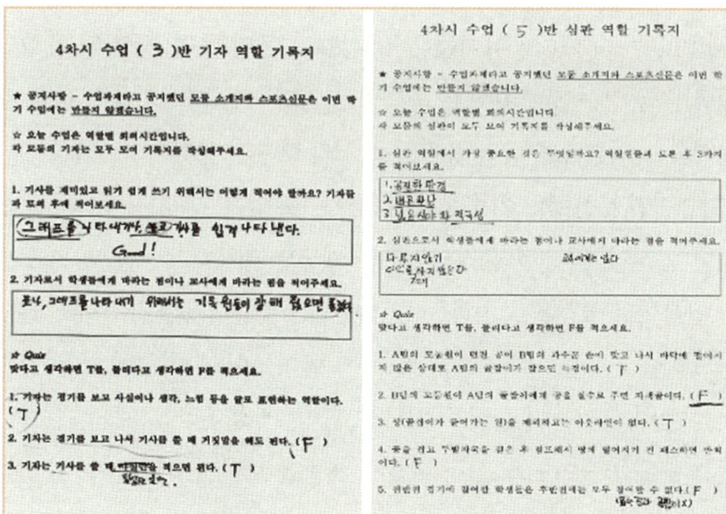

4차시 수업 (3)반 기자 역할 기록지

★ 공지사항 - 수업과제라고 공지했던 모둠 소개지와 스포츠신문은 이번 학기 수업에는 만들지 않겠습니다.

☆ 오늘 수업은 역할별 회의시간입니다.
각 모둠의 기자는 모두 모여 기록지를 작성해주세요.

1. 기사를 재미있고 읽기 쉽게 쓰기 위해서는 어떻게 적어야 할까요? 기자들과 토의 후에 적어보세요.

2. 기자로서 학생들에게 바라는 점이나 교사에게 바라는 점을 적어주세요.

☆ Quiz
맞다고 생각하면 T를, 틀리다고 생각하면 F를 적으세요.

1. 기자는 경기를 보고 사실이나 생각, 느낌 등을 글로 표현하는 역할이다. (T)

2. 기자는 경기를 보고 나서 기사를 쓸 때 거짓말을 해도 된다. (F)

3. 기자는 기사를 쓸 때 [illegible]을 적으면 된다. (T)

4차시 수업 (5)반 심판 역할 기록지

★ 공지사항 - 수업과제라고 공지했던 모둠 소개지와 스포츠신문은 이번 학기 수업에는 만들지 않겠습니다.

☆ 오늘 수업은 역할별 회의시간입니다.
각 모둠의 심판이 모두 모여 기록지를 작성해주세요.

1. 심판 역할에서 가장 중요한 것은 무엇일까요? 역할별끼리 토론 후 3가지를 적어보세요.

2. 심판으로서 학생들에게 바라는 점이나 교사에게 바라는 점을 적어주세요.

☆ Quiz
맞다고 생각하면 T를, 틀리다고 생각하면 F를 적으세요.

1. [illegible] (T)

2. [illegible] (F)

3. [illegible] (T)

4. [illegible] (F)

5. [illegible] (F)

그림 7-9 4차시 수업 역할기록지

대부분의 아이들은 토의를 통해 답을 찾아냈는데, 간혹 한두 문제는 틀리곤 했다. 그리고 심판에게 가장 중요한 것은 무엇인가라는 질문에 아이들은 대부분 '공정함'과 '빠른 판단'을 들었다. 아이들은 이미 심판의 가장 중요한 부분들을 알고 있었다. 기자나 기록원 역할을 맡은 아이들도 마찬가지로 공정함이나 정확하게 보는 것을 중요하게 생각했다. 한 가지 아쉬운 것은 본래 스포츠교육모형에서는 역할별 서약서나 선언의 의식을 하는데, 나는 사전지식의 부족으로 이러한 부분들을 하지 못했다. 이러한 서약이나 선언은 아이들이 알고 있는 것들을 자신의 것으로 만드는 과정이라는 점에 의의가 있다. 비록 이번 수업에서는 못했으나 다음 수업에서는 이러한 부분들을 실천해야겠다는 다짐을 하게 된 부분이다.

5) 5차시 수업

5차시 수업은 시즌으로 볼 때 4차전 경기가 있었다. 이 수업에서는 그동안의 모둠별 연습이 어느 정도 이루어진 것을 감안해 공격전술과 수비전술을 만들어보라는 모둠과제를 주었다. 이러한 과제를 준 것은 아이들이 공을 차거나 구기 운동을 할 때 우르르 몰려다니는 경우를 많이 보았기 때문이다. 대부분의 아이들은 공을 보고 움직일 뿐, 약속된 움직임을 통해 점수를 얻는 것에 대해서 익숙하지 않다. 지금까지의 일반적인 체육수업에서 이러한 전술적인 움직임을 거의 다루지 않았기 때문일 수도 있고, 기능적인 부분에만 치중했기 때문일 수도 있다. 그러나 아이들에게 전술적인 움직임, 약속된 움직임이라는 개념만 이해하게 해주면 스포츠에 대한 안목이나 공간을 차지하는 능력이 향상될 것이라는 생각이 들었다.

그러한 기대를 가지고 과제를 주자 아이들이 게임 중에 공을 건네주면서 이동해도 되는지 물어보기도 하고, '번개 같은 지그재그 패스하기'라는 전술을 만들기도 하는 등 활발한 모습을 보이며 과제를 수행하였다.

5차시 수업 전 모둠기록지의 전술만들기에서는 다양한 전술이 쏟아져 나왔다. 전술을 만든 후에는 코치가 주도해서 모둠별 연습시간에 전술

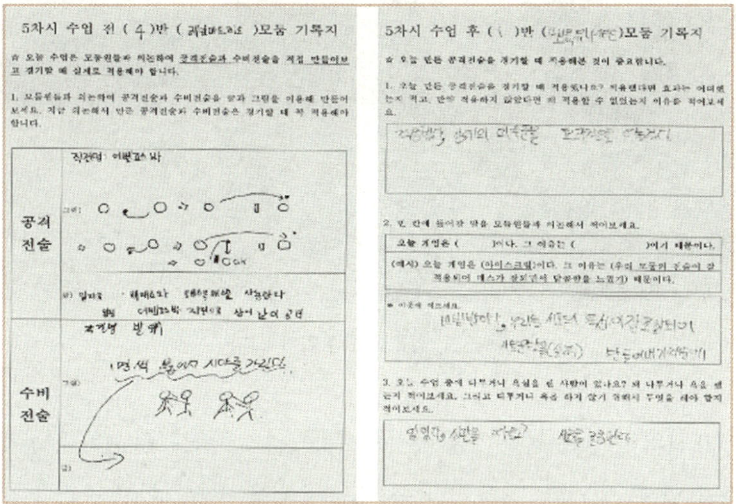

그림 7-10 5차시 수업 모둠기록지

을 익히도록 했다. 그리고 반드시 게임에 적용하도록 했다. 이후 경기를 진행하고 난 후, 모둠기록지를 통해 전술의 성공 혹은 실패를 적고 왜 그러한지 이유를 물었다. 그러자 절반은 잘 안되었다고 했고, 설반은 성공했다고 했다. 그러면서 실패한 원인은 연습 부족에 있다고 했고, 잘된 원인은 협력에 있다고 했다. 아이들이 모둠별 연습시간에 연습을 하지 않고 공을 던지며 노는 경우가 종종 있음을 고려한다면, 아이들의 전술이 성공하지 못한 것은 연습하지 않고 놀았다는 말로도 해석할 수 있다. 하지만 내가 각 모둠을 돌아다니며 일일이 점검하고 피드백을 주더라도, 다섯 개 모둠으로 나뉘어져 있어 계속적인 관찰은 힘들다. 아이들이 장난을 치며 놀고 있더라도 그것을 빨리 알아챌 수는 없다는 것이다.

그렇기에 아이들이 맡고 있는 역할의 중요성은 더욱 커진다. 특히 코치의 역량이 모둠의 분위기와 연습에 많은 영향을 미치게 되는데, 스포츠교육모형 수업을 통해 코치들은 어느 정도 자신의 역할을 수행하고 있었다. 그리고 차시가 더해갈수록 전체적으로 자신들의 역할을 알고 스스로 수행하는 모습이 늘어나는 것을 매 수업 때마다 작성하는 모둠기록지나 아이들과의 대화, 역할을 수행하는 모습에서 느낄 수 있었다.

그림 7-11 기록원과 심판

개인의 역할은 물론 모둠에서의 활동하는 모습도 갈수록 성장하고 있음을 알 수 있었다. 처음 만났을 때보다 더욱 적극적이고 즐거운 모습이었다. 이러한 것은 아이들의 모습과 대화에서 느낄 수 있었다.

5반 수업 중 한 학생을 보았다. 작은 키에 뚱뚱한 몸을 가진 그 아이는 땀을 뻘뻘 흘리며 수업을 하고 있다. 그 모습이 참 보기 좋았다. 기존 스포츠에서는 아마 어울리기 힘들지 않았을까 싶을 정도의 체형이지만, 이 수업에서는 굉장히 적극적이다. 그 아이에게 다가가 물었다.

"오늘 모둠에서 공격전술 만든 것을 활용했니?"

질문에 그 아이는 모둠원들이 공격전술을 활용해서 2골을 얻었다고 했다.

(5차시 5반 수업반성일기)

이런 적극적인 모습을 보면서 새삼 수업은 내가 만드는 것이 아니라 아이들이 만들어간다는 것을 느꼈다. 그리고 이러한 모습이 수업의 밑그림을 그리는 사람이자 안내자인 나에게는 뿌듯함과 행복으로 다가왔다.

스포츠교육 전문가에게 피드백을 받았던 내용 중 하나를 수업 후 기록지에 적용해보았다. 오늘 수업을 한 단어로 표현하고 그 이유를 적어보는 것이다. 어떤 표현들이 나올까 궁금했는데, 여기서 아이들의 창의성이 돋보였다. 어떤 모둠은 오늘 수업을 '비빔밥'이라고 적고 오늘 자신의 모둠원 각자가 가진 특성을 살려 하나가 되어 새로운 맛(실력)을 낼 수 있었다고 했다. 또 어떤 모둠은 오늘 수업을 '휴지'라고 적고 오늘 경기는 술술 풀렸다고 표현했다. 그 외 '기적', '열정' 등 다양한 단어로 5차시의 수업을 표현했다.

반면 가장 힘들었던 수업이라고 느꼈던 2반의 수업은 5차시가 되어서도 나아지지 않았다. 아이들도 계속 교사들에게 혼이 나니 오히려 더 엇나가는 듯했다. 다른 반은 지난 차시 수업에서 익숙해진 모습을 보였는데, 2반은 그전에 어수선한 모습과 달라진 것이 없었다.

악순환이 계속되는 것 같다. 분위기가 좋지 않아 혼을 내고 관심을 덜 기울였더니, 5차시에 이른 지금도 2차시와 다를 것이 없다. 분위기를 고려해서 많이 배려해준 편인데도 운영을 준비하는 것, 기록지를 작성하는 것이 다른 반에 비해 두 배나 시간이 더 걸린다. 게다가 어떤 모둠은 기록지를 대충 작성해서 가져왔다. 스포츠 표현하기의 한 요소로서 그림을 그리는 것이 있었는데, 그려보라는 글은 보이지도 않나보다. 기록지 작성도 토의해서 하는 것이 아니라 혼자 작성한다.

여기서 느껴지는 것… 나는 교육자인데, 아이들을 배려하지 못하고 있다는 점이 나를 괴롭게 한다. 이 아이들은 다른 과목 선생님들한테도 계속 혼이 나는 반이다. 나는 혼을 내는 교사가 되고 싶지 않다. 이런 아이들이야말로 내가 필요하다.

(5차시 2반 수업반성일기)

아이들은 사랑을 먹고 성장한다고 했는데, 2반의 아이들은 교사들로부터 조금은 부정적인 평가를 받고 있었다. 그러다보니 갈수록 반 분위기는 소란스러워지고 수업운영에서도 더딘 모습을 보였다. 이런 모습은 수업시간에 고스란히 드러나서 주어진 과제를 제대로 수행하지 못하는 것은 물론, 운영도 제대로 하지 못했다. 그 외에도 조그마한 돌을 주워서 던지거나, 친구들끼리 장난치고, 또는 욕설을 하며 다툼을 하는 경우도 다반사였다. 교육자라면 응당 이런 아이들에게 더욱 관심을 가지고 사랑으로 대해야 하지만 현실적으로는 힘든 부분이 있었다. 일주일에 한 번 만나는 교과 담당이 아이들에게는 그리 큰 영향을 미치지 못한다는 것이다. 그래서 2반 수업에서는 힘이 나지 않아 적당하게 운영하며 간단한 피드백만을 주었다. 하지만 그런 부분들이 오히려 교육자로서 나의 마음을 불편하게 했다. 그리고 그런 감정들이 2반의 수업뿐만 아니라 다른 수업에도 영향을 미쳤다.

수업이 잘 되지 않는다. 아이들은 스스로 하지 않는다. 너무 부족한 모습에 힘이 든다. 힘이 드는 건 2반 수업의 영향일까?

아이들에게 물었다.

"너희들은 왜 스스로 하기 힘들까? 지금까지의 수업을 통해 너희들은 충분히 할 수 있는데 말이다. 너희들이 스스로 하려면 무엇이 필요할까?"

어떤 아이가 대답했다.

"익숙하지 않아서 그래요. 부모님이 하라고 해서 하니까 창의력이 떨어지고 의존하게 되는 것 같아요."

그러자 옆에서 누군가가 말했다.

"자신의 생각이 없어요."

(연구자의 7반 수업 메모 중에서)

아이들은 처음에 비해 여러 면에서 나아지는 모습을 보여주었지만,

2반처럼 변화가 잘 일어나지 않거나 혹은 잘하다가도 스스로 하지 않는 모습을 많이 보여주었다. 그런 모습을 보면 나도 힘이 빠졌고 이것은 다음 수업에도 영향을 미쳤다. 아이들은 스스로 잘하다가도 어느 순간 돌아서곤 했다. 게임을 하고 노는 것, 축구하는 것 등에는 매우 적극성을 보이면서도, 수업의 기록지 작성이나 다양한 역할 수행에는 그런 모습을 잘 보여주지 않았다. 자신의 생각이 없다는 그 아이도 축구를 하라고 하면 스스로 열심히 뛰어다닌다. 하지만 다른 것들에 대해서는 복잡하다 여기고, 열심히 하지 않는 모습을 보일 때가 많다. 그래서 힘이 빠질 때가 있지만 스포츠교육모형 수업이 아이들에게 필요하다는 생각에는 변함이 없었다. 그리고 아이들이 조금씩 자발적으로 배움을 만들어가는 모습을 보면서 다시 힘을 내어 그 다음 수업을 준비하는 과정을 반복했다. 다음은 수업 중 있었던 한 에피소드이다.

화를 내지 않기 위해 노력했다. 답답한 마음이 들고, 어떤 아이가 혼자 조끼를 입지 않고 공을 가지고 이리저리 돌아다니고, 심판이 경기장을 만들기만 하고 가만히 앉아 있는 모습을 보더라도 말이다. 그런 모습을 보더라도 아이들에게 화를 내거나 큰소리를 치지 않기 위해 무던히도 노력했다. 아직 덜 자란, 덜 여문, 덜 성숙해서 부족할 수밖에 없는 아이들 모습이기에 어쩔 수 없다는 것을 계속 생각했다.

하지만 모두가 모둠기록지를 작성하는 와중에 조끼를 입지 않고 노는 아이들이 있었다. 그래서 그 아이들을 불렀더니 아이들이 한 아이를 지목하며,

"야! 선생님이 공 가져가도 된다고 허락했다면서?"

그 아이가 공을 가지고 노는 것을 아이들이 지적하자 아이들에게 거짓말을 한 모양이었다. 그래서 그 아이를 불러놓고 물어봤다.

"얘야, 거짓말을 했니?"

머뭇거리던 아이는 이윽고 "네" 라고 대답했다. 그리고는 이어서 하는 말이,

"맞으면 되나요?"

내가 가만히 있자 그 아이는 다시 물어왔다.

"엎드릴까요?"

그 말을 듣는 순간 후회가 밀려왔다. 내가 아이들이 잘못했을 때 어떻게 해왔기에 이런 말을 하는 걸까 하는 생각과 아이들이 이런 식의 처벌에 너무 익숙해져 있고, 자신의 잘못에 대한 반성보다는 벌을 받으면 된다고 생각을 하는 것이 너무나 안타까웠다.

그래서 아이에게 말했다.

"내가 널 때리면 너는 앞으로 거짓말을 하지 않을거니? 아니면 엎드려서 혼나면 앞으로 거짓말하지 않을거니?"

그 말을 듣고 머뭇거리는 아이에게 다시 말했다.

"네가 앞으로 거짓말하지 않겠다고 약속한다면, 지금 나는 널 혼내지 않을 거다. 어떻게 할래?"

그 아이는 알았다고 했고, 나는 그 아이를 보내주었다.

아이들은 너무나 쉽게 거짓말을 한다. 나도 어릴 때 그랬을까? 그랬을 수도 있겠지. 하지만 그렇기에 내가 이 아이들에게 필요한 것이다.

(5반 수업반성일기)

이렇듯 쉽게 드러날 일을 거짓말 한 이 아이는 예전에도 거짓말을 해서 혼이 났을 것이다. 그리고 그 이후에 부모나 교사들이 거짓말 한 것을 때리거나 기합으로 처리하는 경우가 많았던 것 같다. 그런데 지금까지의 그런 방법이 이 아이를 바꾸지 못했기에 또 거짓말을 하는 것을 보며, 교육이란 무엇인가에 대해 다시 생각하게 되었다. 교육은 맹목적으로 수업의 진도를 나가는 것이나, 튀어나온 아이들을 뿅망치로 때리듯이

그림 7-12 패스볼 경기 장면

집어넣는 것이 아님에도, 혹시 내가 그러지는 않았는지 반성하였다. 아무리 답답한 모습들이 있고 거짓말을 하거나 소란을 피워도 그 행동을 변화시킬 수 있는 것이 교육이라면, 그것은 내가 해야 된다는 생각을 하게 되었다. 그리고 이런 모습을 스포츠교육모형 수업 안에서 다룰 수는 없을까 고민하였다. 물론 일반적 스포츠교육모형 수업 안에서는 스포츠위원회가 있고, 선수 혹은 팀에게 주어지는 상벌의 기준을 정할 수 있다. 그러나 경기 중이 아닌 모둠별 활동에서까지 그 영향력을 행사할 수 있는지는 명확하지 않다. 그렇기에 이런 세세한 부분까지 규칙을 세우기 위해서는 프리 시즌 중 스포츠위원회가 소집되었을 때 하는 것이 좋겠다고 생각했다. 그러나 수업 중 이런 필요성에 대해서 인식했으나, 일주일에 한 번, 21개 반을 들어가는 나로서는 따로 실행하는 것이 어려웠기에 아쉬움이 남았다.

6) 6차시 수업

6차시 수업은 5차전으로서 결승전을 제외한 시즌의 마지막 수업이었다. 이 수업을 마지막으로 시즌에서의 순위가 결정되기 때문에 아이들은 나름 기대하고 있는 눈치였다. 6차시의 모둠기록지는 전 기록지에서는 지금까지의 경기에서 자신을 스스로 평가해보고 이번 마지막 경기에서의 각오를 적으라고 하였다. 기록지에서는 오늘 있었던 경기를 시나 그

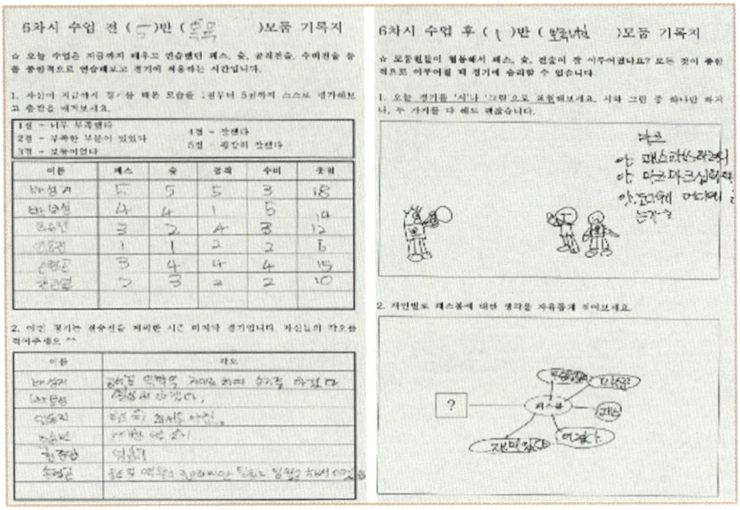

그림 7-13 6차시 수업 모둠기록지

림으로 표현해보라고 하고, 패스볼이라는 단어를 중간에 두고 자신의 생각을 하나씩 적어보라고 하였다. 평소 까불던 아이들 중 몇 명은 자기평가에서 스스로에게 높은 점수를 부여했다. 반면 잘했지만 약간 소심한 아이들은 스스로에게 중간정도의 점수를 주기도 했다. 그러나 대부분의 아이들은 자기평가에서 스스로에게 높은 점수를 주지 않았고, 나름 엄격하게 점수를 주는 것을 볼 수 있었다. 이 부분은 아이들이 자기평가에서 나름의 기준이 있다는 말이 될 수도 있고, 기록지에 적은 내용을 다른 아이들에게 공개된다는 점에서 엄격한 점수를 기록했을 수도 있다. 하지만 아이들 스스로가 자기를 평가하면서 생각하는 모습을 볼 수 있는 것은 긍정적이었다.

수업 후에 작성한 기록지에서는 그림과 시를 단순하게나마 작성하는 것을 통해 표현하는 활동을 하였다. 다양한 그림, 시, 생각들이 나왔는데, 지난 번 내용보다 더 표현력이 풍부해졌다. 이런 활동을 통해 아이들은 스포츠를 표현하는 법을 배우고 있다는 것을 느낄 수 있었다.

• 기사 작성하기

다양한 역할 중 스포츠기자는 경기를 보고 글로 표현하는 역할을 한다. 그래서 경기를 보지 않은 다른 아이들도 이 기사를 보면 어떤 식으로 경기가 진행되었는지, 결과는 어떤지 알 수 있도록 했다. 사진을 찍어 기사에 올리는 것도 고려했으나 어려움이 있기에 직접 그린 그림으로 경기 사진을 대체할 수 있도록 했다.

5, 6차시 수업에서 스포츠기자가 역할을 맡은 아이들이 쓴 기사를 보면, 그동안 아이들이 성장했음을 알 수 있다. 처음 수업에서 스포츠기자들은 기껏해야 사실 위주로 어떻게 경기가 진행되었는지 적어놓는 수준이었는데, 이제는 기사제목, 인터뷰는 물론, 사진대신 그림으로 수업 중 게임을 표현하는 것까지 하게 되었다. 남자아이들, 특히 중학교 1학년생인 경우 그런 기사를 적는 것에는 관심도 없고, 잘 하지도 못한다고 하는 동료교사들도 있었다. 처음에는 잘 안되었지만 시즌 후반에 이런 결과물들이 나오는 것을 볼 수 있었다. 물론 모든 기사가 잘 써진 것은 아니지만 시즌 초반에 비해 조금 더 표현 능력이 좋아진 것은 확실했다.

이렇게 되기까지에는 꽤 오랜 시간과 노력을 필요로 했다. 그렇다면

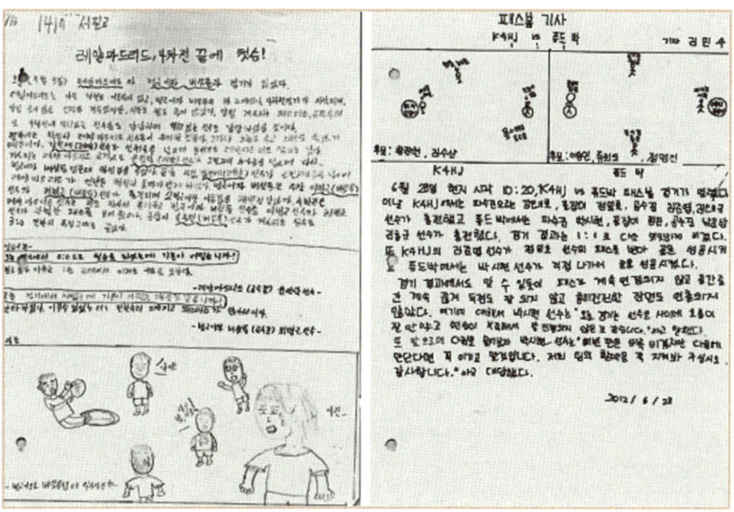

그림 7-14 스포츠기자가 쓴 기사

최근 활발하게 논의가 진행되고 있는 통합교육을 생각해볼 때, 기사를 작성하는 것은 국어수업과, 그림을 그리는 것은 미술수업과 연계한다면 어떨까? 다음 시즌에서 적용할 수 있는 아이디어를 고민하게 되었다.

그리고 중요한 부분이라고 느낀 것은 나와 아이들과의 관계였다. 아이가 나를 좋아할수록 기사는 물론 역할 수행도 더 잘하는 모습을 볼 수 있었다.

"선생님은 좋겠어요. 아이들이 선생님을 참 좋아해요~"

"체육이라는 과목 때문에 애들이 좋아하긴 하죠?"

"체육샘이라는 것도 그렇기는 한데, 그냥 애들이 좋아하는 것 같아요. 특히 필교가 선생님을 굉장히 좋아하더라구요."

"아, 그런가요?"

(1학년 담임교사와의 대화 중에서)

위 그림의 기사를 적은 필교라는 아이가 가르치는 사람인 나를 좋아한다는 내용의 대화였다. 중학생 남자아이지만 나를 좋아하고 하나의 모델로 생각할 수 있다. 그리고 그런 경우 아이들에게는 동기부여가 될 것이라는 생각이 들었다. 스포츠교육모형 수업에서 아이들이 표현하는 활동은 매우 중요한데, 애초에 선수로서 활약하는 것만이 스포츠교육모형 수업의 목적이 아니기 때문이다. 따라서 가르치는 내가 아이들과의 관계를 잘 해놓을 때 더욱 풍성한 스포츠교육모형 수업이 될 수 있다는 것을 이번 사례를 통해 알 수 있었다.

7) 7차시 수업: 결승전 없는 시즌마무리

당초에 계획했던 7차시의 수업에서 1~2시간 수업을 진행하지 못한 반이 생겼다. 다른 모형 수업의 경우 한 차시에 빠른 진행을 통해 진도를

표 7-4 실천과정 중 역할별 학생의 변화와 교사의 활동

역할	대상	시즌 초기	시즌 중기	시즌 후기
심판	학생	수업방식에 적응하지 못하고 규칙을 숙지하지 못해 혼란을 겪음 아이들의 항의에 당황스러워 함	경기장을 만들고 자연스럽게 경기 운영을 하기 시작함	대부분이 경기장을 만들고 경기 운영을 주도하기 시작함
	교사	아이들에게 심판의 권위를 높여줌(과도한 항의 시에는 경고) 심판들에게 경기장을 만드는 법, 규칙 등을 다시 설명	심판역할을 적은 코팅된 종이를 만들어 심판에게 나누어 줌 심판들끼리 모여 퀴즈를 풀고 자신의 역할을 숙지하게 함	가벼운 조언이나 아이들 스스로 해결하지 못하는 문제에만 조정역할을 함
기자	학생	경기에서 일어난 일을 중심으로 기사 작성 기사내용이 짧은 편 기사작성을 어떻게 하는지 끊임없이 물어봄	인터뷰를 기사에 추가하기 시작함 기사제목을 붙여 기사작성을 하기 시작함	자신의 생각, 느낌 등을 표현 양 팀에 인터뷰를 기사에 올림 기사에 맞는 기사제목을 붙임 사진 대신 그림으로 기사 작성
	교사	사실만이 아닌 자신의 생각, 느낌 등을 적도록 조언 기사에 들어가는 내용들을 질문하면서 간접적으로 인터뷰 내용 등을 추가해야 함을 유도	실제 스포츠기사를 보여주며 다양한 내용으로 기사 작성할 것을 조언 기자끼리 모여 기사작성에 대한 것을 의논하게 함	새로 기사를 작성하는 기자들에게 가벼운 조언을 해줌
기록원	학생	점, 대각선, 正 등 다양하게 득점 및 패스의 성공을 기록	正자 위주로 득점 및 패스의 성공을 기록하기 시작함	正자로 득점, 패스, 반칙 등을 기록함
	교사	패스와 득점의 성공과 실패, 결과를 적게 함	正자로 기록을 표시하는 것으로 통일	기록원 이름을 적게 하여 내용작성에 책임감을 갖고 하게 함

앞당길 수도 있겠지만, 스포츠교육모형 수업에서는 진도를 조절하기가 어려운 부분이 있었다. 그래서 결승전을 생략하고 시즌에서의 경기를 기준으로 순위를 결정하기로 했다. 그런 결정을 한 이유 중에 하나는 아직 내가 결승전을 축제화시킬 만큼의 자신이 없었기 때문이다. 또 체육부의 예산은 이미 편성이 되어 있기에 내가 요청해서 받을 수 있는 예산은 없었다. 그러한 이유들로 인해 결승전을 축제처럼 만들기에는 강사로서 제한점이 많았다. 그래서 6차시의 수업을 마치고나서 아이들과 약속했던 축구를 함께 한 후, 수업 소감문을 작성하고 수업에서 있었던 일을 이야기하며 마지막 수업을 마무리했다.

일반적인 스포츠교육모형에서 결승전은 꼭 해야 하는 과정 중 하나이다. 하지만 내 수업에서는 그런 부분에 너무 얽매이지 않기로 했다. 그래서 시간이 부족한 경우는 결승전을 생략하고 시즌의 결과로만 수업을 마무리하였다.

8) 1학기 소감문

마지막 수업에서는 그동안의 수업을 정리하는 의미에서 소감문을 작성하였다. 소감문을 정리하는 과정에서 한 아이가 적은 글이 눈에 들어왔다.

'말썽 피우는 우리 반을 버리지 않으시고 끝까지 가르쳐주셔서 감사합니다.'

무슨 말인가 하고 보니 수업 중 나를 힘들게 했던 2반의 어떤 아이가 적은 내용이었다. 2반은 스포츠교육모형 수업을 하기에는 수준이 떨어진다는 생각에 조금은 소홀한 부분이 있었는데, 이런 글을 보니 내가 잘못 생각하고 있었구나 하는 생각이 들었다. 아이들이 표현을 잘 하지 않더라도 마음속으로는 많은 것들을 생각하고 있다는 것을 새삼 느낄 수 있었다. 그래서 한편으로는 부끄럽고, 한편으로는 힘이 났다. 그리고 다른 소감문에서 어떤 아이가 자신이 지시만 많이 했던 것을 반성한다는 내용을

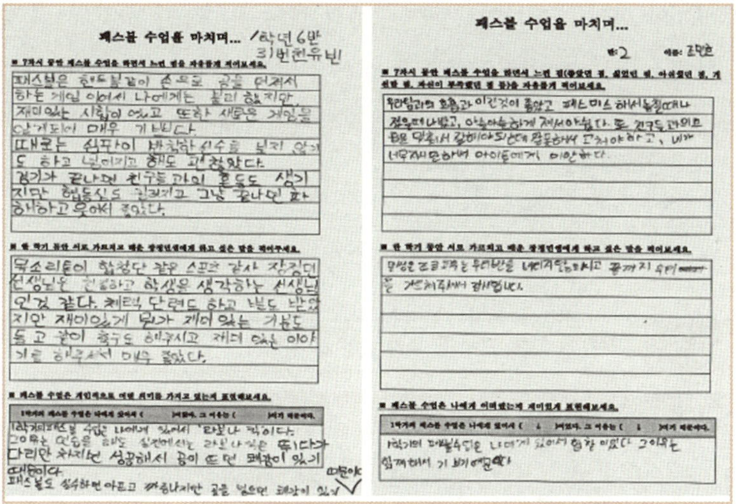

그림 7-15 1학기 수업 소감문

적어놓았는데, 이것은 아이들이 소감문을 통해 자신을 돌아보는 시간을 가졌다는 점에서 의미가 있었다. 또한 아이들이 한 학기의 수업을 표현하는 과정에서 재미있는 표현들이 많이 나왔다. 예를 들어 '라보나 킥(발등으로 축구에서 공을 차는 기술)' 이라던지, '합창', '갈래길', '사막' 등 다양한 표현과 왜 그런 표현을 하게 되었는지에 대한 설명은 스포츠교육모형 수업이 아이들에게 어떠한 의미였는가를 알게 해 주었다.

5. 변형 스포츠교육모형 수업 개선

변형된 스포츠교육모형을 보다 좋은 수업으로 만들기 위해 어떻게 해야 될지 필요한 내용을 몇 가지 제안한다.

첫째, 변형된 스포츠교육모형 수업의 실천에서 나타난 각 역할의 문제점을 개선하기 위해, 교사는 나중에 나타날 수 있는 문제들을 고려하여 철저한 사전준비를 해야 한다. 또한 아이들이 수업을 만들어간다는 기본적인 방향을 위해 토의를 통한 역할점검과 계획을 수정할 수 있는 시간을 확보하여야 한다. 그리고 교사는 수업의 기획자이자 안내자로서 역할에 충실하되, 아이들이 해결하기 힘든 부분은 일단 중재한 후 스스로 결정할 수 있도록 도와주어야 한다. 이 과정을 위해 수업준비, 프리 시즌, 시즌의 시기 3단계로 나누어 교사의 수업준비와 역할에 대해 각 역할별로 정리하였다.

표 7-5 역할에 따른 교사의 수업 준비와 역할

역할	수업 준비	프리시즌	시즌
심판	기본 규칙을 작성 중요한 규칙은 휴대용 역할 카드로 작성	심판들이 역할별 토의를 통해 규칙을 추가 및 수정, 삭제하며, 규칙을 숙지	심판의 판정에 불복하여 과도한 문제가 일어날 경우에만 중재하고, 아이들끼리 위원회를 통해 제재를 할 수 있도록 간접적 도움
기자	사진이나 그림, 인터뷰, 사실, 내용에 맞는 기사제목, 기자의 생각이나 느낌 등이 들어가 있는 참고자료 확보	참고자료를 보여주고 역할별 토의를 통해 숙지	기사를 쓸 수 있도록 안내
기록원	기록원의 이름, 반, 작성일자, 표기방법, 전후반 구분, 모둠이름, 득점이나 반칙 같은 항목, 결과 등을 포함한 기록지 양식 작성	역할별 토의를 통해 기록지의 수정 및 보완	기록을 정직하게 쓸 수 있도록 안내

둘째, 프리 시즌을 소홀히 하면 아이들이 자기 역할을 숙지하지 못해 혼란을 겪게 된다. 따라서 프리 시즌은 모둠과 역할 편성, 스포츠교육모형 수업안내, 역할 숙지 및 연습경기를 포함해 최소 2~3차시 정도 이루어져야 한다.

결승전은 수업시수가 부족하지 않을 경우 진행하는 것이 좋으며, 마지막 수업에서는 시즌을 진행하며 찍은 사진과 동영상에 음악을 넣어 편집한 동영상을 보여주는 것이 좋다. 그러면서 아이스크림 같은 간단한 간식을 먹거나 과자를 이용한 모둠별 시상, 체육대회 때 남은 공책이나 작

표 7-6 프리 시즌 수업 계획

차시	수업 계획	세부사항
1	스포츠교육모형 수업 안내 및 모둠과 역할 편성	운동신경이 좋은 아이들끼리 모둠이 편성되지 않도록 편성하고, 역할 편성 때 자기에게 맞는 역할을 찾을 수 있도록 구체적으로 설명
2	기초적인 기능 연습 및 연습경기	기초적인 기능 설명과 모둠별 연습 연습경기
3	심화된 연습경기 및 역할별 토의	역할 토의를 통해 역할 숙지 심화된 연습경기

표 7-7 결승전 및 수업정리 계획

수업 계획	세부사항
결승전	결승전 경기 우수 운영 모둠을 선정하여 결승전 운영 개인별/모둠별 승점 및 기록, 평가 확인
수업정리	수업동영상 감상 아이스크림 등의 간단한 먹을거리 개인별/모둠별 간단한 시상 수업소감문 작성

은 선물을 통해 개인별 시상을 하는 것이 좋다.

종목을 선정할 때는 농구 같이 복잡한 종목의 경우 반드시 변형게임으로 만들어 적용해야 한다. 요즘 현장에서 많이 찾고 있는 뉴스포츠 같이 쉽게 배우고 즐길 수 있는 종목으로 선정하는 것도 좋은 방법이다.

스포츠교육모형 수업을 아이들이 처음 접하게 되면 어렵고 지루할 수 있다. 또한 전통적인 체육수업에 비해 교사의 시간과 노력을 많이 필요로 하며, 노는 것에 익숙한 아이들이 잘 따라오지 않을 수 있다. 그래서 초임교사나 스포츠교육모형 수업에 대한 교과서적인 이론 지식만 있을 경우, 실행 중에 낙심할 수 있으며 환경적인 어려움으로 포기할 수 있다. 그러나 학교라는 공간에서 나에게 보여지는 체육수업이 아이들과 함께 작은 행복의 웃음을 짓게 한다면 스포츠교육모형의 실행은 시도해 볼 가치가 있다.

6. 스포츠 강사의 변형 스포츠교육 노하우

2013년 2학기에 운영하고 있는 농구 스포츠교육 수업에서 활용하고 있는 내용을 하나의 팁 형식으로 만들었다. 강사가 농구를 스포츠교육모형으로 수업하기에 어려움이 있으나, 다행히 3학년의 경우 주당 2시간의 수업시수를 배정받았기에 여건이 마련되었다. 또한 1학기 때 농구장 공사가 있었고, 교생실습이 있어 완전한 교육이 이루어지지 않았으나, 농구의 기초기능을 숙달하며 시즌 경기를 하는 시간을 가졌다. 2학기에는 모둠별 연습으로 슛, 드리블, 패스 등의 기초기능을 2~3차시에 걸쳐 할애하였고 스포츠교육 수업을 자신 있게 운영하게 되었다.

1) 수업계획 속에 다양한 활동 넣기

- 흐름이 끊기지 않는 시즌 경기들
- 청소년기의 협동, 사회성을 함양하기 위한 모둠별 활동
- 몰입과 즐거움을 위한 이적시장 개설
- 농구의 다양한 지식을 습득하기 위한 농구골든벨
- 함께 만들어가는 수업을 위한 교사와 학생의 협의, 스포츠위원회 토의
- 동영상감상, 다양한 시상이 있는 작은 시상식

표 7-8 2013년 2학기 농구수업 설계

종 목	농구	강 사	장 정 민
대 상	3학년	지도시수	26차시
기 간	2013년 8월 20일~12월 26일		
학습 개요 및 목표	학생들이 농구를 친숙하게 여기고 즐길 수 있도록 하는 것이 가장 중요한 목표이다. 세부목표로 농구의 기본적인 지식, 규칙의 숙지, 농구를 즐기는 올바른 자세를 함양할 수 있도록 하며, 다양한 관점에서 농구를 볼 수 있는 안목을 길러줄 수 있도록 한다. 그렇기에 기본적으로 스포츠교육모형의 틀을 활용하지만 대상을 고려하여 게임과 단순화된 활동이 주가 되며, 오락적인 요소를 교육적 요소로 활용하고자 이적시스템, 랭킹시스템, 몸 값, 골든벨 등의 요소를 수정하여 추가하였다. 또한 동료평가와 교사평가, 스포츠맨십 등 다양한 평가방법을 적용하여 개인 순위와 시상을 하고자 한다. 기술과 전술은 농구를 즐기기 위해 필요한 정도로만 연습한다. 이런 과정은 학생에게 평생체육의 기틀을 마련해 줄 수 있으며, 움직이면서 다른 사람과 협력할 줄 아는 배려심이 생겨날 것이며, 신체활동에 대한 자신감을 심어 줄 것이다.		

차시별 지도 계획

날짜	차시	주 제	학습내용	준비
	1	오리엔테이션	2학기수업 운영계획 안내 및 수정	
	2	수업운영회의	스포츠위원회 소집 및 수업운영계획 검토	
	3	수업운영회의	스포츠위원회 토의, 모둠별 자율 활동	
	4	프리 시즌	이적시장 시작, 모둠별 연습	경기통계
	5	프리 시즌	이적시장 끝, 모둠별 연습	
	6	프리 시즌	모둠 재편성 및 역할 재편성, 포지션 선정, 공격전술 연습	모둠 및 역할 편성지, 역할 안내지, 포지션 안내지 공격전술안내지
	7	프리 시즌	대진표 작성, 규칙숙지 및 수비전술 연습 (지역방어, 대인방어)	규칙안내지, 대진표 작성지, 수비전술안내지
	8	프리 시즌	모둠별 종합연습	
	9	시즌1 경기 1차전	모둠별 연습 경기: A-B, C-E, 운영: D	
	10	시즌1 경기 2차전	모둠별 연습 경기: B-C, D-E, 운영: A	

	11	시즌1 경기 3차전	모둠별 연습 경기: A-D, B-E, 운영: C	
	12	시즌1 경기 4차전	모둠별 연습 경기: A-C, B-D, 운영: E	
	13	시즌1 경기 5차전	모둠별 연습 경기: A-E, C-D, 운영: B	
	14	프리 시즌	농구 골든벨	골든벨 문제 및 시상품 준비
	15	프리 시즌	이적시장 시작, 모둠별 자율연습	지난 시즌 통계안내
	16	프리 시즌	이적시장 끝, 모둠 및 역할 재편성	모둠 및 역할 편성지, 역할 안내지, 포지션안내지
	17	프리 시즌	모둠별 공격 및 수비전술 연습	
	18	시즌2 경기 1차전	모둠별 연습 경기: A-B, C-E, 운영: D	
	19	시즌2 경기 2차전	모둠별 연습 경기: B-C, D-E, 운영: A	
	20	시즌2 경기 3차전	모둠별 연습 경기: A-D, B-E, 운영: C	
	21	시즌2 경기 4차전	모둠별 연습 경기: A-C, B-D, 운영: E	
	22	시즌2 경기 5차전	모둠별 연습 경기: A-E, C-D, 운영: B	
	23	결승전	포인트 1, 2위 경기	응원준비, 동료평가
	24	프리 시즌	모둠별 활동	통계 정리
	25	수업정리	모둠/개인 시상 및 수업동영상 보기, 수업 소감문 작성	시상품준비, 수업동영상 준비, 수업소감문
	26	수업정리	모둠별 활동	

〈주의 사항〉

- 우천시에는 응원문화, 승부조작 등의 문제에 대한 토의나 슬램덩크(애니), 글로리로드, 코치카터(영화) 등 농구관련 간접체험활동을 하고 소감 이야기하기. 우천 및 행사시 29차시, 8차시, 17차시, 31차시 순으로 수업 일정을 빼서 조정.
- 골든벨 - 농구와 관련된 문제들을 내고 15단계까지 통과한 모둠원들의 수를 고려하여 포인트로 시상

• 시즌2 경기 5차전이 끝나면 가장 높은 포인트를 가진 두 개 모둠이 결승 진출. 가장 낮은 모둠이 운영 모둠.

〈이적시장 관련〉

• 이적시장 - 학기 초반과 시즌1이 끝난 후 총 2회 실시. 이 기간 동안 모둠끼리 선수를 트레이드 할 수 있음.
  - 선수, 선수+포인트, 포인트로 이적 가능
  - 1학기 승점에 따라 가장 낮은 팀부터 가장 높은 포인트 부여, 2학기 1시즌의 결과로 2시즌 시작 전 포인트부여
  - 승점 1점은 1만 포인트로 이적시장에서 사용가능
  - 스포츠위원과 주장을 제외한 나머지 인원만 이적 가능
  - 첫 번째 이적시장은 2명을 제외한 모두가 제한없이 이적 가능하며, 두 번째 이적시장은 2명을 제외한 모두가 이적이 가능하되, 최대 2명까지만 이적할 수 있다.
  - 거부권이 사용된 선수에게 제의하는 모둠은, 이전 모둠의 제안보다 1만 포인트 이상 더 높은 포인트를 제시해야 함(단, 이전 모둠의 제안이 선수를 포함했었다면, 선수대신 1만 포인트를 추가해야 한다)
• 이적 최소 포인트는 1만, 최대는 5만 포인트이며, 모둠마다 최소 1명 영입, 1명 이적을 해야 한다. 또한 모둠의 최소 인원은 6명, 최대 인원은 8명이다. 만약 최소, 최대 인원의 조건을 충족시키지 못하면 이적시장이 끝난 후 벌금 3만 포인트를 스포츠위원회에 내야 한다.
• 스포츠위원회는 벌금이 생길 시 모둠별 투바운드, 어라운드 더 월드 등 농구와 관련된 게임을 통해 포인트를 배분할 수 있다.
• 평가 - 시즌1의 득점, 리바운드, 반칙, 동료평가, 교사평가, 골든벨 등에 의해 5단계의 클래스가 구분되며, 각 단계마다 몸값의 상한선과 하한선이 적용됨(1득점＝1, 2득점＝2, 3득점＝3, 리바운드＝1, 반칙＝-2, 동료평가＝1～20, 교사평가＝1～20, 골든벨＝1～15) (동료평가는 동료의 점수를 모두 합산하여 n분의 1로 나누어 기록)
• 시상 - 모둠시상 및 개인시상. 모둠은 포인트에 따른 시상, 개인은 누적점수에 의한 평가.
• 개인시상 - 득점왕, 리바운드왕, 종합평가 1, 2, 3위상, 골든벨 1위상, 우수심판상, 우수기자상, 우수기록원상
• 모둠시상 - 운영우수모둠, 1위모둠, 2위모둠
• 모둠 간의 담합으로 터무니없는 몸값을 제시하여 거부권을 사용하게 한 다음에 하는 이적제의는 무효(몸값의 기준은 수요와 공급의 원칙에 따르나, 그 정도가 지나치다는 문제를 제기하면 스포츠위원회를 열어 중재)
• 거부권 - 특정 선수에게 이적을 제의하는 모둠의 협상을 거부할 수 있는 권한은 위원에게 한 번, 특정선수에게 한 번 있음. (한 모둠과 계속 협상하는 것은 상관없으며, 그 모둠과 협상을 거부했을 시 거부권이 사용됨)
• 누적점수표 - 그 날 경기결과를 입력하여 개인의 기록을 바로 업데이트. 시즌별로 기록
• 이적시장에서 가장 적은 포인트를 쓴 순위와, 경기결과의 순위를 보고 운영우수모둠에 대한 시상(예정)

2) 농구 스포츠교육 수업에서의 다양한 역할

- 포지션: 센터, 가드, 포워드 등
- 모둠역할: 스포츠위원, 주장, 코치, 자료관리원, 장비관리원, 홍보원, 부주장
- 운영역할: 심판, 기자, 기록원, 도움이(게시원의 역할)

표 7-9 농구수업에서의 모둠 · 운영 역할

모둠 역할	
역할	역할내용
스포츠위원	시즌의 운영계획을 강사와 협의하며, 규칙을 만들고 모둠원에게 전달한다. 학생들의 의견을 수렴하여 강사에게 전달하며, 모둠 간의 분쟁을 해결한다.
주장	모둠 내 대표로서 토의를 진행하고 결정하며, 경기할 때 타임을 요청할 수 있다.
코치	모둠의 준비운동과 연습을 주도하여 진행한다.
자료관리원	수업 때 만들어지는 모둠원의 자료와 강사가 나누어주는 자료를 관리하며, 게시판에 자료를 게시하고 관리한다.
장비관리원	수업 때 필요한 공을 수령하고 반납하며 관리하는 역할을 한다.
홍보원	자신의 모둠의 이야기와 시즌의 진행에 대해, 다양한 방식으로 자료를 만들어 게시하고 모둠원들에게 알린다.
부주장	모둠원이 7명일 때 주어질 수 있는 역할이며, 주장 및 코치를 보조하고 각 역할의 인원이 없을 때 대리 역할을 한다.

운영 역할	
역할	역할내용
심판 1 심판 2	경기규칙을 숙지한 상태에서 문제가 생기면 규칙에 준하여 해결하며, 경기를 운영 및 관리한다.
기록원 1 기록원 2	경기의 승과 패, 득점과 반칙 횟수 등을 기록하고 관리하며, 경기결과를 게시판에 게시한다.
기자 1 기자 2	경기를 보고 인터뷰, 사진(그림), 육하원칙에 의거한 사실 내용, 느낌, 생각 등을 잘 버무려 기사로 작성하여 게시한다.
도움이	모둠원이 7명일 때 주어질 수 있는 역할이며, 원활한 경기진행이 될 수 있도록 돕는 역할을 한다. 그리고 사진 및 동영상을 찍어 기록에 남긴다.

3) 이적시장 & 포인트

- 1학기 편성 모둠 기준 선수 2명을 제외한 나머지 인원 영입 및 이동
- 1학기 시즌 결과 가장 낮은 승점을 받은 순서대로 포인트 부여
- 몰입과 즐거움, 동기부여를 위한 장치

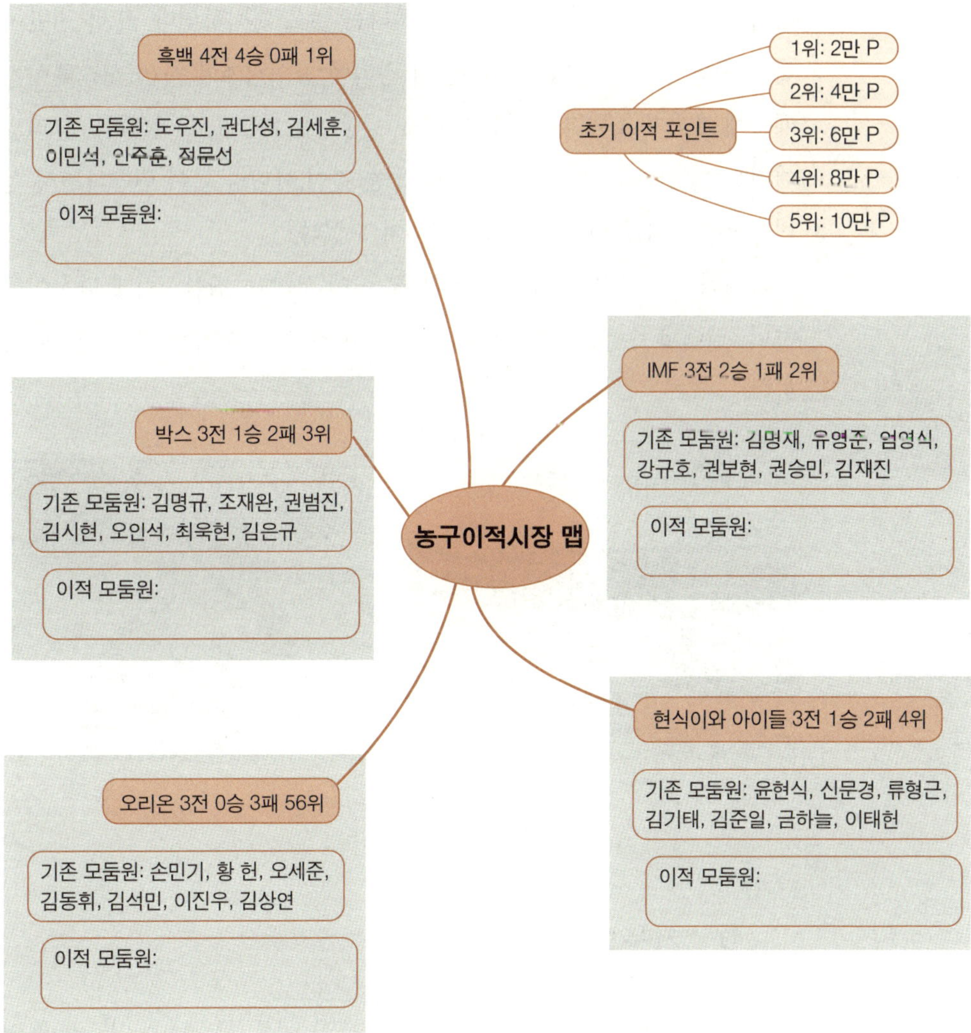

그림 7-16 농구이적시장 맵

이적시장 시스템을 도입하며 가장 걱정스러웠던 것은 실력이 없거나 잘 참여하지 않는 학생을 기피하는 현상이었고, 그에 따라 학생이 상처를 받을 수 있다는 점이었다. 이를 위해 아이들에게 이러한 부분을 조심해달라는 당부를 하였고 방출의 개념이 아닌 모둠을 이동하는 하나의 방식임을 강조하였다.

운영관점의 해결방안으로는 경기 중간 힘이 들고 지치는 경우가 많은 것을 고려해 교체선수의 필요성을 인식시켰다. 이에 따라 아이들은 실력이 부족한 아이라도 모둠에 필요하다는 것을 인식하였다. 또한 전반에 뛰지 못했던 인원을 반드시 후반에 경기에 참여시켜야 하는 시스템이기 때문에 아이가 소외감을 받는 현상을 상당부분 해소할 수 있었다. 그리고 이것은 실력이 부족한 아이를 그냥 두는 것이 아니라 같이 연습하면서 실력향상을 도와주어야 하는 동기부여가 되었다.

이적 시스템을 수업에 적용할 경우 이 부분을 조심스럽게 다루어야 하며, 일어날 수 있는 문제해결을 위한 여러 가지 장치를 미리 해두어야 한다.

그림 7-17 학생활동

4) 스카우트와 임대 시스템

학기 중 전학을 온 학생이 있다면 '스카우트' 시스템을 이용해 포인트를 교사에게 주고 데려가는 방법이 있고, 행사로 인해 선수가 부족한 모둠이 있다면 '임대' 시스템을 이용해 다른 모둠한테서 포인트를 주고 빌려오는 방법을 적용할 수 있다. 임대시스템은 선수가 부족할 경우에만 사용할 수 있어야 무분별한 임대를 막을 수 있다. 또한 경기 중인 다른 모둠도 괜찮지만 운영모둠의 도움이 등을 활용할 수도 있다. 이 때 게시원의 역할은 기자나 기록원이 대신한다. 그리고 임대되는 선수는 성격이 쾌활한 편이 좋으며, 잘하든 못하든 주변에 큰 웃음을 줄 수 있는 요인이 되기도 한다.

5) 게시판 활용

- 수업의 흐름과 기록을 보여줌으로써 동기부여 및 수업활성화
- 개인별 통계지, 대진표 및 경기결과, 이적시장 결과 등을 게시
- 기자들이 쓴 기사들도 매주 게시판에 업데이트하여 수업활동 관심 갖기

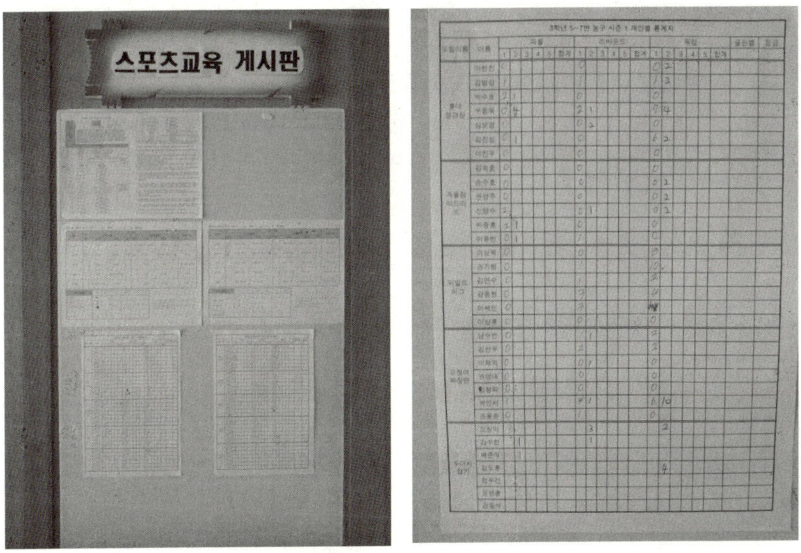

그림 7-18 스포츠교육 게시판

표 7-10 대진표 및 경기결과 기록표

<table>
<tr><th rowspan="3">시즌 1</th><th colspan="8">경기 모둠</th><th rowspan="3">운영 모둠</th></tr>
<tr><th colspan="4">1구장(남쪽)</th><th colspan="4">2구장(동쪽)</th></tr>
<tr><th>점수</th><th>1모둠</th><th>2모둠</th><th>점수</th><th>점수</th><th>1모둠</th><th>2모둠</th><th>점수</th></tr>
<tr><td>1차전</td><td></td><td>BOX</td><td>IMF</td><td></td><td></td><td>현식이와 아이들</td><td>흑과백</td><td></td><td>오리온</td></tr>
<tr><td>2차전</td><td></td><td>오리온</td><td>흑과백</td><td></td><td></td><td>IMF</td><td>현식이와 아이들</td><td></td><td>BOX</td></tr>
<tr><td>3차전</td><td></td><td>IMF</td><td>흑과백</td><td></td><td></td><td>BOX</td><td>오리온</td><td></td><td>현식이와 아이들</td></tr>
<tr><td>4차전</td><td></td><td>BOX</td><td>현식이와 아이들</td><td></td><td></td><td>IMF</td><td>오리온</td><td></td><td>흑과백</td></tr>
<tr><td>5차전</td><td></td><td>현식이와 아이들</td><td>오리온</td><td></td><td></td><td>BOX</td><td>흑과백</td><td></td><td>IMF</td></tr>
</table>

승점 기록표	1차전	2차전	3차전	4차전	5차전	총점
A BOX						
B IMF						
C 현식이와 아이들						
D 오리온						
E 흑과백						

6) MVP 선발

- 기자, 심판을 활용하거나 강사가 직접 선발
- 간단한 선물(사탕, 우유에 타 먹는 초코가루, 과자 등)
- 페어플레이, 성실함 등을 기준으로 선발

기량이 좋은 선수를 선발하는 것이 아니라, 기자가 경기를 지켜보며 페어플레이를 하고 친구들을 독려하며 경기를 하는 선수를 선발한다. 혹은 내가 경기를 보면서 가장 성실한 아이를 선발하기도 한다. 한 예로, 28대 6의 결과가 나온 겨울잠 마드리드 모둠과 오리온 모둠의 경기 MVP

는 지고 있음에도 끝까지 최선을 다해 뛰며 6점을 넣은 김도훈 학생에게로 돌아갔다. 그 학생은 학교에서 거의 인정을 받지 못하고 수업 참여가 저조한 편이지만, 스포츠교육 수업시간만큼은 성실하게 활동하는 모습을 보였다. 상품은 아이들이 좋아하는 초코분말가루 하나에 불과하지만, 쌀쌀한 날씨에도 성실하게 수업에 참여한 그 아이의 마음은 그것으로 인해 조금이나마 더 따뜻해지지 않았을까 싶다.

7) 농구 골든벨 개최

- 농구에 대한 지식, 안목을 기르는 활동
- 상품은 간단한 먹거리와 모둠 포인트 부여

8) 평가방법의 다양화

- 자기평가, 동료평가, 강사평가 등
- 시상식 때 아이들이 뽑는 최고의 심판, 기자 등
- 간단한 상품 시상

7. 교사의 소명의식을 일깨워주는 스포츠교육

"주당 수업시수가 한 시간인데 그 시간에 뭘 하겠어. 그냥 대충 하는 거지."

"시급이 괜찮다고 이야기하지만 월별로 나누어보면 푼돈이야. 그리고 학교 행사가 얼마나 많은데… 야영, 수학여행, 소풍 등 행사로 빠지면 얼마 되지도 않아. 거기다 방학때는 한 푼도 안나오니 원…"

"열심히 하면 뭐해. 내년에 없어지니 마니 하는 걸. 그리고 교사들은 왜 자기 일을 우리한테 하라고 하는 거야?"

"수업이 없는 날인데도 나와서 체육대회 준비를 하라느니, 이것도 하라느니… 챙겨주는 건 없으면서 하라고 하는 건 왜 이렇게 많아?"

중학교 스포츠 강사가 처한 현실이다. 푸념처럼 들리겠지만 일상에서 자연스럽게 일어나고 있다. 학교마다 스포츠 강사들에 대한 처우가 다르기 때문에 강사들끼리 만나면 이런저런 상황을 비교해보면서 불만의 목소리가 나오기도 하고, 수업을 제대로 하기 힘든 현실을 개탄하기도 한다. 재고용과 처우의 문제를 생각하다보면 수업을 잘하기 위한 고민이 소홀해진다. 안타까운 현실이다.

하지만 강사는 교육자다. 다른 곳을 볼 것이 아니라 아이들을 바라보고 스스로를 봐야 한다. 현실은 힘들어도 이상을 바라보고 자신만의 수업을 만들어나가야만 교육자로서의 성장이 가능하다. 이런 말을 하고 있지만 나도 아직 계속 성장하기 위해 자기계발에 노력하는 중이다.

아직 가야할 여정이 많이 남아 있기에 그리고 그 여정은 아이들과 함께 하나 둘 만들어가며 채워지기에, 내가 하고 있는 스포츠교육 수업을 보여 주고 비평을 받는 게 나를 위해 필요한 일이라 생각한다. 그렇게 해야만 미래의 내가 웃을 수 있기 때문이다. 그리고 그 웃음은 수업을 하고난 후 아이들의 반응과 변화하는 모습을 보며 내 일의 보람을 느끼는 그런 웃음일 것이다. 지금도 수업이 잘된 날은 기분이 좋고 수업이 잘 되지 않은 날 풀이 죽는 나의 모습을 보면서 한 걸음씩 나가야 할 이유를 찾는다.

스포츠 강사는 힘들다. 여건이 어렵다. 주어진 것들이 너무 적다. 불안하다. 마음대로 할 수 있는 것이 없다. 그리고 스포츠교육은 복잡하고 어려운 부분이 많다. 그럼에도 시도해야 한다. 실패한 것 같은 좌절을 맛보더라도 끊임없이 시도하면서 교육자로서 자신을 성장시켜 나가야 한다.

참고문헌

강　일(2001). 스포츠교육모형이 초등학생의 정의적 영역에 미치는 영향. 한국교원대학교 석사학위 논문.

강충식, 김상진(2001). 스포츠교육모형이 고등학생의 정의적 영역에 미치는 영향. 공주대학교 스포츠과학연구소 논문집, 15.

권정생(2011). 동시 삼베 치마. 서울: 문학동네.

김관우, 김승재(2003). 스포츠교육모형의 적용이 핸드볼 수업에 미치는 효과. 한국스포츠교육학회지, 10(2), 111-127.

김대기(2010). 스포츠 교육모형을 적용한 농구클럽수업이 청소년들의 심동적, 정의적 영역에 미치는 영향. 건국대 교육대학원 석사학위논문.

김무영(2006). 스포츠교육 수업 운영에서의 체육교사 사고과정 이해. 인하대학교 박사학위 논문.

김무영, 이승배, 문호준(2010). 한국 스포츠교육모형의 연구 동향: 성과와 과제. 한국스포츠교육학회지, 17(2), 21-39.

김무영, 정주혁, 조남용(2011). 스포츠교육 모형을 통한 중학교 표현활동 수업 사례. 한국무용과학회지, 25, 1-18.

김무영, 조미혜(2006a). 스포츠교육 수업 초보 운영 교사의 사고과정 이해. 한국스포츠교육학회지, 13(1), 25-46.

김무영, 조미혜(2006b) 스포츠교육 수업 운영 경력 교사의 사고과정 이해. 한국체육학회지, 45(6), 385-398.

김무영, 조미혜(2006c). 여학생이 경험하는 스포츠교육과 양성평등. 한국스포츠교육학회지, 13(4), 145-161.

김승재, 김진희(2007). 스포츠교육모형에서의 젠더 관점. 한국체육학회지, 46(1), 377-390.

김진오(2008). 초등학교 축구수업의 스포츠교육모형 적용 효과. 강원대학교 석사학위 논문.

김진희(2004). 체육수업의 통합적 접근: 스포츠교육 실행. 한국스포츠교육학회지, 11(3), 1-5.

김진희, 최희진, 조미혜, 김택천(2004). 우리나라의 스포츠교육 프로그램: 시즌설계와 운영 사례. 한국스포츠교육학회지, 11(3), 29-54.

김진희, 류민정, 김승재, 이기천, 김선희, 백종수, 최관용, 주성순, 안나영, 김원정, 정용철 (역) (2012). 페다고지. 서울: 교육과학사.

김찬우(2009). 스포츠교육모형을 적용한 테니스 수업이 중학생의 정의적 영역에 미치는 영향. 한국체육대학교 교육대학원 석사학위논문.

나을식(2011). 스포츠교육모형 체육수업이 공격성 및 학교적응력에 미치는 영향. 용인대학교 박사학위논문.

남용식(1999). 스포츠교육모형 체육수업의 학습자 행동 변화 분석. 명지대학교 석사학위 논문.

노승수(2007). 스포츠교육모형 수업에서 평가 사례 연구. 인하대학교 석사학위논문.

류태호, 이병준, 박준길(2006). 체육 수업모형 연구의 성과와 과제. 한국스포츠교육학회지, 13(3), 1-26.

민형규(2003). 스포츠교육모형이 고등학생의 체육학습에 미치는 영향. 한국교원대학교 석사학위 논문.

문호준(1998). 스포츠교육모형의 중등체육수업 사례연구. 서울대학교 박사학위논문.

문호준, 류태호(1997). 체육수업에서 효과적인 모델로서 스포츠교육. 한국스프츠교육학회지, 4(2), 76-90.

문호준, 조남용(2004). 스포츠교육모형을 활용한 체육수업에서의 심동적 영역 평가에 관한 내러티브 연구. 한국스포츠교육학회지, 11(3), 67-83.

민형규(2003). 스포츠교육모형이 고등학생의 체육학습에 미치는 효과. 한국교원대학교 석사학위 논문.

박규리(2012). 스포츠 교육모형의 적용이 중학생의 내적동기와 신체적 자기개념에 미치는 영향. 충남대 교육대학원 석사학위논문.

박민우(2011). 스포츠교육 모형을 적용한 체육수업이 내적동기화 재미에 미치는 영향. 광주교대 교육대학원 석사학위논문.

박태진(2003). 스포츠교육모형을 통한 체육수업이 정의적 영역 발달에 미치는 영향. 공주대학교 석사학위 논문.

성열관(2006). 교육과정 실행연구의 성장과 주요 특징에 대한 이론적 고찰. 교육과정연구, 24(2), 87-109.

손유진(2009). 온라인 포트폴리오를 활용한 유치원 교사의 실행연구 방안 모색. 유아교육연구, 29(3), 125-148.

심순옥(2001). 스포츠교육모형을 적용한 수업방식이 혼성 체육수업에 미치는 영향. 인천대학교 석사학위 논문.

송기명(2000). 초등 체육수업에 스포츠교육모형의 적용. 인천교육대학교 석사학위 논문.

이나미(2003). 스포츠교육모형을 적용한 티볼 수업개발. 숙명여자대학교 석사학위 논문.

유정애(2005). 체육수업비평. 서울: 무지개사.

이계순(2001). 스포츠교육모형 체육수업에 대한 학생들의 인식분석. 부산교육대학교 석사학위 논문.

이도선(2009). 체육수업 모형에 따른 만족도 태도 : 전통적 체육수업과 스포츠 교육모형의 비교. 인천대학교 교육대학원 석사학위논문.

이민광(2011). 스포츠 교육모형을 적용한 경도정신지체 초등학교 학생의 축구지도 프로그램의 효과. 용인대 교육대학원 석사학위논문.

이상조(2010). 스포츠 교육모형을 적용한 뉴스포츠 중심의 초등 체육수업 실행연구. 대구교대 교육대학원 석사학위논문.

이승배(2006). 스포츠교육모형 수업이 고등학생들의 운동태도에 미치는 영향. 단국대학교 석사학위논문.

이연숙(2007). 스포츠교육모형을 통한 체육수업이 학업적 자기효능감과 인지된 학습성향에 미치는 영향. 한국여성체육학회지, 21(1), 83-94.

이원준(2005). 스포츠교육모형이 주말체육활동에 참여하는 초등학생들의 정의적 영역에 미치는 영향. 한양대학교 석사학위논문.

이윤희, 김무영, 최덕묵(2006). 학생 체육수업 태도 개선을 위한 스포츠교육모형 적용 과정 탐색. 한국여성체육학회지, 20(4), 71-84.

이승배(2006). 스포츠교육모형 수업이 고등학생들의 운동태도에 미치는 영향. 단국대학교 석사학위 논문.

이재우(2003). 스포츠교육모형 적용을 통한 초등체육수업의 효율적 지도. 인천대학교 석사학위 논문.

이종기(2002). 스포츠교육모형이 농구의 기본기능과 경기기능에 미치는 효과. 중앙대학교 교육대학원 석사학위 논문.

임영택(2006). 스포츠교육모형의 적용이 중학생의 내적동기, 자기효능감, 집단응집력에 미치는 영향. 연세대학교 석사학위 논문.

임영택, 이만희, 진성원(2010). 보편적 학습설계를 기반으로 한 통합체육 스포츠교육 모형 실행연구. 한국체육학회지, 2010, 49(1), 465-480.

임영택, 이만희, 진성원, 박윤식, 홍석범, 권승민, 정재은(2010). 스포츠교육 모형 실행 경험에 대한 체육교사의 내러티브 탐구. 한국체육학회지, 49(1), 167-182.

임현주(2004). 스포츠교육모형에 대한 체육교사의 사고과정. 한국스포츠교육학회지, 11(3), 85-102.

장정민, 김진희(2012). 스포츠교육 연구의 실천 문제, 한국체육학회 학술발표회.

정현철, 김대진, 오중근(2011). 중학교 야구선수 훈련에서의 변형된 스포츠교육모형 적용. 코칭능력개발지, 13(2), 59-70.

조미혜(역)(2002). 스포츠교육. 서울: 대한미디어. Siedentop, D. (1994). *Sport education: Quality PE through positive sport experiences.* Champaign, IL: Human Kinetics.

조미혜, 김진희, 최희진, 문호준, 김택천(2005). 학교체육 개선을 위한 스포츠교육. 서울: 무지개사.

조미혜, 김무영, 류춘옥, 박갑준, 방명환, 이선호, 이세환, 조용인, 홍희정(공역)(2010). 교사와 학생이 함께하는 스포츠교육. 서울: 대한미디어. Siedentop, D., Peter A. Hasite, Hans van der Mars(2004). *Complete guide to sport education.* Human Kinetics, Inc.

조병엽(2002). 스포츠교육모형을 적용한 400m 이어달리기 수업효과. 국민대학교 석사학위 논문.

정순섭(2007). 초등체육수업에서 스포츠교육모형 적용이 학습 영역에 미치는 영향. 한국교원대학교 석사학위 논문.

진형수, 신기철, 김대진(2010). 스포츠교육모형을 적용한 고등학교 방과 후 농구수업의 실행 과정과 교육적 의미. 성신여대 교육문제연구소, 48.

최승봉(2009). 스포츠 교육모형을 적용한 중학교 핸드볼 수업이 수업 만족도에 미치는 영향. 한국체육대학교 교육대학원 석사학위논문.

최원준(2006). 초등학교 체육수업을 위한 스포츠교육 실행연구. 경북대학교 박사학위 논문.

최원준, 김진희(2004). 스포츠교육모형을 통한 운동기능이 낮은 여학생의 체육수업 참여과정 분석. 한국체육학회지, 43(5), 217-227.

최원준, 김진희(2007). 학생의 스포츠교육 수업에 대한 체험. 한국체육학회지,

46(3), 135-148.

최은정(2011). 스포츠교육 모형 수업이 학습자의 흥미도와 태도에 미치는 영향. 한국교원대 석사학위논문.

최홍섭(2010). 책임감 모형(TPSR)과 스포츠교육 모형의 통합수업에 대한 내러티브 탐구. 한국초등체육학회지, 16(2), 165-179.

최희진, 조미혜, 김진희, Taggart, A., Penney, D., 한명선, 남기엽, 최원준(2004). 체육수업 개선을 위한 스포츠교육 실행: 한국 · 호주 협동연구. 한국스포츠교육학회지, 11(3). 7-28.

채은미(2009). 초등여교사의 스포츠 교육 모형을 적용한 넷볼(net-ball)수업 체험 연구. 고려대학교 교육대학원 석사학위논문.

편해문(2013). 아이들은 놀이가 밥이다. 고양: 소나무.

표상오(2010). 스포츠교육모형을 적용한 농구수업이 중학생 정의적 영역에 미치는 영향. 전북대 교육대학원 석사학위논문.

한광회(2000). 스포츠교육모형을 통한 배구수업의 효율적 학습지도. 한국교원대학교 석사학위 논문.

하의진(2006). 스포츠교육모형을 적용한 체육수업이 중학생들의 심동적, 인지적, 정의적 영역에 미치는 영향. 한국교원대학교 석사학위 논문.

한명선(2007). 스포츠교육모형의 여고생 체육수업 실천 사례 연구. 서울대학교 석사학위 논문.

황성하(2010). 스포츠교육모형을 적용한 체육수업이 신체활동의 즐거움 및 대인관계형성에 미치는 영향. 충남대 교육대학원 석사학위논문.

Alexander, K. (1994). 'Developing sport education in Western Australia', *Aussie Sports Action*,5: 8-9.

Alexander, K. & Luckman, J. (2001). 'Australian teacher's perceptions and uses of the sport education curriculum model', *European Physical Education Review*, 7: 243-267.doi: 10.1177/1356336X01007300

Alexander, K, Taggart, A., & Luckman, J.(1998). Pilgrims progress: The sport education crusade down under. *Journal of Physical Education, Recreation and Dance*, 69(4), 21-23.

Alexander, K., Taggart, A., & Medland, A. (1993). 'Sport education in physical education: try before you buy', *Australian Council for Health,Physical Education, and Recreation National Journal*, 40: 16-23.

Alexander, K., Taggart, A., & Thorpe, S.T. (1996). 'A spring in their steps? Possibilities for professional renewal through sport education in Australian schools', *Sport, Education and Society*, 1, 23-46.

Aussie Sport Action (1995). 'Sport education: a proven alternative', *Aussie Sport Action*,6 : 5-8.

Bennet, G. & Hastie, P. (1997). 'A sport education curriculum model for a collegiate physical activity course', *Journal of Physical Education, Recreation and Dance*,68(1): 39-44.

Brock, S.J., & Hastie, P.A. (2007). 'Students' conceptions of fair play in sport education', *ACHPER Australia Healthy Lifestyles Journal*, 54(1): 11-15.

Brock, S.J., Rovegno, I., & Oliver, K.L. (2009). The influence of student status on student interactions & experiences during a sport education unit. *Physical Education and Sport Pedagogy*,14: 355-375.

Browne, T.B.J., Carlson, T.B., & Hastie, P.A. (2004). 'A comparison of rugby seasons presented in traditional and sport education formats', *European Physical Education Review*, 10: 199-214. doi: 10.1177/1356336X04044071

Brunton, J.A. (2003). 'Changing hierarchies of power in physical education using sport education', *European Physical Education Review*, 9: 267-284. doi: 10. 1177/1356336X030093005

Carlson, T.B. (1995). 'Now I think I can: the reaction of eight low-skilled students to sport education', *ACHPER Healthy Life styles Journal*, 42: 6-8.

Carlson, T.B. & Hastie, P.A. (1997). 'The student social system within sport education', *Journal of Teachingin Physical Education*, 17: 176-195.

Clarke, G. & Quill, M. (2003). 'Researching sport education in action: a case study', *European Physical Education Review*, 9: 253-266.doi: 10. 1177/1356336X030093004

Cruz, A. (2008). 'The experience of implementing sport education model', *Journal of Physical Education and Recreation(HK)*, 14(1): 18-31.

Curnow, J. & Macdonald, D. (1995). 'Can sport education be gender inclusive: a case study in an upper primary school', *ACHPER Healthy Life styles Journal*, 42: 9-11.

Curtner-Smith, M., Hastie, P.A., & Kinchin, G.D. (2008). 'Influence of occupational socialization on beginning teachers' interpretation and delivery of sport education', *Sport, Education and Society*, 13: 97-117.doi: 10. 1080/13573320701780779

Curtner-Smith, M, & Sofo, S. (2004). 'Preservice teachers' conceptions of teaching within sport education and multi-activity units', *Sport,Education and Society,* 9: 347-377. doi: 10.1080/1357332041 2331302430

Deenihan, J. T. & MacPhail, A. (2013). A Preservice Teacher's Delivery of Sport Education: Influences, Difficulties and Continued Use. *Journal of Teaching in Physical Education,* 32(2), 166-185.

Dyson, B., Griffin, L. & Hastie, P. (2004). 'Sport education, tactical games, and cooperative learning: theoretical and pedagogical considerations', *Quest,* 56: 226-240.

Fittipaldi-Wert, J., Brock, S.J., Hastie, P.A., Arnold, J.B., & Guarino, A. (2007). 'Effects of a sport education curriculum model on the experiences of students with visual impairments', *Palaestra,*24(3): 6-10.

Graça, A., & Mesquita, I. (2007). 'A investigatio sobre os modelos de ensino dos jogos desportivos', [Research on models for teaching games]. *RevistaPortuguesadeCiênciasdoDesporto,*7(3): 401-421.

Grant, B.C. (1992). 'Integrating sport into the physical education curriculum in New Zealand secondary schools', *Quest,*44: 304-316.

Grant, B.C., Treddinick, P. & Hodge, K. (1992). 'Sport education in physical education', *New Zealand Journal of Health, Physical Education and Recreation,* 25: 3-6.

Graves, M.A. & Townsend, J.S. (2000). 'Applying the sport education model to dance', *Journal of Physical Education, Recreation and Dance,* 71: 50-54.

Hastie, P.A. (1996). 'Student role involvement during a unit of sport education', *Journal of Teaching in Physical Education,* 16: 88-103.

Hastie, P.A. (1998a). 'Skill and tactical development during a sport education season', *Research Quarterly for Exercise and Sport,* 69: 368-379.

Hastie, P. (1998b). 'The participation and perception of girls during a unit of sport education', *Journal of Teaching in Physical Education,* 18: 157-171.

Hastie, P. (2000). 'An ecological analysis of a Sport Education season', *Journal of Teaching in Physical Education,* 19: 355-373.

Hastie, P. (2011). *Sport education: International perspectives.* London: Routledge.

Hastie, P. & Buchanan, A.M. (2000). 'Teaching responsibility through Sport Education: prospects of a coalition', *Research Quarterly for Exercise and Sport,*71: 25-35.

Hastie, P. & Carlson, T. B. (1998). 'Sport education: a cross-cultural comparison',

Comparative Sport and Physical Education Journal, 8: 22-30.

Hastie, P.A., & Curtner-Smith, M. (2006). 'Influence of a hybrid sport education--teaching games for understanding unit on one teacher and his students', *Physical Education and Sport Pedagogy,* 11: 1-27.doi: 10.1080/17408980500466813.

Hastie, P., Ojeda, D., & Luquin, A.(2011). A review of research on Sport Education: 2004 to the present. *Physical Education and Sport Pedagogy.* 16(2), 103-132.

Hastie, P. & Sharpe, T. (1999). 'Effects of a Sport Education curriculum on the positive social behaviour of at-risk rural adolescent boys', *Journal of Education for Students Placedat Risk*, 4: 417-430.

Hastie, P.A., & Sinelinikov, O.A. (2006). 'Russian students' participation in and perceptions of a season of sport education', *European Physical Education Review,* 12: 131-150.doi: 10.1177/1356336X06065166

Hastie, P.A., Sinelnikov, O.A., & Guarino, A.J. (2009). 'The development of skill and tactical competencies during a season of badminton', *European Journal of Sport Science,* 9: 133-140.

Hastie, P.A., Sluder, J.B., Buchanan, A.M., & Wadsworth, D.D. (2009). 'The impact of an obstacle course sport education season on students' aerobic fitness levels, *Research Quarterly for Exercise and Sport,* 80: 788-791.

Hastie, P. & Trost, S.G. (2002). 'Student physical activity levels during a sport education season', *Pediatric Exercise Science*, 14: 64-74.

Jenkins, J. (2004). 'Sport education in a PETE program', *J*ournal of Physical Education, Recreation and Dance,75(5): 31-36.

Jones, D.L. & Ward, P. (1998). 'Changing the face of secondary physical education through sport education', *Journal of Physical Education, Recreation and Dance*, 69: 40-43.

Ka, L.C., & Cruz, A. (2006). 'The effect of sport education on secondary six students' learning interest and collaboration in football lessons', *Journal of Physical Education and Recreation(HK),* 12(2): 13-22.

Kim, J.(2011). Sport Education in Korean schools. *In Sport Education International perspectives*, Hastie, P., 30-40, London: Routledge.

Kim, J., Penney, D., Cho, M., & Choi, H. (2006). 'Not business as usual' : sport education pedagogy in practice', *European Physical Education Review,* 12: 361-379.doi: 10.1177/1356336X06071469

Kinchin, G.D. (2001a). 'A high skilled pupil's experiences of sport education', *ACHPER Healthy Life styles Journal*, 47: 3-4.

Kinchin, G.D. (2001b). 'Using team portfolios in a sport education season', *Journal of Physical Education, Recreation and Dance*, 72: 41-44.

Kinchin, G.D., MacPhail, A., & Ni Chroinin, D. (2009). 'Pupils' and teachers' perceptions of a culminating festival within a sport education season in Irish primary schools', *Physical Education and Sport Pedagogy,* 14: 391-406.doi: 10.1080/17408980802584982

Kinchin, G.D. & O' Sullivan, M. (1999). 'Making physical education meaningful for high school students', *Journal of Physical Education, Recreation and Dance*, 70: 40-44.

Kinchin, G.D. & O' Sullivan, M. (2003). 'Incidences of student support for and resistance to curricular innovation in high school physical education', *Journal of Teaching in Physical Education*, 22: 245-260.

Kinchin, G.D., Penney, D. & Clarke, G. (2001). 'Teaching the national curriculum physical education. Try sport education?' *British Journal of Teaching Physical Education*, 32: 41-44.

Kinchin, G.D., Quill, M. & Clarke, G. (2002). 'Focus on Sport Education in action', *British Journal of Teaching Physical Education*, 33: 10-12.

Kinchin, G.D., Wardle, C. Roderick, S., & Sprosen, A. (2004). 'A survey of year 9 boys' perceptions of sport education in one English secondary school' *Bulletin of Physical Education*, 40(1): 27-40.

Kirk, D. & Kinchin, G. (2003). 'Situated learning as a theoretical framework for sport education', *European Physical Education Review*, 9: 221-235. doi: 10.1177/1356336X030093002

Ko, B., Wallhead, T. & Ward, P. (2006). 'Professional development workshops: what do teachers learn and use?' *Journal of Teaching in Physical Education*, 4: 397-412.

MacPhail, A., Kinchin, G. & Kirk, D. (2003). 'Students' conceptions of sport and sport education', *European Physical Education Review*, 9: 285-299.doi: 10.1177/1356336X030093006

MacPhail, A. & Kinchin, G. (2004). 'The use of drawings as an evaluative tool: Students' experiences of sport education', *Physical Education and Sport Pedagogy,* 9(1): 87-108. doi: 10.1080/1740898042000208142

MacPhail, A., Kirk, D. & Kinchin, G. (2004). 'Sport education: promoting team affiliation through physical education', *Journal of Teaching in Physical Education*, 23: 106-122.

MacPhail, A., Gorely, T., Kirk, D., & Kinchin, G. (2008). 'Children's experiences of fun and enjoyment during a season of sport education', *Research Quarterly for Exercise and Sport,* 79: 344-355.

McCaughtry, N., Sofo, S., Rovegno, I., & Curtner-Smith, M. (2004). 'Learning to teach sport education: misunderstandings, pedagogical difficulties, and resistance', *European Physical Education Review,* 10: 135-155. doi: 10.1177/1356336X04044068

McMahon, E., & MacPhail, A. (2007). 'Learning to teach sport education: the experiences of a pre-service teacher', *European Physical Education Review,* 13: 229-246.doi: 10.1177/1356336X07076878

Mohr, D.J., Bulger, S. M. & Townsend, J. S. (2001). 'A pedagogical approach to sport education season planning', *Journal of Physical Education, Recreation and Dance*, 72: 37-46.

Mohr, D.J., Townsend, J.S. & Bulger, S.M. (2002). 'Maintaining the PASE: a day in the life of Sport Education', *Journal of Physical Education, Recreation and Dance*, 73: 36-44.

Mowling, C.M., Brock, S.J., & Hastie, P.A. (2006). 'Fourth grade students' drawing interpretations of a sport education soccer unit', *Journal of Teachingin Physical Education,* 25: 9-35.

O' Donovan, T.M. (2003). 'A changing culture? Interrogating the dynamics of peer affiliations over the course of a sport education season', *European Physical Education Review, 9*: 237-251.doi: 10.1177/1356336X030093003

Ormond, T.C., DeMarco, G.M., Smith, R.M. & Fischer, K.A. (1995). 'Comparison of the sport education and traditional approaches to teaching secondary school basketball', *Research Quarterly for Exercise and Sport* (Supplement): A-66.

Oslin, J. (2002). 'Sport education: cautions, considerations, and celebrations', *Journal of Teaching in Physical Education*, 21: 419-426.

Parker, M.B., & Curtner-Smith, M. (2005). 'Health-related fitness in sport education and multi-activity teaching', *Physical Education and Sport Pedagogy,* 10: 1-18. doi: 10.1080/1740898042000334872

Penney, D., Clarke, G. & Kinchin, G.D. (2002). 'Developing PE as a 'connective specialism' : is Sport Education the answer?' *Sport, Education and*

Society, 7: 55-64. 10.1080/13573320120113576

Penney, D., Clarke, G., Quill, M. & Kinchin, G.D. (2002). 'Activity selection in sport education', *Journal of Sport Pedagogy*, 8: 53-66.

Penney, D., Clarke, G., Quill, M., & Kinchin, G.(2005). *Sport Education in physical education: Research based practice*. London, England: Routledge.

Perlman, D.J., & Goc Karp, G. (2010). "A self-determined perspective of the sport education model', *Physical Education and Sport Pedagogy*. 15(4), 401-418.

Pill, S. (2008). 'A teachers' perceptions of the sport education model as an alternative for upper primary school physical education', *ACHPERH ealthy Life styles Journal*, 55(2): 23-29.

Pope, C. & Grant, B. C. (1996). 'Student experiences in sport education', *Waika to Journal of Education*, 2: 103-118.

Pritchard, T., Hawkins, A., Wiegand, R., & Metzler, J.N. (2008). 'Effects of two instructional approaches on skill development, knowledge, and game performance', *Measurementin Physical Education and Exercise Science*, 12: 219-236.doi: 10.1080/10913670802349774.

Qualifications and Curriculum Authority Physical Education team, & Penney, D.(2003). Physical education & school sport: A quality debate. *The British Journal of Teaching Physical Education*, 34(3), 6-9.

Richardson, M. & Oslin, J.L. (2003). 'Creating an authentic dance class using sport education', *Journal of Physical Education, Recreation and Dance*, 74(7): 49-55.

Shehu, J. (1998). 'Sport education: ideology, evidence and implications for physical education in Africa', *Sport, Education and Society*, 3: 227-235.doi: 10.1080/1357332980030206

Siedentop, D. (1982). 'Movement and sport education: current reflections and future images', Paper presented at the Commonwealth and International Conference on Sport, Physical Education, Recreation and Dance, Brisbane, Australia, June.

Siedentop, D. (1986). 'Sports education', in D. Siedentop, C. Mand & A. Taggart (eds.) *Physical Education: Teaching and Curriculum Strategies for Grades 5-12*, PaloAlto,CA: Mayfield

Siedentop, D. (1987). 'The theory and practice of sport education', in G.

Barrette, R. Feingold, R. Rees & M. Pieron (eds.) *Myths, Models and Methods in Sport Pedagogy*, Champaign, IL: HumanKinetics

Siedentop, D. (1988). 'An ecological model for understanding teaching/learning in physical education', in *New Horizons of Human Movements: Proceedings of the 1988 Seoul Olympic Scientific Congress*, Seoul: SOSCOC.

Siedentop, D. (1994a). *Sport Education: Quality P. E. Through Positive Sport Experiences*, Champaign, IL: HumanKinetics

Siedentop, D. (1994b). 'Sport Education', paper presented at the Sport and Physical Activity Research Centre-Australian Council for Health, Physical Education, and Recreation Conference, Perth, Australia.

Siedentop, D. (1995). 'Improving sport education', *ACHPER Healthy Life styles Journal*, 42: 22-24.

Siedentop, D. (1998). 'What is sport education and how does it work?' *Journal of Physical Education, Recreation and Dance*, 69: 18-20.

Siedentop, D. (2002). 'Sport Education: a retrospective', *Journal of Teaching in Physical Education*, 21: 409-418.

Sinelnikov, O.A. (2009). 'Sport education for teachers: professional development when introducing a novel curriculum model', *European Physical Education Review,* 15: 91-114.doi: 10.1177/1356336X09105213

Sinelnikov, O., & Hastie, P. (2008). 'Teaching sport education to Russian students: an ecological analysis', *European Physical Education Review,* 14: 203-222.doi: 10.1177/1356336X08090706

Sinelnikov, O.A., & Hastie, P. (2010a). 'A motivational analysis of a season of sport education', *Physical Education and Sport Pedagogy,* 15: 55-69.doi: 10.1080/17408980902729362

Sinelnikov, O.A., & Hastie, P.A. (2010b). 'Students' autobiographical memory of participation in multiple sport education seasons', *Journal of Teaching in Physical Education*.

Sinelnikov, O, Hastie, P., & Prusak, K. A., (2007). 'Situational motivation in a season of sport education', *ICHPER-SD Research Journal*, 2(1): 43-47.

Spittle, M., & Byrne, K. (2009). 'The influence of sport education on student motivation in physical education', *Physical Education and Sport Pedagogy,* 14: 253-266.doi: 10.1080/17408980801995239

Stran, M., & Curtner-Smith, M. (2009). Influence of two preservice teachers' value orientations on their interpretation and delivery of sport education. *Sport, Education and Society, 14*(3), 339-352. doi: 10.1080/13573320903037846

Strikwerda-Brown, J. & Taggart, A. (2001). 'No longer voiceless and exhausted: sport education and the primary generalist', *ACHPER Healthy Life styles Journal*, 48(4): 14-17.

Tannehill, D. (1994). 'High school fitness applications', in D. Siedentop, *SportEducation: Quality P. E. Through Positive Sport Experiences*, Champaign, IL", HumanKinetics

Taggart, A., Browne, T. & Alexander, K. (1995). 'Three schools' approaches to assessment in sport education', *ACHPER Healthy Life styles Journal*, 42(4): 12-15.

Taggart, A. (1998). The endangered species revisited. *ACHPER National Journal*, 121, 34-35.

Tinning, R. (1995). 'The sport education movement: a phoenix, bandwagon or hearse for physical education', *ACHPER Healthy Life styles Journal*, 42: 19 21.

Tinning, R.(2010). *Pedagogy and Human Movement: Theory, practice, research*. London: Routledge.

Tristan, L., Wallhead., Alex, C., Garn, E. D., Vidoni., Charli Youngberg.(2013). Game Play Participation of Amotivated Students During Sport Education. *Journal of Teaching Physical Education*, 32(2), 149-165.

Vidoni, C., & Ward, P. (2009). 'Effects of fair play instruction on student social skills during a middle school sport education unit', *Physical Education and Sport Pedagogy*, 14: 285-310.doi: 10.1080/17408980802225818

Wallhead, T.L. Hagger, M., & Smith, D.T. (2010). 'Sport education and extra-curricular sport participation: an examination using the trans-contextual model of motivation', *Research Quarterly in Exercise and Sport*. 81(4), 442-455.

Wallhead, T.L. & Ntoumanis, N. (2004). 'Effects of a sport education intervention on students' motivational responses in physical education', *Journal of Teaching in Physical Education*, 23: 4-18.

Wallhead, T., & O'Sullivan, M. (2005). 'Sport education: physical education for the new millennium?' *Physical Education and Sport Pedagogy*, 10: 181-210. doi: 10.1080/17408980500105098

Wallhead, T., & O'Sullivan, M. (2007). 'A didactic analysis of content development during the peer teaching tasks of a sport education season', *Physical Education and Sport Pedagogy*, 12: 225-243.doi: 10.1080/17408980701610177

| 저자 소개 |

김진희 jkim@anu.ac.kr
호주에서의 박사후연구원 생활 대부분을 스포츠교육 현장과 함께 했다. 귀국 후 2004년부터 10년간 전국의 각 학교를 다니며 한국형 스포츠교육 아우라를 찾기 위해 삼십대를 보냈다. '모든 아이들의 배움은 작은 사회를 만드는 공동체이며, 공동체의 구성원으로 책임을 다하는 일이 스포츠교육' 임을 교사들에게 배운 교육학자이다. 『수업비평, 희망을 이야기하다』를 교사들과 썼고, 『페다고지』를 우리말로 옮겼다. 한국의 스포츠교육을 담은 『Sport Education: International perspectives』를 영어로 썼다.

최원준 1004cwj@hanmail.net
항상 웃는 얼굴과 푸근한 덩치와 마음을 가지고 학교를 내 집처럼 만들고, 학생을 내 자식처럼 가르치는 데 열과 성을 다하며 내가 없으면 학교가 문 닫을 것 같은 착각으로 살아 가고 있다. 상주 상영초에서 스포츠교육모형을 처음 만나 가르치다가 더 배워보기 위해 사비를 털어 호주까지 날아가기도 했다. 교사들과의 다양한 공부모임을 통해 오늘과 다른 내일의 모습을 무의식적으로라도 기대하고 있다. 초등학생들에게 다양한 간접 경험을 심어 주기 위해 잡식성 지식을 섭취하며 걸어 다니는 '백과사전'이 되기 위해 노력한다. 연구와 교육, 그리고 운동의 통합적 삶을 지향하고 있다. 경북대학교에서 스포츠교육학으로 박사학위를 받았다.

남기엽 pooleaf52@hanmail.net
체육을 통해 각자의 삶에서 최고의 주인으로 성장하기를 간절히 바라며, 스포츠 활동을 다양한 방식으로 가르치며 배우고 있다. 스포츠교육모형을 처음 만난 2003년부터 지금까지 한결같이 이 모형을 활용하고 있다. 스스로를 '사고뭉치' 엽기 체육교사라 칭하며, 이 땅의 아이들이 체육을 통해 좋은 사회의 일원으로 성장할 수 있도록 그리하여 학교 안과 밖의 사람들이 체육에 대한 인식들이 바꾸어 질 수 있도록 실천하고 있다. 학교 체육의 다양한 이야기를 동료들과 함께할 수 있는 방법을 고민하고 있다. 충북대학교에서 스포츠교육학으로 석사학위를 받았다.

장정민 wnsqlwk@naver.com
스포츠교육모형 매력에 빠져 앞뒤 가리지 않고 실천하고 있는 새내기 스포츠 강사이다. 아직은 깊이가 부족해서 다른 선생님들을 보며 '우와' 감탄사를 연발하고 있지만, 시작이 반이라는 말처럼 일단 배움이 있는 체육수업을 하기 위한 길에 들어선 것만으로 감사한 마음을 가지고 살아가고 있다. 아이들이 행복을 만들어가는 수업을 꿈꾸면서, 배움의 길로 아이들을 안내하기 위해 오늘도 같은 꿈을 꾸는 다른 선생님들과 함께 노력하고 있다. 안동대학교 교육대학원에서 스포츠교육학으로 석사학위를 받았다.

스포츠교육의 진리

2014년 3월 1일 초판 1쇄 인쇄
2014년 3월 5일 초판 1쇄 발행

저 자 • 김진희 · 최원준
남기엽 · 장정민
발행인 • 김 동 규
발행처 • 교육과학사

저자와의
협의하에
인지생략

경기도 파주시 문발동 광인사길 71
전화 • 031)955-6956~8 / 팩스 031)955-6037
Home-page • http://www.kyoyookbook.co.kr
E-mail • kyoyook@chol.com
등록 • 1970년 5월 18일 제2-73호

낙장 · 파본은 교환해 드립니다.
Printed in Korea.

정가(DVD 포함) 20,000원
ISBN 978-89-254-0775-3